Die Auswirkungen des BilRUG auf die phasenkongruente Dividendenaktivierung im Hinblick auf die Ausschüttungssperre des § 272 Abs. 5 HGB

Von

Alexandra Leonie Haßler

Dekan: Prof. Dr. Jan von Hein
Erstgutachter: Prof. Dr. Hanno Merkt, LL. M. (Univ. of Chicago)
Zweitgutachter: Prof. Dr. Jan Lieder, LL. M. (Harvard)
Tag der mündlichen Prüfung: 1. – 3. Februar 2021
Dissertationsort: Freiburg im Breisgau
Erscheinungsjahr: 2022

Die Auswirkungen des RefE für die phasenkongruente Dividendenaktivierung im Hinblick auf die Ausschüttungssperre des § 272 Abs. 5 HGB

von

Alexandra Leonie Mußler

Dekan: Prof. Dr. Jan von Hein
Referent: Prof. Dr. Hanno Merkt, LL.M. (Univ. of Chicago)
Zweitgutachter: Prof. Dr. Jan Lieder, LL.M. (Harvard)
Tag der mündlichen Prüfung: 15. Februar 2021
Dissertationsort: Freiburg im Breisgau
Erscheinungsjahr: 2022

ALEXANDRA LEONIE HAßLER

Die Auswirkungen des BilRUG auf
die phasenkongruente Dividendenaktivierung
im Hinblick auf die Ausschüttungssperre
des § 272 Abs. 5 HGB

Abhandlungen zum Deutschen und Europäischen
Gesellschafts- und Kapitalmarktrecht

Herausgegeben von
Professor Dr. Holger Fleischer, LL.M., Hamburg
Professor Dr. Hanno Merkt, LL.M., Freiburg
Professor Dr. Gerald Spindler, Göttingen

Band 191

Die Auswirkungen des BilRUG auf
die phasenkongruente Dividendenaktivierung
im Hinblick auf die Ausschüttungssperre
des § 272 Abs. 5 HGB

Von

Alexandra Leonie Haßler

Duncker & Humblot · Berlin

Die Rechtswissenschaftliche Fakultät der Albert-Ludwigs-Universität Freiburg i. Br.
hat diese Arbeit im Jahr 2021 als Dissertation angenommen.

Bibliografische Information der Deutschen Nationalbibliothek

Die Deutsche Nationalbibliothek verzeichnet diese Publikation in
der Deutschen Nationalbibliografie; detaillierte bibliografische Daten
sind im Internet über http://dnb.d-nb.de abrufbar.

D 25

Alle Rechte vorbehalten
© 2022 Duncker & Humblot GmbH, Berlin
Satz: 3w+p GmbH, Rimpar
Druck: CPI buchbücher.de GmbH, Birkach
Printed in Germany

ISSN 1614-7626
ISBN 978-3-428-18345-6 (Print)
ISBN 978-3-428-58345-4 (E-Book)

Gedruckt auf alterungsbeständigem (säurefreiem) Papier
entsprechend ISO 9706 ♾

Internet: http://www.duncker-humblot.de

Vorwort

Die vorliegende Arbeit habe ich der Rechtswissenschaftlichen Fakultät der Albert-Ludwigs-Universität Freiburg als Doktorarbeit vorgelegt.

Mein Dank gilt an erster Stelle Herrn Prof. Dr. Hanno Merkt, LL.M. (Univ. of Chicago) als Erstgutachter und Herrn Prof. Dr. Jan Lieder, LL.M. (Harvard) als Zweitgutachter dieser Arbeit. Im Besonderen möchte ich aber Herrn PD Dr. Falk Mylich für die weitergehende Betreuung, den fachlichen Austausch und insbesondere die mir entgegengebrachte Geduld danken. Der fortwährende Gedankenaustausch hat die vorliegende Arbeit und insbesondere die enthaltene Argumentation an vielen Stellen geschärft und verbessert.

Mein persönlicher Dank gilt insbesondere meinem Ehemann Jörg Haßler, meinen Eltern Claudia und Ulrich Kleine, sowie meinen Schwestern Viktoria und Charlotte Kleine, die mich stets auf vielfältige Weise im Rahmen meiner Ausbildung unterstützt haben. Ohne Euch wäre diese Arbeit nicht möglich gewesen.

Danken möchte ich auch meinen juristischen Weggefährten Dorothea Heil, Sebastian Bertolini, Kerstin Wörner, Fabian Fischer, Tim Kuhn und Katharina Odermatt, die stets für juristische Diskussionen zur Verfügung standen.

München, September 2021 *Leonie Haßler*

Inhaltsverzeichnis

A. Einleitung 19

B. These 22

C. Phasenkongruente Dividendenaktivierung vor dem BilRUG 23

    I. Rechtliche Anforderungen 24
        1. Vorliegen eines Vermögensgegenstands bzw. Wirtschaftsguts 25
        2. Grundsätze ordnungsmäßiger Buchführung 27
            a) Vollständigkeitsgebot 28
            b) Vorsichtsprinzip 28
            c) Realisationsprinzip und Grundsatz der wirtschaftlichen Betrachtungsweise 30
            d) Periodenabgrenzungsprinzip 33
            e) Stichtagsprinzip 33
            f) Wertaufhellungsprinzip 34
            g) Ansatzstetigkeitsgebot 36
            h) Objektivierungsprinzip – Grundsatz des Willkürverbots 36
            i) Grundsatz der Bilanzwahrheit 37
        3. True and fair view-Grundsatz 38
            a) Verhältnis zu den Grundsätzen ordnungsmäßiger Buchführung 39
            b) Speziell: Verhältnis zum Grundsatz der Bilanzwahrheit 41
            c) Wirkung 42
            d) Speziell: Wirkung auf die Ausübung von Wahlrechten 43
        4. Maßgeblichkeitsgrundsatz 44

    II. Rechtsprechung 45
        1. Handelsrechtliche Rechtsprechung 45
            a) RGZ 112, 19 46
            b) BGHZ 65, 230 47
            c) Tomberger-Entscheidungen 48
                aa) Vorlagebeschluss des BGH, BB 1994, 1673 49
                bb) Schlussantrag des Generalanwalts Tesauro, BB 1996, 579 50
                cc) Urteil des EuGH, BB 1996, 1492 50
                dd) Berichtigungsbeschluss des EuGH, BB 1997, 1577 51
                ee) Schlussurteil des BGH, BGHZ 137, 378 52

ff) Verfahrensrechtliche Resonanz auf Tomberger 52
d) OLG Köln, NZG 1999, 82 53
2. Steuerrechtliche Rechtsprechung 54
   a) BFHE 131, 196 54
   b) BFHE 132, 80 55
   c) BFHE 167, 27, BFHE 167, 37 und BFHE 167, 44 56
   d) BFHE 156, 443 56
   e) BFHE 164, 34 57
   f) BFH, BB 1992, 29 58
   g) FG Berlin, EFG 1996, 75 58
   h) BFHE 187, 492 59
   i) Entscheidung des Großen Senats 61
      aa) Vorlagebeschluss des BFH, BFHE 187, 305 61
      bb) Beschluss des Großen Senats, BFHE 192, 339 63
      cc) Entscheidung des BFH, BFHE 194, 185 65
      dd) Verfahrensrechtliche Resonanz 65
   j) BFHE 195, 189 66
   k) BFHE 193, 532, BFH HFR 2001, 582, BFH/NV 2001, 447 66
   l) BFHE 216, 541 67
   m) FG Köln, EFG 2015, 1569 68

III. Verwaltungsanweisungen 68

IV. Vereinbarkeit mit den rechtlichen Anforderungen im Einzelnen 70
   1. Vorliegen eines Vermögensgegenstands 70
   2. Vereinbarkeit mit den Grundsätzen ordnungsmäßiger Buchführung .. 71
      a) Vollständigkeitsgebot 71
      b) Vorsichtsprinzip 73
      c) Realisationsprinzip und Grundsatz der wirtschaftlichen Betrachtungsweise 74
         aa) Grundsatz der wirtschaftlichen Betrachtungsweise 74
         bb) Realisationstatbestand 75
         cc) Entstehung im Folgejahr mit an Sicherheit grenzender Wahrscheinlichkeit 76
            (1) Feststehen des Gewinns 77
            (2) Langjährige Übung 79
            (3) Vergleich mit der Bilanzierung von schwebenden Verträgen 79
      d) Periodenabgrenzungsprinzip 81
      e) Stichtagsprinzip 81
      f) Wertaufhellungsprinzip 82
      g) Ansatzstetigkeitsgebot 84
      h) Objektivierungsprinzip – Grundsatz des Willkürverbots 85

3. Vereinbarkeit mit dem true and fair view-Grundsatz 86
4. Vereinbarkeit mit dem Maßgeblichkeitsgrundsatz 89
5. Zwischenergebnis 89

V. Zusammenspiel der einzelnen Entscheidungen 90
1. Auswirkungen der Tomberger-Entscheidungen auf BGHZ 65, 230 90
2. Auswirkungen der Tomberger-Entscheidungen auf das Steuerrecht 91
3. Auswirkungen der Entscheidung des Großen Senats auf die handelsrechtliche Bilanzierung 94
4. Zwischenergebnis 96

VI. Die Voraussetzungen der Rechtsprechung im Einzelnen 96
1. Beteiligungshöhe 97
   a) Mehrheitsbeteiligung 97
   b) Minderheitsbeteiligung 98
2. Konzernzugehörigkeit 100
   a) Qualität der Konzernzugehörigkeit 100
   b) Ganzjährige Beteiligung 101
      aa) Gesellschafterwechsel vor dem Stichtag 101
      bb) Gesellschafterwechsel zwischen Stichtag und Fassung des Gewinn-
          verwendungsbeschlusses der Tochtergesellschaft 102
      cc) Gesellschafterwechsel nach Fassung des Gewinnverwendungsbe-
          schlusses der Tochtergesellschaft 103
3. Vorliegen eines Gewinnverwendungsbeschlusses der Tochtergesellschaft zum
   Zeitpunkt des Endes der Abschlussprüfung bei der Muttergesellschaft 104
   a) Erfordernis eines Gewinnverwendungsbeschlusses 104
   b) Zeitpunkt des Vorliegens 107
4. Deckungsgleiche Geschäftsjahre 108
   a) Geschäftsjahr der Muttergesellschaft endet vor dem Geschäftsjahr der
      Tochtergesellschaft 109
   b) Geschäftsjahr der Tochtergesellschaft endet vor dem Geschäftsjahr der
      Muttergesellschaft 109
      aa) Gewinnfeststellungsbeschluss der Tochtergesellschaft liegt schon zum
          Bilanzstichtag der Muttergesellschaft vor 109
      bb) Gewinnfeststellungsbeschluss der Tochtergesellschaft liegt erst nach
          dem Stichtag der Muttergesellschaft, aber vor Abschluss der Ab-
          schlussprüfung bei der Muttergesellschaft vor 109
5. Tatsächliches Bild der Vermögens- und Ertragslage 111
6. Rechtsform 111
   a) Rechtsform der Muttergesellschaft 112
   b) Rechtsform der Tochtergesellschaft 113

VII. Zwischenergebnis 114

D. Die Auswirkungen des BilRUG auf die phasenkongruente Dividendenaktivierung 116

I. Das BilRUG und das Einfügen der Ausschüttungssperre des § 272 Abs. 5 HGB 116
    1. Die Richtlinie 2013/34/EU 117
    2. Der Referentenentwurf 119
    3. Der Regierungsentwurf 119
    4. Das BilRUG 121

II. Exkurs: Andere Ausschüttungssperren 121
    1. Die Ausschüttungssperre des § 268 Abs. 8 HGB 122
    2. Die Ausschüttungssperre des § 253 Abs. 6 HGB 126
    3. Die Ausschüttungssperre des § 272 Abs. 4 HGB 129

III. § 272 Abs. 5 HGB 131
    1. Persönlicher Anwendungsbereich des § 272 Abs. 5 HGB 132
        a) Gesetzliche Ausgangslage 132
        b) Anpassung an den persönlichen Anwendungsbereich der Richtlinie 2013/34/EU 132
        c) Anwendung auf kapitalistische Personenhandelsgesellschaften ... 133
            aa) Analoge Anwendung des § 172 Abs. 4 S. 3 HGB 134
            bb) Analoge Anwendung des § 264c Abs. 4 S. 2 HGB bzw. § 264c Abs. 4 S. 3 HGB a.F. 135
        d) Anwendung auf Kapitalgesellschaften gem. § 264 Abs. 3 HGB ... 136
        e) Zwischenergebnis 138
    2. Tatbestandsvoraussetzungen des § 272 Abs. 5 HGB 138
        a) Beteiligung 138
            aa) Beteiligung i.S.d. § 271 Abs. 1 S. 1 HGB 139
                (1) Anteil 139
                (2) Unternehmen 139
                (3) Zweckbestimmung 140
            bb) Beteiligung i.S.d. § 272 Abs. 5 HGB 141
        b) Auf eine Beteiligung entfallender Teil des Jahresüberschusses ... 142
            aa) Grundsätzliches 142
            bb) Erfordernis eines Jahresüberschusses 144
            cc) Begrenzung auf Dividenden oder Gewinnanteile? 144
        c) Kein Eingang als Dividende oder Gewinnanteil bzw. kein Anspruch der Gesellschaft 146
            aa) Anspruch 146
                (1) Wortlaut 147
                (2) Historische Auslegung 147
                (3) Systematische Auslegung 147
                (4) Teleologische Auslegung 147

(5) Europarechtskonforme Auslegung 148
(6) Zwischenergebnis 150
bb) Maßgeblicher Zeitpunkt 151
(1) Bilanzstichtag 151
(2) Ende des Bilanzaufstellungszeitraums 152
(3) Zwischenergebnis 154
d) Zwischenergebnis 155
3. Auswirkungen auf die phasenkongruente Dividendenaktivierung 155
a) Herrschende Meinung: Handelsrechtliche Zulässigkeit der phasenkongruenten Dividendenaktivierung unter den Voraussetzungen der Tomberger-Entscheidungen 156
aa) Verzicht auf einzelne Voraussetzungen der Tomberger-Entscheidungen 156
bb) Verschärfung der Voraussetzungen der phasenkongruenten Dividendenaktivierung 157
cc) Zwischenergebnis 158
b) Mindermeinung: Verstoß der phasenkongruenten Dividendenaktivierung gegen die Grundsätze ordnungsmäßiger Buchführung 159
aa) Vorliegen einer Bilanzierungshilfe 159
bb) Umfang der phasenkongruenten Dividendenaktivierung 160
cc) Sachlicher Anwendungsbereich der Ausschüttungssperre des § 272 Abs. 5 HGB 162
4. Rechtsfolge des § 272 Abs. 5 HGB 163
a) Ausschüttungsgesperrte Rücklage 163
b) Abführungssperre 165
aa) Vergleichbarkeit mit der Ausschüttungssperre des § 268 Abs. 8 HGB 166
bb) Vergleichbarkeit mit der Ausschüttungssperre des § 253 Abs. 6 HGB 167
cc) Vergleichbarkeit mit der Ausschüttungssperre des § 272 Abs. 4 HGB 167
dd) Zwischenergebnis 168

E. Alternativen zur phasenkongruenten Dividendenaktivierung 169

I. Die Equity-Methode 169

II. Ergebnisabführungsvertrag 171

III. Vorabgewinnausschüttung 171

IV. Vorverlagerung des Endes des Geschäftsjahres bei der Tochtergesellschaft 172

V. Zwischenergebnis 172

F. Abschließende Gesamtbetrachtung 173

Literaturverzeichnis 175

Sachverzeichnis 197

Abkürzungsverzeichnis

a. A.	andere Ansicht
a. F.	alte Fassung
ABl	Amtsblatt
Abs.	Absatz
AG	Aktiengesellschaft/ Die Aktiengesellschaft
AktG	Aktiengesetz
Art.	Artikel
Aufl.	Auflage
BayObLG	Bayerisches Oberstes Landesgericht
BayObLGZ	Sammlung des BayObLG in Zivilsachen
BB	Der Betriebsberater
BC	Zeitschrift für Bilanzierung, Rechnungswesen & Controlling
BFH	Bundesfinanzhof
BFH/NV	Sammlung nicht veröffentlichter Entscheidungen des BFH
BFHE	Sammlung der Entscheidungen des BFH
BGBl	Bundesgesetzblatt
BGH	Bundesgerichtshof
BGHZ	Entscheidungssammlung des Bundesgerichtshofs in Zivilsachen
BilMoG	Gesetz zur Modernisierung des Bilanzrechts (Bilanzrechtsmodernisierungsgesetz BilMoG) vom 25. Mai 2009, BGBl I 2009, 1102–1137
BilRUG	Gesetz zur Umsetzung der Richtlinie 2013/34/EU des Europäischen Parlaments und des Rates vom 26. Juni 2013 über den Jahresabschluss, den konsolidierten Abschluss und damit verbundene Berichte von Unternehmen bestimmter Rechtsformen und zur Änderung der Richtlinie 2006/34/EG des Europäischen Parlaments und des Rates und zur Aufhebung der Richtlinien 78/660/EWG und 83/349/EWG des Rates (Bilanzrichtlinie-Umsetzungsgesetz BilRUG) vom 17. Juli 2015, BGBl I 2015, 1245–1267
BiRiLiG	Gesetz zur Durchführung der Vierten, Siebten und Achten Richtlinie des Rates der Europäischen Gemeinschaften zur Koordinierung des Gesellschaftsrechts (Bilanzrichtlinien-Gesetz BiRiLiG) vom 19. Dezember 1985, BGBl I 1985, 2355–2433
BMJV	Bundesministerium für Justiz und Verbraucherschutz
bspw.	beispielsweise
BStBl	Bundessteuerblatt
BT-Drs.	Bundestagsdrucksachen
bzgl.	bezüglich
bzw.	beziehungsweise
DB	Der Betrieb
DBW	Die Betriebswirtschaft
DStJG	Deutsche Steuerjuristische Gesellschaft

DStR	Deutsches Steuerrecht
DStRE	Deutsches Steuerrecht – Entscheidungsdienst
DStZ	Deutsche Steuer-Zeitung
EFG	Entscheidungen der Finanzgerichte
EuGH	Europäischer Gerichtshof
EuZW	Europäische Zeitschrift für Wirtschaftsrecht
EWiR	Entscheidungen zum Wirtschaftsrecht
f.	folgende
FD-MA	Fachdienst Mergers & Acquisitions
ff.	fortfolgende
FG	Finanzgericht
FN-IDW	IDW-Fachnachrichten
FR	Finanz-Rundschau
GbR	Gesellschaft bürgerlichen Rechts
gem.	gemäß
ggf.	gegebenenfalls
GmbH	Gesellschaft mit beschränkter Haftung
GmbHG	Gesetz betreffend die Gesellschaften mit beschränkter Haftung
GmbHR	GmbH-Rundschau
h. M.	herrschende Meinung
HFA	Hauptfachausschuss des IDW
HFR	Höchstrichterliche Finanzrechtsprechung
HGB	Handelsgesetzbuch
Hs.	Halbsatz
i. S. d.	im Sinne des
IDW	Institut der Wirtschaftsprüfer
insb.	insbesondere
IRZ	Zeitschrift für internationale Rechnungslegung
IStR	Internationales Steuerrecht
IWB	Internationales Steuer- und Wirtschaftsrecht
JbFSt	Jahrbuch der Fachanwälte für Steuerrecht
JZ	JuristenZeitung
KG	Kommanditgesellschaft
KGaA	Kommanditgesellschaft auf Aktie
KoR	Zeitschrift für internationale und kapitalmarktorientierte Rechnungslegung
lit.	Buchstabe
m. E.	meines Erachtens
m. w. N.	mit weiteren Nachweisen
MBF-Report	Mitbestimmungsförderung Report
MicroBilG	Gesetz zur Umsetzung der Richtlinie 2012/6/EU des Europäischen Parlaments und des Rates vom 14. März 2012 zur Änderung der Richtlinie 78/660/EWG des Rates über den Jahresabschluss von Gesellschaften bestimmter Rechtsformen hinsichtlich Kleinstbetrieben (Kleinstkapitalgesellschaften-Bilanzrechtsänderungsgesetz – MicroBilG) vom 20. Dezember 2012, BGBl I 2012, 2751–2755
n. F.	neue Fassung
NJW	Neue Juristische Wochenschrift

Nr.	Nummer
NWB	NWB Steuer- und Wirtschaftsrecht
NZA	Neue Zeitschrift für Arbeitsrecht
NZG	Neue Zeitschrift für Gesellschaftsrecht
OHG	Offene Handelsgesellschaft
OLG	Oberlandesgericht
PublG	Gesetz über die Rechnungslegung von bestimmten Unternehmen und Konzernen (Publizitätsgesetz)
RFHE	Sammlung der Entscheidungen und Gutachten des Reichsfinanzhofs
RGZ	Sammlung der Entscheidungen des Reichsgerichts in Zivilsachen
Richtlinie 2013/34/EU	Richtlinie 2013/34/EU des Europäischen Parlaments und des Rates vom 26. Juni 2013 über den Jahresabschluss, den konsolidierten Abschluss und damit verbundene Berichte von Unternehmen bestimmter Rechtsformen und zur Änderung der Richtlinie 2006/43/EG des Europäischen Parlaments und des Rates und zur Aufhebung der Richtlinien 78/660/EWG und 83/349/EWG des Rates vom 26. Juni 2013, ABl., L182/19–L182/74
RIW	Recht der Internationalen Wirtschaft
Rn.	Randnummer
RStBl	Reichssteuerblatt
S.	Satz
sog.	sogenannt
StBg	Die Steuerberatung
StbJb	Steuerberater-Jahrbuch
StBp	Die steuerliche Betriebsprüfung
StuB	Steuern und Bilanzen
StuW	Steuer und Wirtschaft
StVj	Steuerliche Vierteljahresschrift
u. a.	unter anderem
vgl.	vergleiche
Vierte EG-Richtlinie	Vierte Richtlinie des Rates vom 25. Juli 1978 aufgrund von Artikel 54 Absatz 3 Buchstabe g) des Vertrages über den Jahresabschluß von Gesellschaften bestimmter Rechtsformen (78/660/EWG) vom 25. Juli 1978, ABl., L222/11–L222/31
WM	Wertpapiermitteilungen
Wpg	Die Wirtschaftsprüfung
z. B.	zum Beispiel
ZfbF	Schmalenbachs Zeitschrift für betriebswirtschaftliche Forschung
ZGR	Zeitschrift für Unternehmens- und Gesellschaftsrecht
ZHR	Zeitschrift für das gesamte Handelsrecht und Wirtschaftsrecht
ZIP	Zeitschrift für Wirtschaftsrecht

Abbildungsverzeichnis

Abbildung 1: Zeitstrahl BGHZ 65, 230 47

Abbildung 2: Zeitstrahl Tomberger-Entscheidungen 48

Abbildung 3: Zeitstrahl OLG Köln, NZG 1999, 82 54

Abbildung 4: Zeitstrahl BFHE 187, 492 59

Abbildung 5: Zeitstrahl BFHE 216, 541 67

Abbildung 6: Funktionsweise der Ausschüttungssperre des § 268 Abs. 8 HGB 124

A. Einleitung

Die phasenkongruente Dividendenaktivierung beschäftigt schon seit Jahrzehnten die steuer- und handelsbilanzrechtliche Fachwelt. In den letzten Jahren hat das Thema nach den rund zwanzig Jahre zurückliegenden Grundsatzentscheidungen des EuGH[1], des BGH[2] sowie des Gemeinsamen Senats des BFH[3] an Aktualität, aber nicht an Relevanz verloren. Anlässlich des BilRUG und der damit neu eingeführten Ausschüttungssperre des § 272 Abs. 5 HGB – deren Anwendungsbereich im Zusammenhang mit der phasenkongruenten Dividendenaktivierung diskutiert wird[4] – sollte das Thema grundlegend neu bewertet werden.

Eine phasenkongruente Dividendenaktivierung liegt dann vor, wenn der Gewinnanspruch einer Muttergesellschaft[5] gegen eine Tochtergesellschaft in dem Geschäftsjahr[6] bei der Muttergesellschaft aktiviert wird, in welchem der Gewinn bei der Tochtergesellschaft entstanden ist.[7]

Einigkeit besteht dahingehend, dass ein Gewinnanspruch eines Gesellschafters einer Kapitalgesellschaft rechtlich erst mit der Fassung des Gewinnverwendungs-

---

[1] EuGH, Urteil vom 27.06.1996, DStR 1996, 1093 ff. sowie EuGH, Beschluss vom 10.07.1997, BB 1997, 1577 ff.

[2] BGH, Urteil vom 12.01.1998, BGHZ, 137, 378 ff.

[3] BFH, Urteil vom 07.08.2000, BFHE, 192, 339 ff.

[4] *Müller/Mühlbauer*, StuB 2015, 691 ff.; *Hoffmann*, StuB 2015, 201 ff.; *Arbeitskreis Bilanzrecht der Hochschullehrer Rechtswissenschaft*, BB 2014, 2731, 2733; *ders.*, BB 2015, 876, 876; *Haaker*, DB 2015, 510 ff.; *ders.*, DB 2015, 1545, 1546; *Hermesmeier/Heinz*, DB 2015, Beilage 5 zu Heft Nr. 36, 20, 21 f.; *Mock*, in: Hachmeister/Kahle/Mock/Schüppen, Bilanzrecht, 2. Aufl. 2020, § 272 HGB, Rn. 236; *Institut der Wirtschaftsprüfer in Deutschland e.V.*, Stellungnahme 06.03.2015, 2; *Kirsch*, BC 2015, 126, 129: Zwirner, BC 2016, 264, 268; Beck-OKHGB/*Regierer*, 31. Aufl. 2021, § 272 HGB, Rn. 55 f.; *Oser/Orth/Wirtz*, DB 2015, 197, 199 f.; *Schmidt/Prinz*, BilRUG in der Praxis, 2016, § 272 Rn. 83; *Kirsch*, IRZ 2015, 99, 100; *Müller/Kreipl/Lange*, Schnelleinstieg BilRUG, 1. Aufl. 2016, 202; *Seidler*, in: Haufe Bilanz Kommentar, 9. Aufl. 2018, § 272 HGB Rn. 216.

[5] In der vorliegenden Dissertation wird stets die Terminologie Mutter- und Tochtergesellschaft verwendet, um die bei der phasenkongruenten Dividendenaktivierung beteiligten Personen zu bezeichnen. Dies dient der Vereinfachung und stellt insbesondere keine Aussage über die Rechtsform der beteiligten Personen dar. Unter Muttergesellschaft sei ebenso ein Einzelkaufmann gefasst.

[6] Im Folgenden wird stets von Geschäftsjahren gesprochen, wobei damit auch der steuerliche Begriff des Wirtschaftsjahres erfasst sein sollte.

[7] *Müller/Kreipl/Lange*, Schnelleinstieg BilRUG, 1. Aufl. 2016, 194.

beschlusses entsteht.[8] Vorher besteht allein ein Anspruch mitgliedschaftlicher Art auf Gewinnbeteiligung.[9] Der Gewinnverwendungsbeschluss der Tochtergesellschaft wird bei phasenkongruenten Geschäftsjahren zwangsläufig erst nach dem Bilanzstichtag der Muttergesellschaft gefasst. Nach dem Realisationsprinzip darf eine Forderung allerdings erst dann bilanziert werden, wenn sie rechtlich entstanden ist oder bereits derart wirtschaftlich verursacht wurde, dass sie als hinreichend konkretisiert angesehen werden kann.[10] Erst dann soll ein Vermögensgegenstand bestehen.[11] Ob eine solche Konkretisierung schon vor dem Bilanzstichtag eintritt, ist umstritten und die entscheidende Frage hinsichtlich der Zulässigkeit einer phasenkongruenten Dividendenaktivierung.

Eine Muttergesellschaft hat oftmals ein Interesse daran, den Gewinn der Tochtergesellschaft phasenkongruent in ihrer Bilanz auszuweisen.[12] Rechtlich begründet wird dieses Interesse zumeist mit dem true and fair view-Grundsatz: Eine Bilanz soll stets ein der tatsächlichen Lage einer Gesellschaft entsprechendes Bild darstellen. Insbesondere bei einer nicht operativ tätigen Holding würde ohne phasenkongruente Dividendenaktivierung der Jahresabschluss der Muttergesellschaft stets erst ein Jahr versetzt zur Tochtergesellschaft den operativ zu dem entsprechenden Geschäftsjahr angefallenen Gewinn ausweisen.[13] Stellt man sich nun einen mehrstufigen Konzern vor, kommt es zu einer erheblichen Verzögerung, bis die Ergebnisse der untersten Tochtergesellschaft auf oberster Ebene bilanziert werden können.[14] Ob dies ein Bild der tatsächlichen Sach- und Ertragslage der Gesellschaft darstellt, kann in Frage gestellt werden.

Ausgangspunkt der Problematik um die phasenkongruente Dividendenaktivierung ist damit das Spannungsverhältnis zwischen der Gläubigerschutz- und der Informationsfunktion eines Jahresabschlusses. Stellvertretend für diese beiden

---

[8] Vgl. nur: RG, Urteil vom 17.11.1915, RGZ, 87, 383, 386; RG, Urteil vom 16.04.1920, RGZ, 98, 318, 320; BGH, Urteil vom 03.11.1975, BGHZ, 65, 230, 235; BGH, Urteil vom 12.01.1998, BGHZ, 137, 378, 381; BGH, Urteil vom 14.09.1998, ZIP 1998, 1836, 1837; BFH, Urteil vom 30.04.1974, BStBl, II 1974, 541, 542; BayObLG, Beschluss vom 17.09.1987, BayObLGZ 1987, 314, 318; Beck Bil-Komm/*Schubert/Waubke*, 12. Aufl. 2020, § 266 Rn. 120; Beck Bil-Komm/*Schmidt/Kliem*, 12. Aufl. 2020, § 275 HGB Rn. 177; *Seibold*, StuW 1990, 165; *Seibold*, StuW 1990, 165, 168 f.; *Müller/Mühlbauer*, StuB 2015, 691, 692.

[9] Vgl. nur: BGH, Urteil vom 03.11.1975, BGHZ, 65, 230, 235.

[10] MüKoBilanzR/*Tiedchen*, 2013, § 252 HGB Rn. 64, 77 m.w.N.

[11] Im Folgenden wird im Wesentlichen von einem Vermögensgegenstand gesprochen, womit meist auch der steuerliche Begriff des Wirtschaftsguts gemeint ist. Zu beachten sind allerdings die doch bestehenden Unterschiede der Begriffe, die in C.I.1 näher beleuchtet werden sollen.

[12] Vgl. etwa: *Hoffmann*, BB 1996, 1051, 1051; *Küting*, DStR 1996, 1947, 1947.

[13] *Gelhausen/Gelhausen*, Wpg 1996, 573, 574; *Herzig/Rieck*, IStR 1998, 309, 310; *Kraft*, DStRE 1999, 249, 257.

[14] *Jonas*, in: Herzig, Europäisierung des Bilanzrechts, 1997, 41, 44; *Mörstedt*, DStR 1997, 1225, 1228; *Knobbe-Keuk*, AG 1979, 293, 300; *Schildbach*, Wpg 1993, 53, 56; *Mylich*, ZHR 181 (2017), 87, 92.

A. Einleitung

Zwecke des Jahresabschlusses wird zumeist das Realisationsprinzip als Ausprägung der Gläubigerschutzfunktion und der true and fair view-Grundsatz als Ausprägung der Informationsfunktion in der Diskussion angeführt.

Die vorliegende Dissertation widmet sich der Frage, ob das Einfügen des § 272 Abs. 5 HGB Auswirkungen auf die Grundsätze der phasenkongruenten Dividendenaktivierung hat und, falls diese Frage zu bejahen ist, welche Auswirkungen dies sind. Dabei soll im ersten Teil der Status quo der phasenkongruenten Dividendenaktivierung bis zum Inkrafttreten des BilRUG betrachtet werden (siehe unten C). Im nächsten Teil sollen sodann die Auswirkungen der durch das BilRUG eingeführten Ausschüttungssperre des § 272 Abs. 5 HGB auf die phasenkongruente Dividendenaktivierung in den Mittelpunkt gestellt werden (siehe unten D). Schließlich werden weitere Alternativen betrachtet, welche das Bedürfnis nach einer phasenkongruenten Dividendenaktivierung obsolet machen könnten (siehe unten E).

Dabei beschränkt sich die vorliegende Betrachtung auf den Einzelabschluss einer Gesellschaft. Im Konzernabschluss besteht keine Problematik hinsichtlich einer phasenkongruenten Dividendenaktivierung.[15] Es bedarf ihrer schlichtweg nicht, da sich das Bedürfnis nach einer solchen nicht stellt: Entweder es kommt zu einer Vollkonsolidierung, in der der Gewinn der Tochtergesellschaft neben dem der Muttergesellschaft ausgewiesen wird, oder es kommt bei lediglich assoziierten Unternehmen zu einer Bewertung at equity. Auch hier wird der Wert der Tochtergesellschaft inklusive des erwirtschafteten Gewinns auf der Aktivseite des Konzernabschlusses dargestellt.[16]

---

[15] *Küting*, DStR 1996, 1947, 1948; *ders.*, in: Herzig, Europäisierung des Bilanzrechts, 1997, 51, 57.
[16] Vgl. ausführlich: E.I.

B. These

Die derzeit praktizierte phasenkongruente Dividendenaktivierung war bisher gesetzlich nicht geregelt. Sie fußt allein auf sich in der Zeit wandelnder Rechtsprechung und scheint in ihrer Gesamtschau an vielen Stellen nur schwer dogmatisch begründbar.

Mit § 272 Abs. 5 HGB besteht nun zum ersten Mal eine gesetzliche Regelung, welche die (handelsrechtliche) Zulässigkeit einer phasenkongruenten Dividendenaktivierung voraussetzt. Diese Neueinfügung könnte als Anlass genommen werden, die phasenkongruente Dividendenaktivierung komplett neu zu ordnen.

Voraussetzung hierfür wäre, dass es sich bei § 272 Abs. 5 HGB nicht nur um eine Regelung bezüglich der Darstellung des Eigenkapitals einer Gesellschaft und somit eine die Passivseite betreffende Regelung handelt, sondern auch um eine Bilanzierungshilfe, die insofern die Aktivseite der Bilanz betrifft. Folge wäre, dass die Voraussetzungen einer phasenkongruenten Dividendenaktivierung durch das Einfügen des § 272 Abs. 5 HGB neu definiert würden. Insofern ist es naheliegend, dass durch das Einfügen der Ausschüttungssperre auch ein ‚Mehr' an phasenkongruenter Dividendenaktivierung zulässig ist.

Da Bilanzierungshilfen allein im Handelsrecht Wirkung entfalten, ist davon auszugehen, dass das Einfügen des § 272 Abs. 5 HGB auf das Steuerrecht keine Auswirkungen hat. Hier wird es wohl bei dem Verbot der phasenkongruenten Dividendenaktivierung bleiben. Diese Divergenz zwischen Handels- und Steuerrecht lässt sich allerdings durch die Annahme einer Bilanzierungshilfe dogmatisch begründen.

Im Folgenden wird zu prüfen sein, ob sich die These, dass es sich bei § 272 Abs. 5 HGB um eine Bilanzierungshilfe handelt, stützen lässt.

C. Phasenkongruente Dividendenaktivierung vor dem BilRUG

Vor dem BilRUG war die phasenkongruente Dividendenaktivierung vor allem durch die stetig wechselnde Rechtsprechung geprägt. Herauszuheben sind die Tomberger-Entscheidungen des EuGH[1] und des BGH[2], welche von der Literatur u. a. als „bahnbrechend"[3], „revolutionär"[4], „wegweisend"[5], „Meilenstein"[6], „Unikum"[7], „Grundsatzentscheidung"[8] oder gar als „Christel Schmidt"[9] bzw. „Schumacker"[10] des Bilanzrechts bezeichnet wurden. Gerade im Hinblick bzw. als Folge der Tomberger-Entscheidungen heizte sich die Diskussion im Schrifttum über die allgemeine Zulässigkeit sowie die einzelnen Voraussetzungen der phasenkongruenten Dividendenaktivierung wieder auf.[11]

Die Tomberger-Entscheidungen befassten sich lediglich mit der handelsrechtlichen Dividendenaktivierung. Zugleich blieben jedoch Diskussionen hinsichtlich der Auswirkungen auf die steuerrechtlichen Dividendenaktivierungen nicht aus.[12] Der Bundesfinanzhof hat sich nach einer zuvor praktizierten weitestgehenden Zulassung der phasenkongruenten Dividendenaktivierung sodann in einer Entscheidung des

---

[1] EuGH, Urteil vom 27.06.1996, DStR 1996, 1093 ff.

[2] BGH, Urteil vom 12.01.1998, BGHZ, 137, 378 ff.; teilweise wird die im Folgenden als ‚Tomberger' bezeichneten Entscheidungen auch ‚Tomberger I' in Abgrenzung zu ‚Tomberger II', einer weiteren zwischen den identischen Parteien getroffenen Entscheidung, genannt, siehe zu Tomberger II: *Hoffmann/Sauter*, GmbHR 1997, 639 ff.

[3] *Weber-Grellet*, DStR 1996, 1093, 1094.

[4] *Henssler*, JZ 1998, 701, 701.

[5] *Luttermann*, EuZW 1998, 151, 154.

[6] *Hoffmann*, BB 1996, 1051, 1051; *Herzig/Rieck*, IStR 1998, 309, 309.

[7] *Hoffmann*, BB 1997, 1679, 1679.

[8] *De Weerth*, RIW 1996, 763, 765.

[9] *Henssler*, JZ 1998, 701, 701, verweisend auf EuGH, Urteil vom 14.04.1994, NZA 1994, 545 ff.

[10] *Herzig/Rieck*, IStR 1998, 309, 309, verweisend auf EuGH, Urteil vom 14.02.1995, BB 1995, 438 ff.

[11] Vgl. nur: *Henssler*, JZ 1998, 701 ff.; *Hoffmann*, BB 1996, 1051 ff.; *ders.*, BB 1997, 1679 ff.; *Weber-Grellet*, DStR 1996, 1093 ff.

[12] Vgl.: *de Weerth*, RIW 1996, 763, 765; *Felix*, ZIP 1996, 396, 396 f.; *Goette*, DStR 1998, 383, 385; *Groh*, DStR 1996, 1206, 1209; *ders.*, DStR 1998, 813, 817 f.; *Herlinghaus*, IStR 1997, 529, 538; *Herzig*, DB 1996, 1400, 1402; *Herzig/Rieck*, IStR 1998, 309, 310, 317; *Hoffmann*, BB 1996, 1051, 1056; *Kropff*, ZGR 1997, 115, 128; *Neu*, BB 1995, 399, 404; *Schön*, in: FS Flick, 1997, 573, 580 f.; *Spetzler*, DB 1993, 553, 553 ff.; *Weber-Grellet*, DB 1996, 2089, 2091 f.; *ders.*, DStR 1996, 1093, 1095; *ders.*, in: Herzig, Europäisierung des Bilanzrechts, 1997, 95, 100 ff.

Großen Senats gegen eine Übernahme der in den Tomberger-Entscheidungen aufgestellten Grundsätze ausgesprochen[13] und zugleich aus einem grundsätzlichen Aktivierungsgebot ein Aktivierungsverbot geformt. Dies gilt es insbesondere im Hinblick auf den immer stärker eingeschränkten Maßgeblichkeitsgrundsatz[14] zu untersuchen.

Nur am Rande sei erwähnt, dass die Rechnungslegung der Tochtergesellschaft von einer phasenkongruenten Dividendenaktivierung unberührt bleibt. Insbesondere liegt keine Ergebnisverwendung i.S.d. § 268 Abs. 1 HGB vor.[15] Es bedarf daher allein der Betrachtung der Rechnungslegung der Muttergesellschaft.

I. Rechtliche Anforderungen

Gesetzlich ist und war die phasenkongruente Dividendenaktivierung weder im HGB noch im Steuerrecht explizit geregelt. Folge ist, dass sich die Zulässigkeit einer phasenkongruenten Dividendenaktivierung nach den Grundsätzen ordnungsmäßiger Buchführung richtet.[16]

Durch die Vierte EG-Richtlinie, welche durch das BiRiLiG in deutsches Recht umgesetzt wurde, ist das deutsche Handelsbilanzrecht ins HGB eingefügt und neugeordnet worden.[17] Inhaltlich wurde das Handelsbilanzrecht dabei nur marginal verändert. Als wesentlichste Veränderung im Hinblick auf die phasenkongruente Dividendenaktivierung wird oftmals die Einführung des true and fair view-Grundsatzes in § 264 Abs. 2 S. 1 HGB gesehen.[18] Eine explizite Regelung der die phasenkongruenten Dividendenaktivierung wurde aber auch durch das BiRiLiG nicht getroffen. Allerdings entstand durch das auf der Vierten EG-Richtlinie beruhende BiRiLiG ein europarechtlicher Einfluss auf die phasenkongruente Dividendenaktivierung hinsichtlich Unternehmen in Form der AG, der KGaA oder der GmbH[19] und ein damit einhergehendes Einfallstor für das Europarecht.[20]

---

[13] BFH, Urteil vom 07.08.2000, BFHE, 192, 339 ff.

[14] Für einen Verstoß gegen den Maßgeblichkeitsgrundsatz: *Herzig*, BB 2000, 2247, 2253; *Kerssenbrock/Rodewald*, DStR 2002, 653, 654, die sogar von einem Verstoß gegen die Einheitlichkeit der Rechtsordnung sprechen; *Kraft*, Wpg 2001, 2, 7; Beck Bil-Komm/*Schubert/Waubke*, 12. Aufl. 2020, § 266 Rn. 121.

[15] *Knop*, in: Küting/Weber HdR, 4. Aufl. 1995, § 268 HGB Rn. 32.

[16] Baumbach/Hopt/*Merkt*, 40. Aufl. 2021, § 243 HGB Rn. 1; MüKoHGB/*Ballwieser*, 4. Aufl. 2020, § 243 HGB Rn. 7; vgl.: C.I.2.

[17] Siehe hierzu m.w.N.: *Großfeld*, NJW 1986, 955 ff.; allgemein zum BiRiLiG; *Biener*, GmbHR 1982, 53 ff.; ders., GmbHR 1982, 77 ff.; *Bohl*, Wpg 1986, 29 ff.; *Schulze-Osterloh*, ZHR, 150 (1986), 532 ff.

[18] *Großfeld*, NJW 1986, 955, 959.

[19] Gem. Art. 1 (1) der Vierten EG-Richtlinie gilt diese nur für Aktiengesellschaften, Kommanditgesellschaften auf Aktien und Gesellschaften mit beschränkter Haftung.

[20] *Bleckmann*, BB 1984, 1525, 1526.

1. Vorliegen eines Vermögensgegenstands bzw. Wirtschaftsguts

Eine Aktivierung setzt grundsätzlich das Vorliegen eines Vermögensgegenstands voraus.[21] Das HGB enthält keine Definition des Begriffs Vermögensgegenstand. Ob ein solcher vorliegt, muss anhand der Grundsätze ordnungsmäßiger Buchführung und des Bilanzzwecks ermittelt werden.[22] Oftmals wird auf den steuerrechtlichen Begriff des Wirtschaftsguts verwiesen, der durch die BFH-Rechtsprechung hinreichend definiert wurde.

Im Steuerrecht wird anstelle des Begriffs Vermögensgegenstand der Begriff Wirtschaftsgut verwendet. Dieser solle nicht weiter reichen als der Begriff des Vermögensgegenstands[23], sondern vielmehr mit ihm inhaltlich übereinstimmen.[24] Die Grundsätze ordnungsmäßiger Buchführung seien auch hier entscheidend für die Fragen, ob überhaupt ein Wirtschaftsgut vorliegt und ob das Wirtschaftsgut zu aktivieren ist.[25] Der Begriff des Wirtschaftsguts umfasst nach gefestigter BFH-Rechtsprechung nicht nur Gegenstände im Sinne des bürgerlichen Rechts, wie Sachen und Rechte, sondern auch tatsächliche Zustände, konkrete Möglichkeiten und Vorteile für den Betrieb, deren Erlangung der Kaufmann sich etwas kosten lässt und die nach der Verkehrsauffassung einer besonderen Bewertung zugänglich sind.[26] Ein besonderer Wert liegt etwa dann vor, wenn im Fall einer Betriebsaufspaltung der ‚Gegenstand' greifbar ist, ihm ein eigener Wert beigemessen wird und er dadurch gerade nicht im allgemeinen Geschäftswert aufgeht.[27] Er muss übertragbar sein, wobei irrelevant ist, ob einzeln oder im Zusammenhang mit einem Betrieb.[28] Bei einem erst im Entstehen begriffenen Anspruch liegt ein Wirtschaftsgut vor, wenn

---

[21] Ausnahmsweise können auch sog. Nicht-Vermögensgegenstände aktiviert werden, wenn das Gesetz dies gesondert anordnet, siehe hierzu: Baumbach/Hopt/*Merkt*, 40. Aufl. 2021, § 266 HGB Rn. 3.

[22] *Knobbe-Keuk*, Bilanz- und Unternehmenssteuerrecht, 9. Aufl. 1993, 87.

[23] BFH, Urteil vom 26.02.1975, BFHE, 115, 243, 245; BFH, Urteil vom 06.12.1978, BFHE, 126, 549, 551.

[24] BFH, Urteil vom 24.03.1987, BStBl, II 1987, 705, 706; BFH, Beschluss vom 26.10.1987, BFHE, 151, 523, 532; *Beisse*, BB 1980, 637, 638; *IDW/HFA*, Wpg 1967, 666, 668; *Knobbe-Keuk*, Bilanz- und Unternehmenssteuerrecht, 9. Aufl. 1993, 87; *Lutz*, in: IDW, Bericht über die Fachtagung, 1995, 81, 85; *ders.*, StuW 1991, 284, 286; *Söffing*, JbFSt 1978/79, 199, 212; kritisch zur inhaltlichen Übereinstimmung: *Costede*, StuW 1995, 115, 116 f.; *Wassermeyer*, GmbHR 2000, 1106, 1112.

[25] BFH, Urteil vom 06.12.1978, BFHE, 126, 549, 551.

[26] BFH, Urteil vom 25.09.1956, BFHE, 63, 396, 400; BFH, Urteil vom 22.02.1962, BFHE, 75, 275, 277 f.; BFH, Urteil vom 29.04.1965, BFHE, 82, 461, 464; BFH, Beschluss vom 02.03.1970, BFHE, 98, 360, 363; BFH, Urteil vom 09.02.1978, BFHE, 124, 520, 522 f.; BFH, Urteil vom 28.05.1979, BFHE, 128, 367, 372; BFH, Beschluss vom 16.02.1990, BFHE, 160, 364, 366; BFH, Urteil vom 14.04.2011, BStBl, II 2011, 696, 697; BFH, Beschluss vom 05.10.2011, DStR 2012, 173, 174; vgl. auch: *Weber-Grellet*, Steuerbilanzrecht, 1996, 88 ff.

[27] RFH, Urteil vom 21.10.1931, RFHE, 30, 142, 145 f.; BFH, Urteil vom 18.06.1975, BFHE, 116, 474, 478.

[28] BFH, Urteil vom 26.05.1982, BFHE, 136, 222, 223.

„sich die Anwartschaft genügend konkretisiert hat und bei einer Veräußerung des Betriebs bei der Festsetzung des Kaufpreises Berücksichtigung finden würde"[29]. Die Aktivierung einer Forderung richtet sich in erster Linie nach wirtschaftlichen Gesichtspunkten.[30] Sie hat dann stattzufinden, wenn entweder die Forderung bereits rechtlich entstanden ist oder wenn die für die Entstehung „wesentlichen wirtschaftlichen Umstände bereits im abgelaufenen Geschäftsjahr gesetzt worden sind"[31] und der Kaufmann dadurch mit der künftigen rechtlichen Entstehung der Forderung fest rechnen kann.[32] Solange der andere Teil noch als wirtschaftlicher Eigentümer zu betrachten ist, liegt noch keine Vertragserfüllung vor, welche zu einer Aktivierung führen könnte.[33]

Diese BFH-Rechtsprechung zum Begriff des Wirtschaftsguts geht einem Teil des handelsrechtlichen Schrifttums zu weit.[34] Ein Vermögensgegenstand soll nach der herrschenden Meinung nur dann vorliegen, wenn ein Posten nach der wirtschaftlichen Betrachtungsweise einen selbstständigen wirtschaftlichen Wert verkörpert sowie als solcher selbstständig verwertbar und damit verkehrsfähig ist.[35] Jedenfalls muss ein Vermögensgegenstand selbstständig bewertbar sein.[36]

Das Vorliegen eines Vermögensgegenstands bzw. eines Wirtschaftsguts führt nach dem Vollständigkeitsgebot grundsätzlich zu einer Aktivierungspflicht.[37] Eine Ausnahme gilt nur dann, wenn gesetzlich etwas anderes vorgeschrieben ist, was bei

---

[29] BFH, Urteil vom 28.09.1967, BFHE, 90, 69, 71; vgl. auch: BFH, Urteil vom 29.11.1973, BFHE, 111, 89, 95; BFH, Urteil vom 27.02.1986, BFHE, 146, 383, 384.

[30] BFH, Urteil vom 09.02.1978, BFHE, 124, 520, 522; BFH, Urteil vom 06.12.1978, BFHE, 126, 549, 551 f.

[31] BFH, Urteil vom 06.12.1978, BFHE, 126, 549, 552; BFH, Urteil vom 12.04.1984, BFHE, 141, 45, 47; BFH, Urteil vom 17.09.1992, BFH/NV 1994, 578, 578; *Crezelius*, ZGR 1987, 1, 26 f.; Koller/Kindler/Roth/Drüen/*Morck/Drüen*, 9. Aufl. 2019, § 246 HGB Rn. 1, 10.

[32] BFH, Urteil vom 03.08.2005, BStBl, II 2006, 20, 21 f.; BFH, Urteil vom 17.03.2010, BFH/NV 2010, 2033, 2035; BFH, Urteil vom 31.08.2011, BFHE, 234, 420, 423 f.; BFH, Urteil vom 13.06.2013, BFH/NV 2013, 1566, 1566.

[33] BFH, Urteil vom 14.12.1982, BFHE, 137, 339, 342.

[34] Strittig ist dabei im Wesentlichen, ob der Posten im Gegensatz zum Wirtschaftsgut einzeln verwertbar sein muss. Bejahend: EBJS/*Böcking/Gros/Wirth*, 4. Aufl. 2020, § 246 HGB Rn. 3, 15; Ausführlich zu weiteren Streitpunkten siehe: MüKoHGB/*Ballwieser*, 4. Aufl. 2020, § 246 HGB Rn. 13 ff.; *Baetge/Kirsch/Thiele*, Bilanzen, 14. Aufl. 2017, 158 ff.; *Costede*, StuW 1995, 115, 116, der offen für eine Abkopplung beider Begriffe eintritt.

[35] *Henssler*, JZ 1998, 701, 703; MüKoBilanzR/*Hennrichs*, 2013, § 246 HGB Rn. 23; Koller/Kindler/Roth/Drüen/*Morck/Drüen*, 9. Aufl. 2019, § 246 HGB Rn. 2; EBJS/*Böcking/Gros/Wirth*, 4. Aufl. 2020, § 246 HGB Rn. 3; *Knobbe-Keuk*, Bilanz- und Unternehmenssteuerrecht, 9. Aufl. 1993, 87 f.; *Wichmann*, DB 1988, 192, 192; vgl. auch: *Lutz*, in: IDW, Bericht über die Fachtagung, 1995, 81, 93, der aufgrund des Maßgeblichkeitsgrundsatzes auch für ein Wirtschaftsgut eine Einzelverwertbarkeit fordert; ablehnend für den Begriff des Wirtschaftsguts: *Söffing*, JbFSt 1978/79, 199, 203; *Woerner*, JbFSt 1978/79, 228, 229; *Weber-Grellet*, Steuerbilanzrecht, 1996, 97.

[36] Koller/Kindler/Roth/Drüen/*Morck/Drüen*, 9. Aufl. 2019, § 246 HGB Rn. 2.

[37] Siehe hierzu ausführlich C.I.2.a).

der phasenkongruenten Dividendenaktivierung weder handels- noch steuerrechtlich der Fall ist.

Ob allerdings bereits zum Bilanzstichtag ein Vermögensgegenstand bzw. Wirtschaftsgut ‚Dividendenanspruch' besteht, wird kontrovers beurteilt. Grund hierfür sind die unterschiedlichen Auslegungen und Wertungen der einzelnen Grundsätze ordnungsmäßiger Buchführung, die entscheidend für die Annahme eines Vermögensgegenstands bzw. Wirtschaftsguts sind. Kommt man zu dem Ergebnis, dass schon zum Stichtag ein Vermögensgegenstand vorliegt, so folgt hieraus eine grundsätzliche Aktivierungspflicht. Die Frage nach dem Vorliegen eines Vermögensgegenstands ist damit die entscheidende im Rahmen der phasenkongruenten Dividendenaktivierung.[38]

Sofern kein Vermögensgegenstand vorliegt, kann es grundsätzlich auch zu keiner Aktivierung kommen. Eine Ausnahme gilt lediglich bei sog. Bilanzierungshilfen. Hierbei handelt es sich um ‚Gegenstände', die zwar nicht die Voraussetzungen eines Vermögensgegenstands erfüllen, deren Aktivierung allerdings gesetzlich vorgeschrieben ist. Bilanzierungshilfen bestehen allein im Handelsrecht. Eine Aktivierung in der Steuerbilanz kommt nicht in Betracht.[39]

2. Grundsätze ordnungsmäßiger Buchführung

Die Grundsätze ordnungsmäßiger Buchführung stellen das Herzstück des deutschen Bilanzrechts dar.[40] Durch den Maßgeblichkeitsgrundsatz erhalten sie nicht nur im Handelsbilanzrecht, sondern auch im Steuerbilanzrecht Geltung.[41] Ihre Wichtigkeit wird durch die – insbesondere im Vergleich zu den angelsächsischen Rechnungslegungsstandards IAS oder IFRS – sogar im Steuerrecht knapp gehaltenen gesetzlichen Vorgaben zur Bilanzierung deutlich. Fehlt es an einer expliziten gesetzlichen Regelung, so ist anhand der Grundsätze ordnungsmäßiger Buchführung zu entscheiden, ob und in welcher Höhe eine Bilanzierung zu erfolgen hat.[42]

---

[38] Siehe ausführlich: *Kaminski*, in: FS Strobel, 2001, 91, 107 ff.; *Kraft*, Wpg 2001, 2, 4; *Schulze-Osterloh*, ZGR 1995, 171, 181; *Wassermeyer*, DB 2001, 1053, 1054; MüKoBilanzR/ *Hennrichs*, 2013, § 246 HGB Rn. 117.

[39] Blümich/*Krumm*, 155 Ergänzungslieferung 2020, § 5 EStG Rn. 317; *Winnefeld*, in: Winnefeld, Bilanz-Handbuch, 5. Aufl. 2015, Kapitel D Rn. 652; *Hottmann*, in: Beck'sches Steuer- und Bilanzrechtslexikon, 54. Aufl. 2021, Bilanzierungshilfen Rn. 3; *Crezelius*, ZGR 1987, 1, 7.

[40] Allgemein zu den Grundsätzen ordnungsmäßiger Buchführung siehe nur: *Beisse*, in: FS Beusch, 1993, 77, 80 ff.; *ders.*, in: GS Knobbe-Keuk, 1997, 385 ff.

[41] Siehe zum Maßgeblichkeitsgrundsatz ausführlich: C.I.4.

[42] *Beisse*, in: GS Knobbe-Keuk, 1997, 385, 402; MüKoHGB/*Ballwieser*, 4. Aufl. 2020, § 243 HGB Rn. 7; Baumbach/Hopt/*Merkt*, 40. Aufl. 2021, § 243 HGB Rn. 1; BeckOKHGB/ *Ruppelt*, 31. Aufl. 2021, § 243 HGB Rn. 5; Beck Bil-Komm/*Schmidt/Usinger*, 12. Aufl. 2020, § 243 HGB Rn. 11.

Gesetzlich verankert ist die Bedeutung der Grundsätze ordnungsmäßiger Buchführung in § 243 Abs. 1 HGB, nach dem ein Jahresabschluss nach den Grundsätzen ordnungsmäßiger Buchführung aufzustellen ist.

Neben kodifizierten Grundsätzen ordnungsmäßiger Buchführung gibt es auch nicht kodifizierte Grundsätze ordnungsmäßiger Buchführung. Die Grundsätze stehen dabei entweder in einem Rangverhältnis, können nebeneinander wirken oder sind weitestgehend miteinander durch Modifikation in Ausgleich zu bringen.[43]

Im Folgenden werden die Grundsätze ordnungsmäßiger Buchführung, welche für die phasenkongruente Dividendenaktivierung von Bedeutung sein könnten, kurz dargestellt. Auf ihre tatsächliche Auswirkung auf die phasenkongruente Dividendenaktivierung wird hingegen erst später eingegangen (siehe hierzu unten C.IV.2).

a) Vollständigkeitsgebot

Das Vollständigkeitsgebot gem. § 246 Abs. 1 S. 1 HGB besagt, dass der Jahresabschluss sämtliche Vermögensgegenstände, Schulden, Rechnungsabgrenzungsposten sowie Aufwendungen und Erträge zu enthalten hat, soweit gesetzlich nichts anderes bestimmt ist. Daraus folgt, dass alle aktivierungs- oder passivierungsfähigen Posten auch zu aktivieren bzw. zu passivieren sind. Die schon gesetzlich vorgesehenen Ausnahmen kommen zumeist bei Aktivierungswahlrechten oder -verboten zur Anwendung.[44] Aus dem Vollständigkeitsgebot folgt dabei auch, dass es für eine Aktivierung eines Vermögensgegenstands bedarf.[45]

Die Relevanz im Zusammenhang mit der phasenkongruenten Dividendenaktivierung ergibt sich daraus, dass eine Aktivierung zwingend wäre, sofern bei der phasenkongruenten Dividendenaktivierung bereits ein Vermögensgegenstand ‚Dividendenanspruch' besteht.[46]

b) Vorsichtsprinzip

Das Vorsichtsprinzip ist eines der ureigensten Prinzipien im deutschen Bilanzrecht.[47] Es dient der Erfüllung des Ziels des Gläubigerschutzes[48], dem sich das

---

[43] *Moxter*, in: FS Helmrich, 1994, 709, 710; *Woerner*, StVj 1993, 193, 196.

[44] EBJS/*Böcking/Gros/Wirth*, 4. Aufl. 2020, § 246 HGB Rn. 1; MüKoBilanzR/*Hennrichs*, 2013, § 246 HGB Rn. 13, 125; Baumbach/Hopt/*Merkt*, 40. Aufl. 2021, § 246 HGB Rn. 1; Koller/Kindler/Roth/Drüen/*Morck/Drüen*, 9. Aufl. 2019, § 246 HGB Rn. 1; *Brezing*, DB 1981, 701, 701, der das Vollständigkeitsgebot als einen „tragenden Pfeiler der G. o. B." bezeichnet.

[45] *Kaufmann*, DStR 1992, 1677, 1678; MüKoBilanzR/*Hennrichs*, 2013, § 246 HGB Rn. 13; siehe zur Ausnahme bei sog. Bilanzierungshilfen: C.I.1.

[46] Siehe hierzu: C.IV.2.a).

[47] *Kempermann*, DStZ 1996, 569, 570; MüKoHGB/*Ballwieser*, 4. Aufl. 2020, § 243 HGB Rn. 19; MüKoBilanzR/*Tiedchen*, 2013, § 252 HGB Rn. 49, 54; Beck Bil-Komm/*Störk/Büssow*,

I. Rechtliche Anforderungen

deutsche Handelsbilanzrecht verschrieben hat[49]: Den Gläubigern eines Kaufmanns soll gewährleistet werden, dass der Kaufmann sich nicht reicher rechnet, als er tatsächlich ist, um sich dann einen entsprechend hohen Gewinn ausschütten bzw. entnehmen zu können.[50] Um dies zu verhindern, besagt das Vorsichtsprinzip in § 252 Abs. 1 Nr. 4 HGB, dass vorsichtig zu bewerten ist. Folge ist, dass die Bewertung eines Vermögensgegenstands bei mehreren möglichen Werten auf die niedrigste Alternative begrenzt wird.[51] Das Vorsichtsprinzip steht dadurch in einem besonderen Spannungsverhältnis zur Informationsfunktion der Handelsbilanz.[52] Konkretisiert wird das Vorsichtsprinzip durch das Imparitäts-[53] und das Realisationsprinzip[54].

Allerdings verlangt das Vorsichtsprinzip nicht nur eine vorsichtige Bewertung, sondern auch einen vorsichtigen Ansatz. Danach dürfen bestrittene Forderungen etwa erst dann aktiviert werden, wenn sie rechtskräftig festgestellt sind.[55]

Bei der Ausübung von Wahlrechten führt das Vorsichtsprinzip allerdings nicht dazu, dass ein Wahlrecht immer in der Weise ausgeübt werden muss, dass der Bilanzansatz/-wert so gering wie möglich ist.[56] Dies würde das Bestehen von Wahlrechten ad absurdum führen.

Zwar sind gem. § 252 Abs. 2 HGB theoretisch auch Ausnahmen vom Vorsichtsprinzip zulässig. Wegen seiner zentralen Gestalt innerhalb der Grundsätze

---

12. Aufl. 2020, § 252 HGB Rn. 30; so auch Schlussantrag des Generalanwalts Guiseppe Tesauro vom 25.01.1996, BB 1996, 579, 579.

[48] Baumbach/Hopt/*Merkt*, 40. Aufl. 2021, § 252 HGB Rn. 10; Koller/Kindler/Roth/Drüen/*Morck/Drüen*, 9. Aufl. 2019, § 252 HGB Rn. 5; MüKoBilanzR/*Tiedchen*, 2013, § 252 HGB Rn. 47; *Budde/Steuber*, AG 1996, 542, 542, der den Gläubigerschutz als „maßgebliche[n] Grundsatz" betrachtet; ähnlich: *Beisse*, in: FS Welf Müller, 2001, 731, 741.

[49] Weitere Funktionen des deutschen Handelsbilanzrechts sind die Informations-, Rechenschafts-, Gewinnermittlungs-, Kapitalerhaltungs-, Kontroll-, Dokumentations- und die Ausschüttungsbemessungsfunktion; vgl. auch: *Hennrichs*, BFuP 2008, 415 Rn. 417 ff.

[50] *Beisse*, in: FS Beusch, 1993, 77, 79; *Knobbe-Keuk*, Bilanz- und Unternehmenssteuerrecht, 9. Aufl. 1993, 47; Koller/Kindler/Roth/Drüen/*Morck/Drüen*, 9. Aufl. 2019, § 252 HGB Rn. 5; MüKoBilanzR/*Tiedchen*, 2013, § 252 HGB Rn. 47.

[51] MüKoHGB/*Ballwieser*, 4. Aufl. 2020, § 252 HGB Rn. 45; EBJS/*Böcking/Gros/Wirth*, 4. Aufl. 2020, § 252 HGB Rn. 28; Beck Bil-Komm/*Störk/Büssow*, 12. Aufl. 2020, § 252 HGB Rn. 33.

[52] MüKoBilanzR/*Tiedchen*, 2013, § 252 HGB Rn. 49.

[53] Das Imparitätsprinzip besagt, dass alle vorhersehbaren Risiken und Verluste, die bis zum Abschlussstichtag entstanden sind, zu berücksichtigen sind, selbst wenn diese erst zwischen dem Abschlussstichtag und dem Tag der Aufstellung des Jahresabschlusses bekanntgeworden sind. Mangels Relevanz für die phasenkongruente Dividendenaktivierung soll dieses im Folgenden nicht näher berücksichtigt werden.

[54] Siehe hierzu: C.I.2.c).

[55] MüKoBilanzR/*Tiedchen*, 2013, § 252 HGB Rn. 48.

[56] MüKoBilanzR/*dies.*, 2013, § 252 HGB Rn. 53.

ordnungsmäßiger Buchführung geht die h. M. allerdings davon aus, dass solche praktisch ausgeschlossen sind.[57]

Die Relevanz im Zusammenhang mit der phasenkongruenten Dividendenaktivierung ergibt sich daraus, dass jedenfalls dann kein Vermögensgegenstand ‚Dividendenanspruch' vorliegt, wenn sich ein Kaufmann durch den Ausweis dieses Anspruchs reicher rechnen würde, als er ist.[58]

c) Realisationsprinzip und Grundsatz der wirtschaftlichen Betrachtungsweise

Das Realisationsprinzip[59] ist neben seiner Normierung in § 252 Abs. 1 Nr. 4 2 Hs. HGB auch im EU-Recht durch seine Erwähnung in Art. 31 Abs. 1 lit. c, aa der Vierten EG-Richtlinie verankert. Es besagt, dass Gewinne erst dann aktiviert werden dürfen, wenn sie am Bilanzstichtag realisiert sind. Das Realisationsprinzip ist damit wesentlich für eine korrekte Periodenabgrenzung.[60] Dabei ist es sowohl für die Bewertung als auch für den Ansatz von Vermögensgegenständen relevant.[61]

Fraglich ist dabei, wann ein Gewinn als realisiert angesehen werden kann. In diesem Zusammenhang bringen viele den Grundsatz der wirtschaftlichen Betrachtungsweise ins Spiel.[62]

Bei dem Grundsatz der wirtschaftlichen Betrachtungsweise handelt es sich um einen nicht kodifizierten Grundsatz ordnungsmäßiger Buchführung.[63] Die wirtschaftliche Betrachtungsweise spielt sowohl bei der persönlichen als auch bei der zeitlichen Zuordnung von Vermögensgegenständen zum Vermögen eines Kaufmanns eine Rolle.[64] Der Grundsatz der wirtschaftlichen Betrachtungsweise besagt u. a., dass, sofern die zivilrechtliche Rechtslage von der tatsächlichen Verfügungsgewalt über einen Vermögensgegenstand abweicht, ausnahmsweise eine von der

---

[57] MüKoHGB/*Ballwieser*, 4. Aufl. 2020, § 252 HGB Rn. 95; MüKoBilanzR/*Tiedchen*, 2013, § 252 HGB Rn. 54; *Hoffmann*, in: Herzig, Europäisierung des Bilanzrechts, 1997, 1, 18.

[58] Siehe hierzu: C.IV.2.b).

[59] Allgemein zum Realisationsprinzip: *Moxter*, BB 1984, 1780 ff.

[60] MüKoHGB/*Ballwieser*, 4. Aufl. 2020, § 252 HGB Rn. 58; Baumbach/Hopt/*Merkt*, 40. Aufl. 2021, § 252 HGB Rn. 18; *Bravidor/Mehnert*, StuB 2014, 596, 600, der auch einen Vorrang vor dem true and fair view-Grundsatz sieht.

[61] MüKoBilanzR/*Tiedchen*, 2013, § 252 HGB Rn. 64.

[62] Siehe zum Erfordernis einer wirtschaftlichen Betrachtungsweise für die Gewinnermittlung: *Groh*, StuW 1989, 227, 230 f.

[63] *Müller*, in: Herzig, Europäisierung des Bilanzrechts, 1997, 87, 89; *Moxter*, Grundsätze ordnungsgemäßer Rechnungslegung, 2003, 15; EBJS/*Böcking/Gros*, 4. Aufl. 2020, § 243 HGB Rn. 8; Grundsätzlich gegen das Bestehen eines Grundsatzes der wirtschaftlichen Betrachtungsweise: *Ekkenga*, ZGR 1997, 262, 267 ff.; die wirtschaftliche Betrachtungsweise als Teil der teleologischen Auslegung sehend: *Beisse*, in: FS Welf Müller, 2001, 731, 739; *Böcking*, in: FS Beisse, 1997, 85, 85, 87; *Woerner*, StVj 1993, 193, 197.

[64] *Körner*, BB 1974, 797, 799.

zivilrechtlichen Rechtslage abweichende bilanzielle Zuordnung stattzufinden hat.[65] Im Rahmen der Frage nach der Zulässigkeit der phasenkongruenten Dividendenaktivierung ist allein die wirtschaftliche Betrachtungsweise hinsichtlich der zeitlichen Zuordnung von Bedeutung.

Aus dem Zusammenspiel zwischen dem Realisationsprinzip und dem Grundsatz der wirtschaftlichen Betrachtungsweise ist zu folgern, dass Forderungen erst dann aktiviert werden dürfen, wenn sie entstanden sind bzw. im abgelaufenen Geschäftsjahr wirtschaftlich verursacht wurden und hinreichend konkretisiert sind.[66] Hinreichend konkretisiert ist eine Forderung, wenn ihre Entstehung so gut wie sicher ist.[67] Irrelevant ist die rechtliche Entstehung der Forderung.[68] Ebenfalls nicht erforderlich ist das Feststehen der Höhe der Forderung.[69] Gewinne aus einem Umsatzgeschäft etwa gelten grundsätzlich mit Lieferung und Leistung der Gegenleistung an den Bilanzierenden als realisiert, sodass nach Lieferung und Leistung der Gegenleistung eine Forderung bilanziert werden darf.[70] Aus der wirtschaftlichen Betrachtungsweise folgt etwa auch, dass bei einer aufschiebenden Bedingung eine Bilanzierung erst mit Bedingungseintritt erfolgt.[71] Etwas anderes gilt nur dann, wenn der Eintritt der Bedingung so gut wie sicher ist.[72] Bei sonstigen Forderungen ist der Realisationszeitpunkt schwieriger zu bestimmen.

Teile der Literatur vertreten, dass es keines Grundsatzes der wirtschaftlichen Betrachtungsweise bedarf, um zu folgerichtigen Bilanzierungen zu kommen. Die wirtschaftliche Betrachtungsweise wird dabei oftmals als ‚Taschenspielertrick' dargestellt.[73] Dass Forderungen, die im vorherigen Geschäftsjahr begründet, aber noch nicht rechtlich entstanden sind, zu bilanzieren sind, soweit ihre rechtliche Entstehung sicher zu erwarten ist, sei keine Folge der wirtschaftlichen Betrach-

---

[65] MüKoBilanzR/*Hennrichs*, 2013, § 246 HGB Rn. 157; vgl. ausführlich zur wirtschaftlichen Betrachtungsweise: *Lüdenbach*, StuB 2019, 15 ff.

[66] MüKoBilanzR/*Tiedchen*, 2013, § 252 HGB Rn. 64, 77; Kritisch hinsichtlich des „Bilanzrechtsmodewort[s]" Konkretisierung: *Hoffmann*, in: Herzig, Europäisierung des Bilanzrechts, 1997, 1, 16.

[67] BFH, Urteil vom 12.05.1993, BFHE, 171, 448, 451; BFH, Urteil vom 13.06.2013, BFH/NV 2013, 1566, 1566; *Ciric*, Grundsätze ordnungsmäßiger Wertaufhellung, 1995, 78; *Moxter*, StuW 1989, 232, 237; MüKoBilanzR/*Tiedchen*, 2013, § 252 HGB Rn. 77.

[68] Baumbach/Hopt/*Merkt*, 40. Aufl. 2021, § 252 HGB Rn. 20.

[69] MüKoBilanzR/*Tiedchen*, 2013, § 252 HGB Rn. 77.

[70] BFH, Urteil vom 27.02.1986, BFHE, 146, 383, 384; BFH, Urteil vom 03.08.2005, BStBl, II 2006, 20, 21 f.; *Beisse*, in: Ruppe, Gewinnrealisierung, 1981, 13, 21; MüKoHGB/*Ballwieser*, 4. Aufl. 2020, § 252 HGB Rn. 60; Beck Bil-Komm/*Störk/Büssow*, 12. Aufl. 2020, § 252 HGB Rn. 44.

[71] BeckOKHGB/*Regierer*, 31. Aufl. 2021, § 246 HGB Rn. 12; BFH, Urteil vom 13.06.2013, BFH/NV 2013, 1566, 1566 m.w.N.

[72] Baumbach/Hopt/*Merkt*, 40. Aufl. 2021, § 246 HGB Rn. 3.

[73] *Hoffmann*, BB 1997, 1679, 1680; ders., StuB 2015, 121, 121; *Hoffmann/Sauter*, GmbHR 1998, 318, 321; *Haaker*, DB 2015, 879, 880; vgl. auch: *Knapp*, DB 1971, 1121, 1122.

tungsweise, sondern allein Ausfluss des Realisationsprinzips.[74] Es sei vollkommen unklar, was unter einer wirtschaftlichen Betrachtungsweise zu verstehen sei. Vielmehr entstehe der Eindruck, dass unter dem „Zauberwort" der wirtschaftlichen Betrachtungsweise die Grundsätze des Bilanzrechts missachtet werden, um das wirtschaftlich Gewünschte zu erlangen.[75]

Dem wird entgegengehalten, dass man nur durch die wirtschaftliche Betrachtungsweise im Gegensatz zu einer rechtlichen Betrachtungsweise dem Zweck einer Bilanz – ein den tatsächlichen Verhältnissen eines Unternehmens entsprechendes Bild zu zeichnen – gerecht werden könne.[76] Wesentlich im Bilanzrecht sei die wirtschaftliche und nicht die rechtliche Lage eines Unternehmens. Nur durch die wirtschaftliche Betrachtungsweise als Ausprägung der teleologischen Auslegung könne ein den tatsächlichen Verhältnissen und dem Bilanzzweck entsprechendes Bild der Vermögenslage einer Gesellschaft dargestellt werden.[77] Dem stehe auch nicht entgegen, dass es sich um eine Bilanz ‚im Rechtssinn' handele. Den rechtlichen Rahmen für eine Bilanz geben entweder die Grundsätze ordnungsmäßiger Buchführung, das HGB oder das EStG. Die Regelungen selbst seien jeweils Ausprägungen der wirtschaftlichen Betrachtungsweise.[78]

Die Diskussion um das Erfordernis einer wirtschaftlichen Betrachtungsweise erscheint dabei fruchtlos. Von den Gegnern einer wirtschaftlichen Betrachtungsweise wird gerade nicht vertreten, dass für die Aktivierung einer Forderung deren rechtliche Entstehung entscheidend sei. Vielmehr gleichen sich die Ansichten hinsichtlich der Definition, wann eine Forderung zu aktivieren ist. Es ist damit irrelevant, ob die wirtschaftliche Betrachtungsweise im Rahmen der zeitlichen Zuordnung als stark mit dem Realisationsprinzip verknüpft oder als „Resultat"[79] des Realisationsprinzips betrachtet wird.

Die Relevanz im Zusammenhang mit der phasenkongruenten Dividendenaktivierung ergibt sich daraus, dass jedenfalls dann kein Vermögensgegenstand ‚Dividendenanspruch' vorliegt, wenn die wirtschaftliche Betrachtungsweise schon keine Anwendung findet. Ferner muss das Vorliegen eines Vermögensgegenstands ‚Dividendenanspruch' verneint werden, wenn sich der Dividendenanspruch bis zum Stichtag noch nicht hinreichend konkretisiert hat, da kein tauglicher Realisationstatbestand gefunden und/oder nicht mit an Sicherheit grenzender Wahrscheinlichkeit

---

[74] *Kropff*, ZGR 1997, 115, 120.

[75] *Hoffmann*, BB 1996, 1051, 1053; *ders.*, in: Herzig, Europäisierung des Bilanzrechts, 1997, 1, 17.

[76] *Weber-Grellet*, DB 1996, 2089, 2089; *Körner*, BB 1974, 797, 797, der allerdings das Gegenüberstellung von rechtlich und wirtschaftlich anprangert, ebenso: *Moxter*, Grundsätze ordnungsgemäßer Rechnungslegung, 2003, 15, der auch in der wirtschaftlichen Betrachtungsweise eine rechtliche sieht.

[77] *Weber-Grellet*, DB 1996, 2089, 2089.

[78] *Moxter*, Grundsätze ordnungsgemäßer Rechnungslegung, 2003, 15 f.; *Weber-Grellet*, DB 1996, 2089, 2089.

[79] MüKoHGB/*Ballwieser*, 4. Aufl. 2020, § 246 HGB Rn. 8.

mit einer rechtlichen Entstehung der Forderung im Folgejahr gerechnet werden kann.[80]

d) Periodenabgrenzungsprinzip

Das Periodenabgrenzungsprinzip ist in § 252 Abs. 1 Nr. 5 HGB normiert. Es besagt, dass Aufwendungen und Erträge des Geschäftsjahres unabhängig von den Zeitpunkten der entsprechenden Zahlungen im Jahresabschluss zu berücksichtigen sind.

Hieraus wird abgeleitet, dass für die Periodenabgrenzung allein die wirtschaftliche Verursachung entscheidend ist. Die rechtliche Verursachung sowie der tatsächliche Zahlungsfluss sind irrelevant.[81] Das Periodenabgrenzungsprinzip bezieht sich dabei allein auf den Ansatz von Vermögensgegenständen.[82]

Die Relevanz im Zusammenhang mit der phasenkongruenten Dividendenaktivierung ergibt sich daraus, dass eine phasenkongruente Dividendenaktivierung stattzufinden hat, wenn man nach dem Realisationsprinzip zu dem Ergebnis kommt, dass der Dividendenanspruch bereits im Vorjahr hinreichend konkretisiert und damit wirtschaftlich verursacht wurde.[83]

e) Stichtagsprinzip

Das Stichtagsprinzip ist neben dem Grundsatz der Einzelbewertung in § 252 Abs. 1 Nr. 3 HGB normiert. Es besagt, dass Vermögensgegenstände und Schulden bis zum Abschlussstichtag zu bewerten sind. Veränderungen nach dem Bilanzstichtag sind danach grundsätzlich nicht zu berücksichtigen.[84]

Die Relevanz im Zusammenhang mit der phasenkongruenten Dividendenaktivierung ergibt sich daraus, dass eine phasenkongruente Dividendenaktivierung nur dann zulässig ist, wenn ein Vermögensgegenstand ‚Dividendenanspruch' auch dann angenommen werden kann, wenn Veränderungen nach dem Bilanzstichtag nicht berücksichtigt werden.[85]

---

[80] Siehe hierzu: C.IV.2.c).
[81] Koller/Kindler/Roth/Drüen/*Morck/Drüen*, 9. Aufl. 2019, § 252 HGB Rn. 6; BeckOKHGB/*Poll*, 31. Aufl. 2021, § 252 HGB Rn. 21.1; MüKoBilanzR/*Tiedchen*, 2013, § 252 HGB Rn. 83; Beck Bil-Komm/*Störk/Büssow*, 12. Aufl. 2020, § 252 HGB Rn. 52.
[82] BeckOKHGB/*Poll*, 31. Aufl. 2021, § 252 HGB Rn. 21.
[83] Siehe hierzu: C.IV.2.d).
[84] Baumbach/Hopt/*Merkt*, 40. Aufl. 2021, § 243 HGB Rn. 12.
[85] Siehe hierzu: C.IV.2.e).

f) Wertaufhellungsprinzip

Eng verbunden mit dem Stichtagsprinzip ist das Wertaufhellungsprinzip. Teilweise werden die Grundsätze des Wertaufhellungsprinzips auch im Rahmen des Stichtagsprinzips abgehandelt, ohne von einem eigenen Wertaufhellungsprinzip zu sprechen.[86] Andere hingegen handeln die Grundsätze des Wertaufhellungsprinzips im Rahmen des Vorsichts-, Imparitäts-, bzw. Realisationsprinzips ab.[87] Hintergrund ist wohl, dass sich das Wertaufhellungsprinzip aus einem Zusammenspiel von § 252 Abs. 1 Nr. 3 HGB und § 252 Abs. 1 Nr. 4 HGB ergibt. Im Folgenden soll aus Gründen der Übersichtlichkeit das Wertaufhellungsprinzip separat betrachtet werden, ohne sich eine Entscheidung darüber anmaßen zu wollen, ob das Wertaufhellungsprinzip als eigener Grundsatz ordnungsmäßiger Buchführung zu betrachten ist.

Im Rahmen des Wertaufhellungsprinzips gilt es zwischen wertbegründenden und wertaufhellenden Tatsachen zu unterscheiden. Wertbegründende Tatsachen sind solche, welche erst nach dem Abschlussstichtag eintreten, aber Einfluss auf den Wert einzelner Vermögensgegenstände haben. Wertaufhellende Tatsachen sind solche, welche schon vor dem Abschlussstichtag begründet waren, aber von denen der Bilanzierende erst nach Abschlussstichtag Kenntnis erlangte. Das Wertaufhellungsprinzip besagt, dass wertaufhellende Tatsachen bei der Erstellung des Jahresabschlusses noch zu berücksichtigen sind. Hingegen dürfen wertbegründende Tatsachen nicht mehr berücksichtigt werden.[88] Die Abgrenzung zwischen wertaufhellenden und wertbegründenden Tatsachen ist im Einzelnen fließend. Wertaufhellung ist dabei auch im Sinne einer Ansatzaufhellung zu verstehen.[89] Es ist somit durchaus denkbar, dass erst nach dem Bilanzstichtag bekanntgewordene Ereignisse, welche aber schon im vorherigen Geschäftsjahr begründet wurden, zum Ansatz eines Vermögensgegenstands führen.

Lange wurde diskutiert, ob wertaufhellende Tatsachen bereits zum Abschlussstichtag vorhersehbar sein müssen. Es wurde insofern zwischen einer subjektiven und einer objektiven Wertaufhellungskonzeption differenziert. Während die Verfechter der subjektiven Wertaufhellungskonzeption wertaufhellende Tatsachen nur dann berücksichtigt wissen wollten, wenn der Kaufmann diese Tatsachen zum Ende des Geschäftsjahres hätte kennen können, werden nach der objektiven Wertaufhellungskonzeption auch solche wertaufhellenden Tatsachen berücksichtigt, die zwar

---

[86] So wohl: Baumbach/Hopt/*Merkt*, 40. Aufl. 2021, § 252 HGB Rn. 8; Koller/Kindler/Roth/Drüen/*Morck/Drüen*, 9. Aufl. 2019, § 252 HGB Rn. 4; EBJS/*Böcking/Gros/Wirth*, 4. Aufl. 2020, § 252 HGB Rn. 24.

[87] Beck Bil-Komm/*Störk/Büssow*, 12. Aufl. 2020, § 252 HGB Rn. 28.

[88] MüKoHGB/*Ballwieser*, 4. Aufl. 2020, § 252 HGB Rn. 53 f.; EBJS/*Böcking/Gros/Wirth*, 4. Aufl. 2020, § 252 HGB Rn. 29; Baumbach/Hopt/*Merkt*, 40. Aufl. 2021, § 243 HGB Rn. 13; Koller/Kindler/Roth/Drüen/*Morck/Drüen*, 9. Aufl. 2019, § 252 HGB Rn. 4; BeckOKHGB/*Poll*, 31. Aufl. 2021, § 252 HGB Rn. 11 ff.; MüKoBilanzR/*Tiedchen*, 2013, § 252 HGB Rn. 41 ff.; Beck Bil-Komm/*Störk/Büssow*, 12. Aufl. 2020, § 252 HGB Rn. 38 ff.

[89] *Moxter*, BB 2003, 2559, 2559; MüKoBilanzR/*Tiedchen*, 2013, § 252 HGB Rn. 37.

am Ende des Geschäftsjahres nicht gewusst werden konnten, allerdings für diesen Zeitpunkt bedeutend sind.[90] Die h. M. folgt der objektiven Wertaufhellungskonzeption.[91] Insbesondere solle die subjektive Wertaufhellungskonzeption gegen § 252 Abs. 1 Nr. 4 HGB verstoßen[92]: Eine Bilanzierung habe stets nach objektiven Gesichtspunkten zu erfolgen, sodass kein Raum für eine subjektive Komponente sei.[93] Dem ist zuzustimmen. Nur so kann dem Objektivierungsgrundsatz Genüge getan werden.[94]

Strittig ist ferner, welcher Zeitpunkt das Ende des Wertaufhellungszeitraums darstellt.[95] Ein Teil der Literatur bezieht sich auf § 252 Abs. 1 Nr. 4 HGB, der im Rahmen des Imparitätsprinzips von dem Tag der Aufstellung des Jahresabschlusses spricht.[96] Dieser dürfte oftmals mit dem Ende der Abschlussprüfung zusammenfallen.[97] Andere wollen auf den Tag der Feststellung des Jahresabschlusses wegen der erst hierdurch erlangten Verbindlichkeit des Jahresabschlusses bei Personen- und Kapitalgesellschaften abstellen.[98] Dogmatisch lässt sich wegen der Anknüpfungsmöglichkeit an § 252 Abs. 1 Nr. 4 HGB erstere Auffassung m. E. besser vertreten. Es erschließt sich zudem nicht, warum ein bereits fertig aufgestellter (und geprüfter) Jahresabschluss nochmal geändert werden müsste, allein weil zwischenzeitlich neue Erkenntnisse vorliegen.

Die Relevanz im Zusammenhang mit der phasenkongruenten Dividendenaktivierung ergibt sich daraus, dass die h. M. für eine phasenkongruente Dividendenaktivierung das Vorliegen eines korrespondierenden Gewinnverwendungsbeschlusses verlangt. Sollte man dieser Ansicht folgen, so wäre eine phasenkongruente Dividendenaktivierung nur dann zulässig, wenn es sich bei dem Gewinnverwendungsbeschluss um eine wertaufhellende und nicht um eine wertbegründende Tatsache handelt.[99]

---

[90] Siehe ausführlich: *Hüttemann*, in: FS Priester, 2007, 301, 304 ff.; *Knobbe*, BB 2012, 2169, 2170.

[91] BFH, Urteil vom 30. 01. 2002, BStBl, II 2002, 688, 690; *Hüttemann*, in: FS Priester, 2007, 301, 304 ff.; *Moxter*, BB 2003, 2559, 2560, 2562 f.; *ders.*, DStR 2008, 469, 469 f.; *Ohmen/Seidler*, BB 2015, 3051, 3051; MüKoBilanzR/*Tiedchen*, 2013, § 252 HGB Rn. 40.

[92] *Knobbe*, BB 2012, 2169, 2170.

[93] *Ohmen/Seidler*, BB 2015, 3051, 3051 f.

[94] Siehe zum Objektivierungsgrundsatz: C.I.2.h).

[95] Siehe hierzu ausführlich: *Ciric*, Grundsätze ordnungsmäßiger Wertaufhellung, 1995, 80 ff.; *Kropff*, in: FS Ludewig, 1996, 521 ff.; *ders.*, Wpg 2000, 1137 ff.; *Küting/Kaiser*, Wpg 2000, 577 ff.

[96] Beck Bil-Komm/*Störk/Büssow*, 12. Aufl. 2020, § 252 HGB Rn. 39; *Küting/Kaiser*, Wpg 2000, 577 ff.; hierzu ausführlich: *Kropff*, Wpg 2000, 1137 ff.; vgl. zum Begriff der Aufstellung des Jahresabschlusses im Allgemeinen: *ders.*, in: FS Peltzer, 2001, 219 ff.

[97] *Küting/Kaiser*, Wpg 2000, 577, 581.

[98] *Hüttemann*, in: FS Priester, 2007, 301, 331 ff.; *Kropff*, in: FS Ludewig, 1996, 521, 531; MüKoBilanzR/*Tiedchen*, 2013, § 252 HGB Rn. 44.

[99] Siehe hierzu: C.IV.2.f).

g) Ansatzstetigkeitsgebot

Das in § 246 Abs. 3 HGB enthaltene Ansatzstetigkeitsgebot besagt, dass die im vorhergehenden Jahresabschluss angewandten Ansatzmethoden beizubehalten sind. „Unter Ansatzmethode ist das planvolle Umgehen bei der Ausübung von expliziten Ansatzwahlrechten und bei der Ausübung von Ermessensspielräumen im Rahmen der Entscheidung über den Ansatz von Bilanzposten zu verstehen."[100] Dieses Gebot wurde erst durch das BilMoG in das HGB eingeführt. Zuvor wurde der Grundsatz der Ansatzstetigkeit aus dem Bilanzstetigkeitsgebot des § 252 Abs. 1 Nr. 6 HGB abgeleitet.[101] Neben einem zeitlichen Ansatzstetigkeitsprinzip wird aus ihm aber auch ein Gebot zur sachlichen Ansatzstetigkeit gelesen, nach welcher auf gleichartige Sachverhalte die gleiche Ansatzmethode anzuwenden sei.[102]

Die Relevanz im Zusammenhang mit der phasenkongruenten Dividendenaktivierung ergibt sich daraus, dass es durch die verschiedenen von der h. M. verlangten Voraussetzungen für die Zulässigkeit der phasenkongruenten Dividendenaktivierung – deren Vorliegen im Wesentlichen im Belieben der Geschäftsführung/Gesellschafter der Muttergesellschaft steht – zu einem faktischen Wahlrecht kommt. Hierdurch ist nicht auszuschließen, dass in einem Jahr eine phasenkongruente Dividendenaktivierung erfolgt und im Folgejahr trotz im Wesentlichen gleicher Bedingungen nicht. Sollte ein solches faktisches Wahlrecht gegen das Ansatzstetigkeitsgebot verstoßen, wäre eine phasenkongruente Dividendenaktivierung unzulässig bzw. wären jedenfalls die Voraussetzungen für eine phasenkongruente Dividendenaktivierung anzupassen.[103]

h) Objektivierungsprinzip – Grundsatz des Willkürverbots

Bei dem Objektivierungsprinzip und dem Grundsatz des Willkürverbots handelt es sich um nicht kodifizierte Grundsätze ordnungsmäßiger Buchführung. Oftmals werden sie zusammengefasst. Dies kann darauf zurückgeführt werden, dass sie sich in wesentlichen Punkten überschneiden und somit ihre Abgrenzung im Einzelnen schwierig ist. Die Grundsätze sind allgemein anerkannt, wenn auch ihre Ausprägungen im Einzelnen fraglich sind.[104] Aus ihnen folgt jedenfalls, dass der Jahres-

---

[100] MüKoHGB/*Ballwieser*, 4. Aufl. 2020, § 246 HGB Rn. 160, unter Verweis auf IDW ERS HFA 38 Rn. 6.

[101] Siehe hierzu: MüKoHGB/*ders.*, 4. Aufl. 2020, § 243 HGB Rn. 53; EBJS/*Böcking/Gros/Wirth*, 4. Aufl. 2020, § 252 HGB Rn. 40; Koller/Kindler/Roth/Drüen/*Morck/Drüen*, 9. Aufl. 2019, § 252 HGB Rn. 7; Beck Bil-Komm/*Störk/Büssow*, 12. Aufl. 2020, § 252 HGB Rn. 57; BeckOKHGB/*Regierer*, 31. Aufl. 2021, § 246 HGB Rn. 37.

[102] MüKoBilanzR/*Hennrichs*, 2013, § 246 HGB Rn. 255; Beck Bil-Komm/*Schmidt/Ries*, 12. Aufl. 2020, § 246 Rn. 125.

[103] Siehe hierzu: C.IV.2.g).

[104] Siehe hierzu: MüKoHGB/*Ballwieser*, 4. Aufl. 2020, § 243 HGB Rn. 40; für *Beisse*, in: FS Moxter, 1994, 3, 16, handelt es sich bei dem Objektivierungsprinzip sogar um das „Agens im System der GoB".

abschluss Informationen objektiv und ohne Willkür darstellen muss.[105] Insbesondere subjektive Einflüsse auf den Jahresabschluss sollen hierdurch verhindert werden. Ihnen ist Genüge getan, wenn die Bewertung frei von sachfremden Erwägungen erfolgt.[106] Ziel ist eine nachprüfbare und vergleichbare Rechnungslegung.[107]

Die Relevanz im Zusammenhang mit der phasenkongruenten Dividendenaktivierung ergibt sich daraus, dass eine phasenkongruente Dividendenaktivierung gegen das Objektivierungsprinzip bzw. den Grundsatz des Willkürverbots verstößt und damit unzulässig ist, wenn sie nur durch das Abstellen auf subjektive Kriterien begründet werden kann.[108]

i) Grundsatz der Bilanzwahrheit

Auch bei dem Grundsatz der Bilanzwahrheit handelt es sich um einen nicht kodifizierten Grundsatz ordnungsmäßiger Buchführung. Er besagt, dass die Bilanz materiell der Wahrheit entsprechen muss.[109] Entscheidend ist die Auslegung des Begriffs der Wahrheit. Hieraus folgt nicht, dass durch die Bilanz die wirkliche Vermögenslage der Gesellschaft dargestellt werden muss.[110] Wäre dies der Fall, könnte der Grundsatz der Bilanzwahrheit z.B. dazu führen, dass entgegen den übrigen Grundsätzen ordnungsmäßiger Buchführung ein Vermögensgegenstand zu aktivieren sei, der ansonsten nicht zu aktivieren wäre. Vielmehr wird dem Grundsatz der Bilanzwahrheit schon dann Genüge getan, wenn die Bilanz mit dem Gesetz, den Grundsätzen ordnungsmäßiger Buchführung und den Bilanzzwecken übereinstimmt.[111]

Im Zusammenhang mit der phasenkongruenten Dividendenaktivierung ergibt sich daraus, dass eine phasenkongruente Dividendenaktivierung nur dann zulässig ist, wenn sie mit dem Gesetz, den Grundsätzen ordnungsmäßiger Buchführung und den Bilanzzwecken übereinstimmt. In der vorliegenden Arbeit wird die Vereinbarkeit der phasenkongruenten Dividendenaktivierung anhand der einzelnen ggf. einschlägigen Grundsätze ordnungsmäßiger Buchführung überprüft. Etwaige Verstöße gegen das Gesetz oder die Bilanzzwecke sind darüber hinaus nicht ersichtlich, sofern nicht die untersuchten Grundsätze an sich schon ein Ausfluss eines bestimmten

---

[105] MüKoHGB/*Ballwieser*, 4. Aufl. 2020, § 252 HGB Rn. 91.
[106] Beck Bil-Komm/*Störk/Büssow*, 12. Aufl. 2020, § 252 HGB Rn. 68 f.; *Moxter*, Grundsätze ordnungsgemäßer Rechnungslegung, 2003, 16, stellt dabei die These auf, dass eine Bilanz vollständig ohne subjektive Einflüsse allein aus dem Kassenbestand bestehen würde.
[107] MüKoBilanzR/*Kleindiek*, 2013, § 243 HGB Rn. 8.
[108] Siehe hierzu: C.IV.2.h).
[109] MüKoBilanzR/*Kleindiek*, 2013, § 243 HGB Rn. 5; *Beisse*, in: FS Clemm, 1996, 27, 28.
[110] Baumbach/Hopt/*Merkt*, 40. Aufl. 2021, § 243 HGB Rn. 5.
[111] *Knobbe-Keuk*, Bilanz- und Unternehmenssteuerrecht, 9. Aufl. 1993, 44 f.; MüKoBilanzR/*Kleindiek*, 2013, § 243 HGB Rn. 7; Baumbach/Hopt/*Merkt*, 40. Aufl. 2021, § 243 HGB Rn. 5.

Bilanzzwecks sind und deshalb ein Verstoß gegen sie zugleich einen Verstoß gegen diesen Bilanzzweck darstellt. Da sich insofern keine eigenständige Bedeutung des Grundsatzes der Bilanzwahrheit ergibt, kann dieser im Folgenden vernachlässigt werden. Sollte ein Verstoß gegen die Grundsätze ordnungsmäßiger Buchführung vorliegen, so liegt sogleich auch ein Verstoß gegen den Grundsatz der Bilanzwahrheit vor.

3. True and fair view-Grundsatz

Der true and fair view-Grundsatz stammt ursprünglich aus dem angelsächsischen Recht.[112] Aufgrund seiner Normierung in Art. 2 Abs. 3 der Vierten EG-Richtlinie hat er als „zentrale Vorschrift des damaligen BiRiLiG"[113] in § 264 Abs. 2 S. 1 HGB Einzug gefunden.[114] Er wird als Generalnorm für den Jahresabschluss der Kapitalgesellschaften[115] und Personenhandelsgesellschaften i.S.v. § 264a HGB betrachtet.[116]

Der true and fair view-Grundsatz besagt, dass der Jahresabschluss der Kapitalgesellschaft unter Beachtung der Grundsätze ordnungsmäßiger Buchführung ein den tatsächlichen Verhältnissen entsprechendes Bild der Vermögens-, Finanz- und Ertragslage der Kapitalgesellschaft zu vermitteln hat. Ein Großteil der Literatur ist der Meinung, dass der Jahresabschluss an sich vollkommen ungeeignet zur Vermittlung eines wirklichkeitsgetreuen Bilds der Lage des Unternehmens ist.[117]

---

[112] Vgl. zur Auslegung im angelsächsischen Recht: *Niehus*, DB 1979, 221, 222 ff.; *Schildbach*, BFuP 1987, 1, 2 ff.; *Scholtissek*, RIW 1986, 966 ff.; *Schulze-Osterloh*, ZHR, 150 (1986), 532, 539; *Streim*, in: FS Moxter, 1994, 391, 393 ff.

[113] *Müller*, in: Herzig, Europäisierung des Bilanzrechts, 1997, 87, 89; Beck Bil-Komm/ *Störk/Schellhorn*, 12. Aufl. 2020, § 264 HGB Rn. 22.

[114] *Beisse*, in: FS Clemm, 1996, 27, 27, 31; *Eilers/Heinemann*, in: Herzig, Europäisierung des Bilanzrechts, 1997, 25, 30; *Großfeld*, in: Leffson, 1986, 192, 196; *Moxter*, BB 1978, 1629, 1630.

[115] Siehe ausführlich: *Beisse*, in: FS Döllerer, 1988, 25, 25, 26 ff.; erfasst wird auch die SE: MüKoHGB/*Reiner*, 4. Aufl. 2020, § 264 Rn. 3.

[116] *Ludewig*, AG 1987, 12, 12; *Moxter*, AG 1979, 141, 141; *Selchert*, BB 1993, 753 ff.; Baumbach/Hopt/*Merkt*, 40. Aufl. 2021, § 264 HGB Rn. 12; BeckOKHGB/*Ruppelt*, 31. Aufl. 2021, § 264 HGB Rn. 35; EBJS/*Böcking/Gros/Oser*, 4. Aufl. 2020, § 264 HGB Rn. 4, 25, für alle anderen Kaufmänner soll hingegen § 243 Abs. 1 HGB als Generalnorm gelten.

[117] *Beisse*, in: FS Döllerer, 1988, 25, 34; *Clemm*, DStR 1990, 780, 782; *ders.*, in: FS Röhricht, 2005, 767 ff.; *Küting*, DStR 1997, 84, 91; *Moxter*, in: FS Goerdeler, 1987, 361, 370; *Selchert*, BB 1993, 753, 759; *Mörstedt*, DStR 1997, 1225, 1229; *Neu*, Die bilanzsteuerliche Behandlung des Finanzvermögens, 1994, 255; *ders.*, BB 1995, 399, 401; *Lüders*, Der Zeitpunkt der Gewinnrealisierung im Handels- und Steuerbilanzrecht, 1987, 99; für einen besseren Einblick schon beim Einfügen des § 264 HGB: *Weber/Willich*, Wpg 1976, 329, 329.

Die drei ‚Lagen' sind hierbei gleichrangig zu verstehen.[118] Die phasenkongruente Dividendenaktivierung dürfte jedenfalls lediglich die Vermögens- und die Ertragslage einer Gesellschaft berühren, sodass auch nur diese beiden näher betrachtet werden sollten. Während die Vermögenslage im Wesentlichen in der Bilanz abgebildet wird, wird die Ertragslage im Wesentlichen in der Gewinn- und Verlustrechnung dargestellt. Die Vermögenslage soll dabei das Verhältnis und die Zusammensetzung von Vermögensgegenständen sowie von Eigen- und Fremdkapital eines Unternehmens umfassen.[119] Allein entscheidend ist dabei die bilanzielle Vermögenslage.[120] Die Ertragslage soll die Höhe und das Zustandekommen des Erfolgs eines Unternehmens darstellen.[121]

Die Relevanz im Zusammenhang mit der phasenkongruenten Dividendenaktivierung ergibt sich daraus, dass ein Großteil der Literatur eine phasenkongruente Dividendenaktivierung mit Verweis auf den true and fair view-Grundsatz verlangt. Nur durch eine phasenkongruente Dividendenaktivierung solle ein den tatsächlichen Verhältnissen entsprechendes Bild der Vermögens- und der Ertragslage dargestellt werden.[122]

Der true and fair view-Grundsatz ist in der Literatur seit jeher umstritten.[123] Heute gelten die einzelnen Streitpunkte als weitestgehend geklärt. Die Diskussionen um die phasenkongruente Dividendenaktivierung waren jedoch stets mit Differenzen über den true and fair view-Grundsatz verknüpft, sodass nachfolgend in der gebotenen Kürze ein Überblick über den Streitstand gegeben werden soll.

a) Verhältnis zu den Grundsätzen ordnungsmäßiger Buchführung

Beim true and fair view-Grundsatz handelt es sich um keinen Grundsatz ordnungsmäßiger Buchführung.[124]

---

[118] EBJS/*Böcking/Gros/Oser*, 4. Aufl. 2020, § 264 HGB Rn. 29; MüKoHGB/*Reiner*, 4. Aufl. 2020, § 264 Rn. 80; siehe auch ausführlich und differenziert: *Selchert*, BB 1993, 753, 754 ff.

[119] *Hulle, van*, in: FS Budde, 1995, 313, 318; EBJS/*Böcking/Gros/Oser*, 4. Aufl. 2020, § 264 HGB Rn. 31; Baumbach/Hopt/*Merkt*, 40. Aufl. 2021, § 264 HGB Rn. 14.

[120] Baumbach/Hopt/*Merkt*, 40. Aufl. 2021, § 264 HGB Rn. 14.

[121] Baumbach/Hopt/*ders.*, 40. Aufl. 2021, § 264 HGB Rn. 16.

[122] Siehe hierzu: C.IV.3.

[123] Nach *Claussen*, in: FS Goerdeler, 1987, 79, 81: „das wohl komplexeste und fundamentalste Thema des BilanzrichtlinienG".

[124] *Beisse*, BB 1990, 2007, 2012; *ders.*, in: FS Beusch, 1993, 77, 90; *ders.*, in: FS Clemm, 1996, 27, 29; *ders.*, in: GS Knobbe-Keuk, 1997, 385, 404; *Wassermeyer*, in: FS Döllerer, 1988, 705, 714; entsprechend findet auch der Maßgeblichkeitsgrundsatz keine Anwendung; vgl.: *Beisse*, in: FS Döllerer, 1988, 25, 42; *ders.*, in: FS Clemm, 1996, 27, 52.

Ein Teil der Literatur sah in ihm ein sog. overriding principle, dem sich die sonstigen Grundsätze ordnungsmäßiger Buchführung unterzuordnen haben.[125] Dies ergebe sich aus der Vierten EG-Richtlinie.[126] Darin wird der Grundsatz als Hauptzielsetzung festgeschrieben. Ferner bestimmt Art. 2 Abs. 5 der Vierten EG-Richtlinie, dass, falls dem Grundsatz nicht entsprochen wird, von einzelnen Normen abzuweichen ist. In der Folge solle das Vorsichtsprinzip durch den true and fair view-Grundsatz durchbrochen werden und in diesem seine Grenze finden.[127] Die Nichtübernahme des Art. 2 Abs. 5 der Vierten EG-Richtlinie sei als Verstoß gegen EU-Recht zu werten.[128] Dem wurde stets entgegengehalten, dass entsprechend der Gesetzesbegründung zum Einfügen des § 264 Abs. 2 S. 1 HGB ein Einfügen des Art. 2 Abs. 5 der Vierten EG-Richtlinie nicht erforderlich gewesen sei, da sich eine Möglichkeit der Abweichung von gesetzlichen Normen im deutschen Recht schon aus der teleologischen Auslegung ergebe.[129] Das Weglassen des Einfügens sei damit weder ein Argument für noch gegen die Auslegung als overriding principle.

Spätestens seit der GIMLE-Entscheidung des EuGH[130] ist unbestritten, dass kein overriding principle vorliegt.[131] Die Entscheidung betraf die Frage, ob wegen des true and fair view-Grundsatzes und insbesondere wegen Art. 2 Abs. 5 der Vierten EG-Richtlinie der belgische Grundsatz der Verbuchung von Vermögensgegenständen zu Anschaffungskosten durchbrochen wird, wenn offensichtlich ist, dass der Vermögensgegenstand einen deutlich höheren (im vorliegenden Fall 3.400-fach höheren) Wert hat. Dies wurde vom EuGH verneint.[132] Begründet damit, dass hier kein „Ausnahmefall" besteht, da oftmals ein höherer Wert vorliegt.[133] Unabhängig hiervon sprechen für eine solche Auslegung die besseren Argumente: Dadurch, dass Art. 2 Abs. 5 der Vierten EG-Richtlinie gerade nicht in deutsches Recht umgesetzt wurde, hat der Gesetzgeber gegen die Einführung als overriding principle ent-

---

[125] *Herlinghaus*, IStR 1997, 529, 533; *Kempermann*, DStZ 1996, 569, 570; wohl auch: *Budde/Steuber*, AG 1996, 542, 544; *Weber-Grellet*, StuW 1995, 336, 349; *ders.*, DB 1996, 2089, 2090; MüKoBilanzR/*Graf/Bisle*, 2013, § 264 HGB Rn. 43, die jedenfalls davon ausgehen, dass im konkreten Einzelfall Abweichungen von den Grundsätzen ordnungsmäßiger Buchführung aufgrund des true and fair view-Grundsatzes möglich seien; andere sprechen auch von einer Primär- oder Subsidiärfunktion, vgl. etwa: Beck Bil-Komm/*Störk/Schellhorn*, 12. Aufl. 2020, § 264 HGB Rn. 25 ff.

[126] *Herlinghaus*, IStR 1997, 529, 533; *Weber-Grellet*, DB 1996, 2089, 2090.

[127] *Budde/Steuber*, AG 1996, 542, 544.

[128] *Altenburger*, BFuP 1997, 721, 724; *Hartung*, RIW 1988, 52, 52.

[129] *Groh*, DStR 1998, 813, 817; *Schulze-Osterloh*, ZHR, 150 (1986), 532, 541 f.; *Beisse*, in: FS Döllerer, 1988, 25, 36 ff., der daraus folgert, dass deshalb für eine unmittelbare Anwendung des Art. 2 Abs. 5 der Vierten EG-Richtlinie kein Raum sei.

[130] EuGH, Urteil vom 03.10.2013, IStR 2014, 24 ff.

[131] *Alsheimer*, RIW 1992, 645, 647; *Beisse*, in: FS Clemm, 1996, 27, 35; *Bravidor/Mehnert*, StuB 2014, 596, 598; *Eggert*, IWB 2014, 112, 116; *Kleindiek*, ZGR 1998, 466, 482; *Kessler*, StuB 1999, 1314 f.; *Marks*, Wpg 1989, 121, 122 ff.; *Müller*, BC 2016, 527, 527 f.

[132] EuGH, Urteil vom 03.10.2013, IStR 2014, 24, 26.

[133] EuGH, Urteil vom 03.10.2013, IStR 2014, 24 26.

schieden.¹³⁴ Die Einzelvorschriften gelten weiter. § 264 Abs. 2 S. 1 HGB geht hierbei grundsätzlich davon aus, dass ein nach den gesetzlichen Vorschriften aufgestellter Jahresabschluss ein den tatsächlichen Verhältnissen entsprechendes Bild vermittelt.¹³⁵ Dies folge aus § 264 Abs. 2 S. 2 HGB. Eine Erlaubnis, von den gesetzlichen Vorschriften abzuweichen, ist daher dem true and fair view-Grundsatz nicht zu entnehmen.¹³⁶ Lediglich wenn der Jahresabschluss kein den tatsächlichen Verhältnissen entsprechendes Bild der Vermögens-, Finanz- und Ertragslage zeige, soll es gem. § 264 Abs. 1 S. 2 HGB einer zusätzlichen Angabe im Anhang bedürfen. Wäre der true and fair view-Grundsatz als overriding principle ausgestaltet, so müsse der Jahresabschluss immer ein den tatsächlichen Verhältnissen entsprechendes Bild der Vermögens-, Finanz- und Ertragslage vermitteln. Eine Pflicht zur zusätzlichen Anhang-Angabe wäre danach obsolet.¹³⁷

b) Speziell: Verhältnis zum Grundsatz der Bilanzwahrheit

Teilweise wird der true and fair view-Grundsatz mit dem Grundsatz der Bilanzwahrheit gleichgestellt.¹³⁸ Dem kann insofern nicht gefolgt werden, als der Grundsatz der Bilanzwahrheit lediglich besagt, dass die Bilanz dem Gesetz, den Grundsätzen ordnungsmäßiger Buchführung und den Bilanzzwecken entsprechen muss¹³⁹ bzw. nichts Falsches enthalten darf¹⁴⁰. Hingegen verlangt der true and fair view-Grundsatz nicht nur ein der Wahrheit, sondern als wertende Komponente auch ein der Redlichkeit entsprechendes Bild.¹⁴¹ Reiner spricht insofern von einer Ver-

---

¹³⁴ EBJS/*Böcking/Gros/Oser*, 4. Aufl. 2020, § 264 HGB Rn. 27; Beck Bil-Komm/*Störk/Schellhorn*, 12. Aufl. 2020, § 264 HGB Rn. 27; MüKoBilanzR/*Graf/Bisle*, 2013, § 264 HGB Rn. 33; allerdings wird hier meist die Begründung des Gesetzgebers zur Nichtumsetzung außer Acht gelassen: BT-Drs. 10/317, 77: „[...], weil nach allgemeinen Grundsätzen des deutschen Rechts die Anwendung gesetzlicher Vorschriften jeweils so zu erfolgen hat, daß der den gesetzlichen Vorschriften vom Gesetzgeber beigelegte Sinn und Zweck erfüllt wird."

¹³⁵ *Adler/Düring/Schmaltz*, Rechnungslegung und Prüfung der Unternehmen, 6. Aufl. 1998, § 246, Rn. 217; *Biener*, in: FS Ludewig, 1996, 85, 96; *Beisse*, in: FS Clemm, 1996, 27, 35; *Großfeld*, in: Leffson, 1986, 192, 196; *Hofbauer*, DStR 1982, Sonderbeilage zu Heft Nr. 15, 1, 5; *Küting*, DStR 1997, 84, 91; *Kessler*, DB 1997, 1, 1; *Ludewig*, AG 1987, 12, 14; *Marks*, Wpg 1989, 121, 122 ff.; *Niehus*, DB 1979, 221, 225; Schulze-Osterloh, ZHR, 150 (1986), 532, 538.

¹³⁶ Baumbach/Hopt/*Merkt*, 40. Aufl. 2021, § 264 HGB Rn. 17; a.A.: *Herlinghaus*, IStR 1997, 529, 533.

¹³⁷ BeckOKHGB/*Ruppelt*, 31. Aufl. 2021, § 264 HGB Rn. 39.1; Beck Bil-Komm/*Störk/Schellhorn*, 12. Aufl. 2020, § 264 HGB Rn. 25.

¹³⁸ Dies wirft zumindest *Hoffmann*, BB 1996, 1492, 1493 dem EuGH vor; siehe ausführlich zum Grundsatz der Bilanzwahrheit: C.I.2.i); ablehnend: *Beisse*, in: FS Clemm, 1996, 27, 29; *ders.*, DStZ 1998, 310, 313.

¹³⁹ Siehe Fn. 127.

¹⁴⁰ *Beisse*, DStZ 1998, 310, 313.

¹⁴¹ MüKoHGB/*Reiner*, 4. Aufl. 2020, § 264 Rn. 28; siehe hierzu das Beispiel von *Großfeld*, in: Leffson, 1986, 192, 198; identisch mit dem Beispiel von *Niehus*, DB 1979, 221, 222.

wandtschaft.[142] Eine Gleichsetzung beider Grundsätze war jedenfalls vom Gesetzgeber nicht gewollt, sonst wäre der true and fair view-Grundsatz in den Allgemeinen Teil eingefügt worden.[143]

Gefährlich wird diese Gleichstellung dann, wenn sie dazu führt, dass aufgrund der allgemeinen Geltung des Grundsatzes der Bilanzwahrheit der true and fair view-Grundsatz auch auf andere Kaufleute, welche nicht AG, KGaA oder GmbH sind, angewandt wird und hierdurch andere Grundsätze durchbrochen werden. Dem ist zwar entgegenzuhalten, dass der Gesetzgeber beim Einfügen des Grundsatzes ins HGB diesen zunächst in den Allgemeinen Teil einfügen wollte.[144] Letztlich hat er dies allerdings mit der Begründung nicht getan, keine Verwirrung stiften zu wollen.[145] Er sei jedoch davon überzeugt, dass der Grundsatz auch hier schon gelte.[146]

Insgesamt muss gefolgert werden, dass die Grundsätze nicht klar voneinander abgrenzbar sind und sich in weiten Teilen überschneiden.[147]

c) Wirkung

Nach der von Moxter begründeten sog. Abkopplungsthese entfaltet der true and fair view-Grundsatz lediglich im Anhang seine Wirkung.[148] Bei dem Grundsatz könne es sich insbesondere nicht um ein allgemeines Auslegungsprinzip handeln, da dies ansonsten dazu führen würde, dass aufgrund des einheitlichen Auslegungsgebots der Grundsätze ordnungsmäßiger Buchführung für sämtliche Kaufleute eine Vorschrift, die allein auf Kapitalgesellschaften zielt, auch auf andere Kaufmänner Anwendung finden würde. Dies würde der gesetzgeberischen Grundentscheidung widersprechen.[149] Andere halten den Grundsatz für eine „Leerformel"[150] bzw. messen ihm eine „Alibifunktion"[151] bei.

---

[142] MüKoHGB/*Reiner*, 4. Aufl. 2020, § 264 Rn. 68.

[143] *Beisse*, DStZ 1998, 310.

[144] So: *ders.*, in: FS Döllerer, 1988, 25, 30.

[145] So jedenfalls: *Herzig/Rieck*, IStR 1998, 309, 315, die ansonsten mit einer „Entobjektivierung" des Bilanzrechts rechnen.

[146] So auch: *Weber-Grellet*, DB 1996, 2089, 2089 f., der meint, dass der Grundsatz auch aus § 243 Abs. 1 HGB hergeleitet werden könne.

[147] Vgl.: *Beisse*, in: FS Döllerer, 1988, 25, 30; Baumbach/Hopt/*Merkt*, 40. Aufl. 2021, § 264 HGB Rn. 12.

[148] *Moxter*, BB 1978, 1629, 1630 f.; *ders.*, AG 1979, 141, 145; *ders.*, in: FS Helmrich, 1994, 709, 718; *ders.*, in: FS Budde, 1995, 419, 426 ff.; zustimmend wohl: *Beisse*, in: FS Döllerer, 1988, 25, 34; *ders.*, StVj 1989, 295, 306; *ders.*, in: FS Beusch, 1993, 77, 93; *ders.*, in: FS Clemm, 1996, 27, 35; *ders.*, in: GS Knobbe-Keuk, 1997, 385, 405.; *Knobbe-Keuk*, Bilanz- und Unternehmenssteuerrecht, 9. Aufl. 1993, 44; *Schildbach*, BFuP 1987, 1, 1; dahingehend ist wohl auch: *Schön*, ZGR 2000, 706, 716 f. zu verstehen; ablehnend *Luttermann*, AG 2010, 341, 343.

[149] *Beisse*, BB 1990, 2007, 2012; *ders.*, in: FS Beusch, 1993, 77, 92 f.; ausführlich *ders.*, in: FS Clemm, 1996, 27, 34 f.

[150] *Havermann*, Wpg 1988, 612, 615.

Nach anderer Ansicht ist der true and fair view-Grundsatz zur Auslegung der GoB heranzuziehen.[152] Diese These muss heutzutage als h.M. bezeichnet werden.[153] Insbesondere sei durch die Nichtumsetzung des Art. 2 Abs. 5 der Vierten EG-Richtlinie durch den Gesetzgeber keine Entscheidung dahingehend getroffen worden, dass der true and fair view-Grundsatz in den Anhang verbannt werde.[154] Allein der Umstand, dass im deutschen Recht eine Abweichung schon nach den Auslegungsgrundsätzen möglich ist, hat dazu geführt, dass Art. 2 Abs. 5 nicht umgesetzt wurde. Eine Entscheidung für den Stellenwert des true and fair view-Grundsatzes habe damit nicht stattgefunden.[155] Der true and fair view-Grundsatz diene vielmehr als Richtschnur für die Grundsätze ordnungsmäßiger Buchführung sowie als eine Art Auslegungshilfe für lückenhafte oder auslegungsbedürftige Einzelnormen.[156] Dies belege schon seine hervorgehobene Stellung an erster Position innerhalb der Vorschriften für Kapitalgesellschaften.

d) Speziell: Wirkung auf die Ausübung von Wahlrechten

In der Literatur wurde insbesondere diskutiert, ob der true and fair view-Grundsatz dazu führe, dass Wahlrechte dahingehend auszuüben seien, dass der Jahresabschluss hierdurch ein den tatsächlichen Verhältnissen entsprechendes Bild darstellt.[157] Laut Claussen rühre aus dem true and fair view-Grundsatz eine Rechtspflicht, bestehende Wahlrechte bei gleichen Vermögensgegenständen nicht unterschiedlich zu beurteilen.[158]

Die h.M. geht davon aus, dass ein Einfluss des true and fair view-Grundsatzes auf Wahlrechte daran scheitere, dass eine einheitliche Auslegung der Normen für sämtliche Kaufmänner angedacht ist.[159] Zudem sollte der true and fair view-

---

[151] *Selchert*, BB 1993, 753, 753.
[152] *Ludewig*, AG 1987, 12, 14; *Busse von Colbe*, Wpg 1987, 117, 120; *Clemm*, Wpg 1989, 357, 363; *Kleindiek*, ZGR 1998, 466, 483; *Schulze-Osterloh*, ZHR, 150 (1986), 532, 541; Baumbach/Hopt/*Merkt*, 40. Aufl. 2021, § 264 HGB Rn. 18; BeckOKHGB/*Ruppelt*, 31. Aufl. 2021, § 264 HGB Rn. 39; MüKoHGB/*Reiner*, 4. Aufl. 2020, § 264 Rn. 59; ähnlich auch Beck Bil-Komm/*Störk/Schellhorn*, 12. Aufl. 2020, § 264 HGB Rn. 30 f.
[153] Zum Meinungsbild nach Einführung siehe: *Beisse*, in: FS Clemm, 1996, 27, 45 ff.
[154] *Kleindiek*, ZGR 1998, 466, 476.
[155] *Ders.*, ZGR 1998, 466, 479.
[156] *Ders.*, Wpg 1987, 117, 120; *ders.*, Wpg 1989, 357, 363; *ders.*, ZGR 1998, 466, 483; *Schulze-Osterloh*, ZHR, 150 (1986), 532, 541; Baumbach/Hopt/*ders.*, 40. Aufl. 2021, § 264 HGB Rn. 18; BeckOKHGB/*ders.*, 31. Aufl. 2021, § 264 HGB Rn. 39; MüKoHGB/*ders.*, 4. Aufl. 2020, § 264 Rn. 59; ähnlich auch: Beck Bil-Komm/*dies.*, 12. Aufl. 2020, § 264 HGB Rn. 30 f.
[157] Siehe nur ablehnend: *Pöschke*, ZGR 2018, 647, 657 ff. m.w.N.
[158] *Claussen*, in: FS Goerdeler, 1987, 79, 89 ff.; ähnlich: *Tubbesing*, AG 1979, 91, 94 f.
[159] *Kropff*, in: FS Baetge, 1997, 65, 71; *Wöhe*, DStR 1985, 715, 720; *Clemm*, in: FS Röhricht, 2005, 767, 782, der aber grundsätzlich für eine generelle Abschaffung von

Grundsatz nach dem Gesetzgeberwillen gerade keine Auswirkungen auf das materielle Bilanzrecht haben.[160]

4. Maßgeblichkeitsgrundsatz

Der Maßgeblichkeitsgrundsatz ist in § 5 Abs. 1 EStG verankert.[161] Er besagt, dass der Ausgangspunkt für die steuerliche Gewinnermittlung bei Gewerbetreibenden, die verpflichtet sind, Bücher zu führen, die Handelsbilanz ist. Daraus folgt, dass für die Handelsbilanz zwingende Vorschriften auch für die Steuerbilanz zwingend sind, sofern das Steuerrecht nichts Abweichendes regelt.[162]

Bestehen dennoch Aktivierungswahlrechte in der Handelsbilanz, so gilt der Grundsatz, dass in der Steuerbilanz handelsrechtliche Aktivierungswahlrechte zu steuerrechtlichen Aktivierungsgeboten sowie handelsrechtliche Passivierungswahlrechte zu steuerrechtlichen Passivierungsverboten werden.[163] Eine Ausnahme besteht hier wiederum, wenn das Steuerrecht ausdrücklich etwas anderes regelt.[164]

Die bis zum BilMoG auch bestehende formelle Maßgeblichkeit, nach welcher steuerrechtliche Wahlrechte synchron mit handelsrechtlichen ausgeübt werden müssen, wurde durch das BilMoG abgeschafft.[165] Oftmals wurde diese Maßgeblichkeit auch als sog. umgekehrte Maßgeblichkeit bezeichnet, da die handelsrechtlichen Wahlrechte zumeist in der Weise ausgeübt wurden, dass die Steuerbilanz entsprechend aufgestellt werden kann.[166] Die Bedeutung des Maßgeblichkeitsgrundsatzes wird seitdem nur noch auf solche Fälle beschränkt, in denen eine steuerrechtliche Regelung fehlt.[167]

Wahlrechten eintritt; *Schildbach*, BFuP 1987, 1, 7 f., der nur in Ausnahmefällen einen Einfluss annehmen will.

[160] Siehe hierzu ausführlich: *Beisse*, in: FS Clemm, 1996, 27, 46 f.

[161] Vgl. ausführlich: *Krieger*, in: FS Döllerer, 1988, 327 ff.

[162] EBJS/*Böcking/Gros*, 4. Aufl. 2020, § 243 HGB Rn. 24; *Knobbe-Keuk*, Bilanz- und Unternehmenssteuerrecht, 9. Aufl. 1993, 21.

[163] Grundlegend: BFH, Beschluss vom 03.02.1969, BFHE, 95, 31, 36 f.; BFH, Urteil vom 26.02.1975, BFHE, 115, 243, 245; BFH, Urteil vom 09.02.1978, BFHE, 124, 520, 522; BFH, Urteil vom 12.04.1984, BFHE, 141, 45, 47; EBJS/*Böcking/Gros*, 4. Aufl. 2020, § 243 HGB Rn. 24; Beck Bil-Komm/*Schmidt/Usinger*, 12. Aufl. 2020, § 243 HGB Rn. 114; kritisch hierzu *Brezing*, DB 1981, 701, 702 f. und *Knobbe-Keuk*, Bilanz- und Unternehmenssteuerrecht, 9. Aufl. 1993, 23, die hierin eine Durchbrechung des Maßgeblichkeitsgrundsatzes sieht.

[164] Beck Bil-Komm/*Schmidt/Usinger*, 12. Aufl. 2020, § 243 HGB Rn. 114.

[165] *Kirsch*, DStZ 2008, 561 ff.; EBJS/*Böcking/Gros*, 4. Aufl. 2020, § 243 HGB Rn. 26; Beck Bil-Komm/*Schmidt/Usinger*, 12. Aufl. 2020, § 243 HGB Rn. 111; siehe auch: *Arbeitskreis Bilanzrecht der Hochschullehrer Rechtswissenschaft*, DB 2009, 2570 ff.

[166] Beck Bil-Komm/*Schmidt/Usinger*, 12. Aufl. 2020, § 243 HGB Rn. 112.

[167] Beck Bil-Komm/*dies.*, 12. Aufl. 2020, § 243 HGB Rn. 112.

Der Maßgeblichkeitsgrundsatz wird durch die Gesetzgebung sowie durch die Rechtsprechung immer weiter eingeschränkt.[168] Es bleibt abzuwarten, ob in den nächsten Jahren den in der Literatur immer lauter werdenden Forderungen nach einem vom Handelsbilanzrecht unabhängigen Steuerbilanzrecht entsprochen wird.[169]

Die Relevanz im Zusammenhang mit der phasenkongruenten Dividendenaktivierung ergibt sich daraus, dass die h. M. derzeit eine phasenkongruente Dividendenaktivierung im Handelsrecht für zulässig und im Steuerrecht für unzulässig hält. Sollte diese Divergenz gegen den Maßgeblichkeitsgrundsatz verstoßen, müsste überprüft werden, inwiefern hier eine Anpassung erforderlich ist.[170]

II. Rechtsprechung

Die Rechtsprechung zur phasenkongruenten Dividendenaktivierung ist vielschichtig und hat sich über die Jahre hinweg verändert.

1. Handelsrechtliche Rechtsprechung

Vor dem Inkrafttreten des BilRUG gab es drei wesentliche Entscheidungen zum Thema der phasenkongruenten Dividendenaktivierung. Während das Reichsgericht eine Aktivierung mit Verweis auf das Stichtagsprinzip ablehnte[171], nahm der BGH im Jahr 1975 ein Aktivierungswahlrecht unter bestimmten Voraussetzungen an.[172] In den berühmten Tomberger-Entscheidungen bejahte der BGH – gestützt vom EuGH – unter gewissen Voraussetzungen sogar eine Aktivierungspflicht.[173] Strittig war in der Literatur seitdem, ob das Wahlrecht neben der Aktivierungspflicht noch Bestand habe.[174]

---

[168] Siehe: Fn. 30.
[169] Siehe hierzu schon: *Weber-Grellet*, DB 1994, 288 ff.; ders., DStR 1998, 1343 ff.; *Kempermann*, DStZ 1996, 569, 570; für den Beibehalt des Maßgeblichkeitsgrundsatzes: *Arbeitskreis Bilanzrecht der Hochschullehrer Rechtswissenschaft*, DB 2009, 2570 ff.; *Gelhausen/Frey*, BB 1994, 603, 604; *Herlinghaus*, FR 2005, 1189, 1192 ff.
[170] Siehe hierzu: C.IV.4.
[171] RG, Urteil vom 23.10.1925, RGZ, 112, 19 ff.; siehe hierzu C.II.1.a).
[172] BGH, Urteil vom 03.11.1975, BGHZ, 65, 230 ff.; siehe hierzu C.II.1.b).
[173] BGH, Urteil vom 12.01.1998, BGHZ, 137, 378 ff.; siehe hierzu C.II.1.c).
[174] Siehe hierzu: C.V.

a) RGZ 112, 19

Das Reichsgericht befasste sich bereits im Jahr 1925 mit der phasenkongruenten Dividendenaktivierung.[175] Der zu entscheidende Sachverhalt stellte sich verkürzt wie folgt dar: Muttergesellschaft war eine Aktiengesellschaft, die als Kommanditistin an der Tochtergesellschaft beteiligt war. Daneben war eine zweite Aktiengesellschaft Kommanditistin. Komplementäre waren jeweils die Vorstandsmitglieder der beiden Aktiengesellschaften. Die Feststellung des Jahresabschlusses der Tochtergesellschaft bedurfte im Innenverhältnis der Genehmigung eines Verwaltungsbeirats. Die Geschäftsjahre von Tochter- und Muttergesellschaft liefen phasenkongruent.

Die ordentliche Generalversammlung der Muttergesellschaft genehmigte den Jahresabschluss der Muttergesellschaft, in dem eine phasenkongruente Dividendenaktivierung erfolgte. Zum Zeitpunkt der Genehmigung lag noch keine rechtswirksame Bilanz der Tochtergesellschaft vor. Zwar hatte der Verwaltungsbeirat der Tochtergesellschaft deren Bilanz bereits zuvor „bis auf einige nicht wesentliche Punkte"[176] genehmigt, eine endgültige Feststellung war jedoch noch nicht erfolgt. Zugleich war aber der in Frage stehende Betrag der Muttergesellschaft bereits zugeflossen.

Die Aktionärin der Muttergesellschaft focht u. a. den Genehmigungsbeschluss des Jahresabschlusses der Muttergesellschaft an und bekam damit vor dem Berufungsgericht recht. Der Argumentation der Revision, dass allein entscheidend sei, ob der Gewinn tatsächlich an die Muttergesellschaft geflossen sei und damit zum Zeitpunkt der Genehmigung im Vermögen der Muttergesellschaft vorhanden war[177], erteilte das Reichsgericht eine Absage. Es bestätigte die Klagestattgabe.

Das Reichsgericht argumentierte, dass wesentlicher Zeitpunkt für die Aktivierung von Vermögensgegenständen allein der Schluss des Geschäftsjahres der Muttergesellschaft sei. Zu diesem Zeitpunkt sei der Gewinnanspruch noch nicht entstanden. Es genüge nicht, „wenn zur Zeit der späteren tatsächlichen Bilanzaufstellung das Bestehen eines Gewinns festgestellt wird."[178] Offen ließ das Reichsgericht im Folgenden, ob „im Hinblick auf das Zusammenfallen der beiderseitigen Geschäftsjahre die schätzungsweise Aufnahme von bloßen Gewinnaussichten unter besonderen Umständen mit den Grundsätzen einer ordnungsgemäßen Bilanzaufstellung verträglich sein [könnte]"[179]. Weiter betonte es, dass der Zufluss an sich für die Aktivierung vollkommen ohne Bedeutung sei. Entscheidend sei allein der rechtliche Anspruch.

---

[175] RG, Urteil vom 23.10.1925, RGZ, 112, 19 ff.; auch zum damaligen Zeitpunkt wurde die Befassung des Reichsgerichts mit einer bilanzrechtlichen Fragestellung als außergewöhnlich empfunden, siehe hierzu: *Flechtheim*, Bankarchiv 1926, 8 ff.

[176] RG, Urteil vom 23.10.1925, RGZ, 112, 19, 22.

[177] RG, Urteil vom 23.10.1925, RGZ, 112, 19, 22.

[178] RG, Urteil vom 23.10.1925, RGZ, 112, 19, 23.

[179] RG, Urteil vom 23.10.1925, RGZ, 112, 19, 23.

b) BGHZ 65, 230

Der BGH beschäftigte sich mit der phasenkongruenten Dividendenaktivierung das erste Mal im Jahr 1975.[180] Die Entscheidung beruhte auf folgendem verkürzten Sachverhalt: Eine Muttergesellschaft war an einer Tochtergesellschaft mit 73,5 % beteiligt. Bei beiden Gesellschaften handelte es sich um Aktiengesellschaften. Im Jahresabschluss der Muttergesellschaft wurden die phasenkongruenten Dividendenerträge aus der Beteiligung an der Tochtergesellschaft ausgewiesen. Dem lag folgender zeitlicher Ablauf zugrunde:

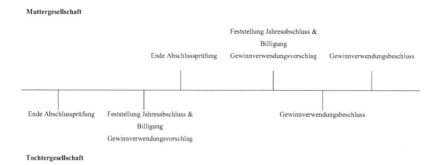

Abbildung 1: Zeitstrahl BGHZ 65, 230

Die Aktionäre der Muttergesellschaften klagten auf Feststellung der Nichtigkeit des Jahresabschlusses der Muttergesellschaft, da sie der Ansicht waren, dass eine phasenkongruente Dividendenaktivierung nicht zulässig sei. Der BGH bestätigte die Klageabweisung des Berufungsgerichts.

Der BGH hielt in diesem Urteil eine Aktivierung für möglich, „wenn bei der Aktivierung der Dividende deren Ausschüttung bei vernünftiger kaufmännischer Betrachtungsweise mit Sicherheit feststeht."[181] Dies solle dann der Fall sein, wenn

1. eine Mehrheitsbeteiligung besteht,
2. sich die Geschäftsjahre der Gesellschaften decken,
3. die Feststellung des Jahresabschlusses der Tochtergesellschaft vor dem Abschluss der Prüfung des Jahresabschlusses bei der Muttergesellschaft erfolgt ist und
4. ein entsprechender Gewinnverwendungsvorschlag vorliegt.

Begründet wurde die Entscheidung damit, dass eine wirtschaftliche Betrachtungsweise anzustellen sei. Gerade bei konzernverbundenen Unternehmen müsse sich der Gewinn auch an der Konzernspitze abzeichnen. Der Gewinn einer Hol-

---

[180] BGH, Urteil vom 03.11.1975, BGHZ, 65, 230 ff.
[181] BGH, Urteil vom 03.11.1975, BGHZ, 65, 230, 237.

dinggesellschaft bestehe meist nur aus den Beteiligungserträgen. Würden diese erst phasenverzögert aktiviert werden, sei eine Verzerrung der Bilanz zu erwarten. Die Aktivierung sei möglich, weil schon vor dem Erlass des Gewinnverwendungsbeschlusses ein mitgliedschaftlicher Gewinnanspruch gem. § 58 Abs. 4 AktG bestehe. Der Gewinnverwendungsbeschluss habe lediglich wertaufhellende Wirkung. Gerade Mehrheitsgesellschafter haben es in der Hand, dass der Gewinn tatsächlich ausgeschüttet werde. Hier sei es gerade tatsächlich auszuschließen, dass eine Gewinnausschüttung nach der Aktivierung nicht sattfinden werde. Aufgrund des Gebots der Bilanzklarheit sei der Sachverhalt sodann im Geschäftsbericht offenzulegen.

In Bezug auf die vorherige Entscheidung des Reichsgerichts[182] äußerte sich der BGH dahingehend, dass das damalige Urteil sich sowohl hinsichtlich des Sachverhalts als auch hinsichtlich des anzuwendenden Rechts unterscheide.[183]

Der BGH lässt in seinem Urteil mangels Entscheidungserheblichkeit offen, ob in diesem Fall eine Pflicht oder nur die Möglichkeit zur Aktivierung besteht. Ebenso blieb offen, ob eine Ausschüttung der aktivierten Dividendenerträge auf Seiten der Muttergesellschaft möglich sei sowie ob eine Aktivierung auch unter anderen Voraussetzungen in Frage käme.

c) Tomberger-Entscheidungen

Das zweite BGH-Urteil[184] über die phasenkongruente Dividendenaktivierung beruhte auf folgendem Sachverhalt: Die Muttergesellschaft war Alleingesellschafterin der Tochtergesellschaft. Beide Gesellschaften wurden in der Rechtsform der GmbH geführt. In dem Jahresabschluss der Muttergesellschaft wurden die phasenkongruenten Dividendenerträge aus der Beteiligung an der Tochtergesellschaft nicht ausgewiesen. Dem lag folgender zeitlicher Ablauf zugrunde:

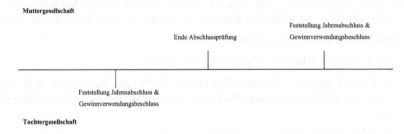

Abbildung 2: Zeitstrahl Tomberger-Entscheidungen

---

[182] RG, Urteil vom 23.10.1925, RGZ, 112, 19 ff.
[183] BGH, Urteil vom 03.11.1975, BGHZ, 65, 230, 234.
[184] BGH, Urteil vom 12.01.1998, BGHZ, 137, 378 ff.

Eine Gesellschafterin der Muttergesellschaft klagte auf Feststellung der Nichtigkeit des Jahresabschlusses der Muttergesellschaft, da sie der Ansicht war, dass eine phasenkongruente Dividendenaktivierung hätte stattfinden müssen. Die Klage wurde vom Berufungsgericht abgewiesen.

aa) Vorlagebeschluss des BGH, BB 1994, 1673

Mit seinem Beschluss[185] legte der BGH dem EuGH die folgende Frage zur Vorabentscheidung vor:

„Verstößt es gegen die in Art. 31 Abs. 1 lit. c, aa der Vierten Richtlinie vom 25. Juli 1978 (78/660/EWG) getroffene Regelung, nach der nur die am Stichtag realisierten Gewinne ausgewiesen werden, sowie die in Art. 59 dieser Richtlinie niedergelegten Grundsätze zur sogenannten ‚Equity'-Methode, wenn der Gewinnanspruch, der einem Unternehmen gegenüber einer Gesellschaft mit beschränkter Haftung zusteht, an der es allein beteiligt ist und für die die Vermutung der Abhängigkeit im Sinne des § 17 Abs. 2 AktG und der Konzernzugehörigkeit im Sinne des § 18 Abs. 1 Satz 3 AktG nicht widerlegt sind, unter der Voraussetzung bereits zum Stichtag des Jahresabschlusses der abhängigen Gesellschaft als zum Vermögen des allein oder mit Mehrheit beteiligten Unternehmens gehörig angesehen und damit ‚phasengleich' aktiviert wird, daß die Geschäftsjahre beider Unternehmen deckungsgleich sind und die Gesellschafterversammlung der abhängigen Gesellschaft mit beschränkter Haftung über die Feststellung des Jahresabschlusses und die Gewinnverwendung in einem Zeitpunkt beschließt, in dem die Prüfung des Jahresabschlusses des alleinbeteiligten Unternehmens noch nicht abgeschlossen ist?"[186]

In den Gründen führte er aus, dass aus seiner Sicht eine Aktivierung stattzufinden habe. Zum Stichtag des Jahresabschlusses stehe nämlich fest, ob die Tochtergesellschaft einen Gewinn erzielt habe. Die allein oder mehrheitlich beteiligte Muttergesellschaft könne aufgrund ihrer beherrschenden Stellung ebenso das Ob als auch die Höhe einer Ausschüttung bestimmen. Zwar stehe am Stichtag des Jahresabschlusses die genaue Höhe des Gewinnanspruchs noch nicht fest; diese Konkretisierung trete aber mit dem Gewinnverwendungsbeschluss ein. Dieser beruhe regelmäßig auf der Berücksichtigung von Umständen, die bis zum Stichtag des Jahresabschlusses eingetreten und dem Beschluss über die Gewinnverwendung nach Kenntniserlangung durch das allein oder mehrheitlich beteiligte Unternehmen zugrunde gelegt worden sind. Aus dem Gewinnverwendungsbeschluss könne ein sicherer Rückschluss auf die für den Stichtag maßgebende Ansicht der Muttergesellschaft gezogen werden, welche dieser „in objektiv nachprüfbarer Weise erhellt"[187]. Eine solche Betrachtungsweise solle dann ausscheiden, wenn feststehe, dass der Gewinnverwendungsbeschluss von Tatsachen beeinflusst worden ist, die

---
[185] BGH, Vorlagebeschluss vom 21.07.1994, BB 1994, 1673 ff.
[186] BGH, Vorlagebeschluss vom 21.07.1994, BB 1994, 1673, 1673.
[187] BGH, Vorlagebeschluss vom 21.07.1994, BB 1994, 1673, 1675, bezugnehmend auf BFH, Urteil vom 08.03.1989, BFHE, 156, 443 ff.; siehe zu diesem Urteil ausführlich: C.II.2.d).

erst im Folgejahr aufgetreten sind, ohne dass sie mit Entwicklungen zusammenhängen, die sich bereits im Laufe des Geschäftsjahres oder früher angebahnt haben.

Die Vorlage erfolgte, da das tangierte Realisationsprinzip im Rahmen des auf der Vierten EG-Richtlinie beruhenden BilRiG durch § 252 Abs. 1 Nr. 4 HGB in das HGB eingefügt wurde.

bb) Schlussantrag des Generalanwalts Tesauro, BB 1996, 579

Der italienische Generalanwalt Guiseppe Tesauro plädiert in seinem Schlussantrag vom 25.01.1996 dafür, die phasenkongruente Dividendenaktivierung auch unter den gegebenen Voraussetzungen nicht zuzulassen.[188]

Dieses Ergebnis begründete der Generalanwalt mit dem Realisationsprinzip und dem Stichtagsprinzip, welche beide Ausgestaltungen des Grundsatzes der Bilanzwahrheit seien, der wiederum mit dem true and fair view-Grundsatz gleichzusetzen sei. Auch nach wirtschaftlicher Sicht setze die Dividendenaktivierung mindestens voraus, dass das Geschäftsjahr der Tochtergesellschaft beendet ist, denn bis Mitternacht des 31.12. könne „der Gewinn von 100 auf 50 und sogar auf 0 zurückgehen"[189]. Nur so könne auch ein den tatsächlichen Verhältnissen entsprechendes Bild dargestellt werden, da ansonsten etwas ausgewiesen werden würde, was so noch nicht bestehe. Der in der Vierten EG-Richtlinie vorgeschriebene realisierte Gewinn als Voraussetzung einer Aktivierung könne gerade nicht dahingehend ausgelegt werden, dass er sich auf „einen lediglich künftigen, d.h. rechtlich und wirtschaftlich noch nicht eingetretenen Gewinn erstreckt"[190].

Art. 59 der Vierten EG-Richtlinie, in dem den Mitgliedstaaten die Möglichkeit gegeben wird, von der sog. Equity-Methode auch im Einzelabschluss Gebrauch zu machen, sei für die Frage nach der Zulässigkeit der phasenkongruenten Dividendenaktivierung irrelevant, da Deutschland weder die Equity-Methode für den Einzelabschluss eingeführt habe noch die Beteiligungsbewertung nach der Equity-Methode mit einer phasenkongruenten Dividendenaktivierung gleichzusetzen sei.[191]

cc) Urteil des EuGH, BB 1996, 1492

Der EuGH urteilte, dass „sofern,

- eine Gesellschaft (Muttergesellschaft) Alleingesellschafterin einer anderen Gesellschaft (Tochtergesellschaft) ist und sie kontrolliert,

---

[188] Schlussantrag des Generalanwalts Guiseppe Tesauro vom 25.01.1996, BB 1996, 579 ff.

[189] Schlussantrag des Generalanwalts Guiseppe Tesauro vom 25.01.1996, BB 1996, 579, 580.

[190] Schlussantrag des Generalanwalts Guiseppe Tesauro vom 25.01.1996, BB 1996, 579, 581.

[191] Schlussantrag des Generalanwalts Guiseppe Tesauro vom 25.01.1996, BB 1996, 579; siehe hierzu auch *Biener*, StbJb 1995/96, 29, 42.

- die Mutter- und die Tochtergesellschaft nach nationalem Recht einen Konzern bilden,
- die Geschäftsjahre beider Gesellschaften deckungsgleich sind,
- der Jahresabschluss der Tochtergesellschaft für das fragliche Geschäftsjahr von ihrer Gesellschafterversammlung vor Abschluss der Prüfung des Jahresabschlusses der Muttergesellschaft für dieses Geschäftsjahr festgestellt wurde,
- aus dem Jahresabschluss der Tochtergesellschaft für das fragliche Geschäftsjahr, wie er von ihrer Gesellschafterversammlung festgestellt wurde, hervorgeht, dass die Tochtergesellschaft an ihrem Bilanzstichtag – d.h. am letzten Tag dieses Geschäftsjahres – der Muttergesellschaft einen Gewinn zugewiesen hat, und
- das nationale Gericht sich vergewissert hat, dass der Jahresabschluss der Tochtergesellschaft für das fragliche Geschäftsjahr ein den tatsächlichen Verhältnissen entsprechendes Bild ihrer Vermögens-, Finanz- und Ertragslage vermittelt,

verstößt es nicht gegen Art. 31 Abs. 1 Buchst. c EWG_RL 78/660 Unterabs. aa der Vierten Richtlinie 78/660/EWG des Rates vom 25.7.1978 [...], wenn ein nationales Gericht befindet, dass die fraglichen Gewinne in der Bilanz der Muttergesellschaft für das Geschäftsjahr auszuweisen sind, in dem sie von der Tochtergesellschaft zugewiesen wurden."[192]

Der EuGH hob hier in seiner Begründung den Grundsatz der Bilanzwahrheit hervor, dem auf jeden Fall genüge getan werden müsse. Aus diesem solle folgen, dass eine Aktivierung bei der Muttergesellschaft möglich sei, sofern auch der Jahresabschluss der Tochtergesellschaft dem Grundsatz gerecht werde.

dd) Berichtigungsbeschluss des EuGH, BB 1997, 1577

Durch einen Berichtigungsbeschluss gem. Art. 66 § 1 der EuGH-Verfahrensordnung a.F., welcher den EuGH dazu befugt, „Schreib- und Rechenfehler und offenbare Unrichtigkeiten von Amts wegen oder auf Antrag einer Partei binnen zwei Wochen nach Urteilsverkündung zu berichtigen", passte der EuGH sein Urteil noch einmal deutlich an. Die vom EuGH formulierten Voraussetzungen für eine phasenkongruente Dividendenaktivierung wurden in diesem Rahmen im Spiegelstrich vier und fünf abgeändert, welche nunmehr lauten:

„[...]
- die Gesellschafterversammlung der Tochtergesellschaft der Zuweisung bestimmter Gewinne an die Muttergesellschaft für das fragliche Geschäftsjahr zugestimmt hat,
- diese Gesellschafterversammlung vor Abschluss der Prüfung des Jahresabschlusses der Muttergesellschaft für dasselbe Geschäftsjahr stattgefunden hat und
[...]"[193]

---

[192] EuGH, Urteil vom 27.06.1996, DStR 1996, 1093, 1093.
[193] EuGH, Beschluss vom 10.07.1997, BB 1997, 1577, 1577.

Die Berichtigung hat keine praktischen Auswirkungen. Sie diente der Klarstellung und Verständlichkeit der Entscheidung insbesondere im Hinblick auf das Merkmal der ‚Zuweisung des Gewinns'.[194]

ee) Schlussurteil des BGH, BGHZ 137, 378

Der BGH urteilte sodann, dass „auf jeden Fall der Gewinnanspruch des allein an einer Gesellschaft mit beschränkter Haftung beteiligten Unternehmens unter den dargelegten Voraussetzungen bereits zum Stichtag der Bilanz der abhängigen Gesellschaft wirtschaftlich so weitgehend konkretisiert sei, dass er als zum Vermögen gehörig angesehen werden kann. Daraus folgt, dass die Forderung ‚phasengleich' mit der Entstehung der entsprechenden Verpflichtung bei der abhängigen Gesellschaft in den Jahresabschluss des allein beteiligten Unternehmens aufgenommen werden muss."[195] Maßgeblich sei – wie schon im Urteil aus 1976 – eine wirtschaftliche Betrachtungsweise. Demnach entstehe ein Vermögensgegenstand schon dann, wenn er hinreichend konkretisiert ist. Dies sei bei einer Forderung der Fall, wenn die wesentlichen Voraussetzungen für die Entstehung schon im abgelaufenen Geschäftsjahr vorgelegen haben und mit dem Eintritt der restlichen Voraussetzungen mit Sicherheit zu rechnen ist.

Dennoch wurde im konkreten Fall die Klage der Minderheitsaktionärin Tomberger aus Verspätungsgründen abgewiesen.[196]

ff) Verfahrensrechtliche Resonanz auf Tomberger

Die Tomberger-Entscheidungen wurden in der Literatur nicht nur wegen ihres Inhalts stark diskutiert, sondern insbesondere auch aus verfahrensrechtlichen Gründen:

Herausgestellt wurde, dass der BGH nunmehr zum ersten Mal eine Frage des auf einer EU-Richtlinie beruhenden Bilanzrechts zu entscheiden hatte.[197] Auch dem EuGH wurde das erste Mal eine bilanzrechtliche Fragestellung vorgelegt.[198] Durch den Schlussantrag des Generalanwalts Tesauro, der die vorgelegte Frage entgegen

---

[194] Vgl.: *Hofmeister*, BB 1997, 1577, 1578; *Hoffmann*, BB 1997, 1679, 1679; *Schulze-Osterloh*, ZIP 1997, 1374, 1375; siehe zur Zuweisung des Gewinns: C.VI.3.
[195] BGH, Urteil vom 12.01.1998, BGHZ, 137, 378, 382.
[196] BGH, Urteil vom 12.01.1998, BGHZ, 137, 378, 386f.
[197] *Henssler*, JZ 1998, 701, 701; *Neu*, BB 1995, 399, 399; a.A.: *Biener*, in: Herzig, Europäisierung des Bilanzrechts, 1997, 63, 72, der davon ausgeht, dass eine Vorlagepflicht an den EuGH mangels Gemeinschaftsrecht nicht bestand.
[198] *Gelhausen/Gelhausen*, Wpg 1996, 573, 573; *Herlinghaus*, IStR 1997, 529, 529; *Herzig*, DB 1996, 1400, 1401; *Herzig/Rieck*, IStR 1998, 309, 309f.; *Henssler*, JZ 1998, 701, 701; *Kropff*, ZGR 1997, 115, 115; *Küting*, in: Herzig, Europäisierung des Bilanzrechts, 1997, 51, 52; *Thömmes*, in: Herzig, Europäisierung des Bilanzrechts, 1997, 75, 75f., der gar von einem „Meilenstein" spricht.

der Meinung des BGH und der damals herrschenden Meinung zu beantworten beantragte, sei sodann ein „Blitz aus heiterem Himmel [...] in die Fachwelt eingeschlagen"[199]. Einzigartig waren zum damaligen Zeitpunkt auch die an die Fachwelt gerichteten schriftlichen Stellungnahmen der Prozessvertreter.[200] Dem nicht genug – nachdem der EuGH die Frage zur Zufriedenheit der herrschenden Meinung beantwortet hatte, kam es noch zu einem – mehr oder minder erforderlichen – Korrekturbeschluss durch den EuGH.[201] Letztlich kam es als „Überraschungseffekt"[202] gar nicht auf die Entscheidung der vorgelegten Frage und auf die phasenkongruente Dividendenaktivierung an.[203] Ein anscheinend auf einem Besetzungswechsel beruhender Meinungswechsel führte zu diesem Kuriosum.[204]

d) OLG Köln, NZG 1999, 82

Das OLG Köln entschied kurz nach den Tomberger-Entscheidungen folgenden verkürzt dargestellten Sachverhalt:[205] Die Klägerin war Gesellschafterin der Beklagten (Muttergesellschaft), die selbst Alleingesellschafterin von mehreren Tochtergesellschaften in der Rechtsform der GmbH war. In dem in Streit stehenden Jahresabschluss der Muttergesellschaft wurden die Dividendenansprüche gegen die Tochtergesellschaften nicht phasenkongruent aktiviert. Dem lag folgende zeitliche Abfolge zugrunde:

Das OLG entschied, dass die Nichtaktivierung der phasenkongruenten Dividendenansprüche korrekt sei. Entscheidender Zeitpunkt für das Vorliegen der Gewinnverwendungsbeschlüsse sei allein der Zeitpunkt des Bestätigungsvermerks des Abschlussprüfers. Würde das Vorliegen bei Feststellung des Jahresabschlusses der

---

[199] So zumindest: *Hoffmann*, BB 1996, 1051, 1051; *ders.*, BB 1996, 579, 581; *ders.*, in: Herzig, Europäisierung des Bilanzrechts, 1997, 1, 2; *Hoffmann/Sauter*, GmbHR 1998, 318, 318; *Herzig/Rieck*, IStR 1998, 309, 310; *Jonas*, in: Herzig, Europäisierung des Bilanzrechts, 1997, 41, 42; *IDW/HFA*, Wpg 1996, 287 ff., der in seiner Stellungnahme den subjektiven Fehlerbegriff hervorhob und damit der Praxis empfiehlt, bis zu einer Entscheidung des EuGH bei den Grundsätzen des BGH (BGH, Urteil vom 03.11.1975, BGHZ, 65, 230 ff.) zu bleiben; siehe auch: *Kropff*, ZGR 1997, 115, 117; *Schüppen*, NZG 1998, 314, 317; *Thömmes*, IWB 1996, 627, 631; *Weber-Grellet*, StuW 1995, 336, 899; kritisch zur Vorlage: *Moxter*, BB 1995, 1463 ff.

[200] *Henssler*, JZ 1998, 701, 701 bezugnehmend auf *Kraneis*, DB 1997, 57 ff.; *Haselmann/Schick*, DB 1996, 1529 ff.; *dies.*, DB 1997, 58 ff.; *Eilers/Heinemann*, in: Herzig, Europäisierung des Bilanzrechts, 1997, 25 ff.; ebenfalls als Verfahrensbeteiligte kommentiert von: *Hofmeister*, BB 1998, 635, 637.

[201] Vgl. hierzu: *Hoffmann*, BB 1997, 1679 ff.; *Weber-Grellet*, DStR 1997, 1416, 1417, der das ganze Verfahren als „etwas ungewöhnlich" bezeichnet.

[202] *Schüppen*, NZG 1998, 314, 317.

[203] *Henssler*, JZ 1998, 701, 702; *Groh*, DStR 1998, 813, 813, der sodann die Frage nach der Verbindlichkeit der Entscheidung für die phasenkongruente Dividendenaktivierung stellt.

[204] So jedenfalls: *Henssler*, JZ 1998, 701, 708; *Hoffmann*, DB 1999, 503, 503.

[205] OLG Köln, Urteil vom 20.07.1998, NZG 1999, 82 ff.

C. Phasenkongruente Dividendenaktivierung vor dem BilRUG

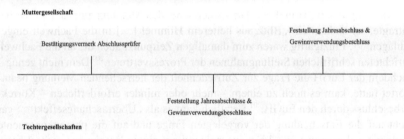

Abbildung 3: Zeitstrahl OLG Köln, NZG 1999, 82

Muttergesellschaft ausreichen, so würde dies dazu führen, dass die Abschlussprüfung unter erheblichem Kostenaufwand wiederholt werden müsste.[206]

2. Steuerrechtliche Rechtsprechung

In der Steuerrechtsprechung galt für die phasenkongruente Dividendenaktivierung lange Zeit ein Aktivierungsgebot unter immer geringeren Anforderungen.[207] Erst durch die Entscheidung des Großen Senats aus dem Jahr 2000[208] kam es zu einer radikalen Änderung hin zu einem grundsätzlichen Aktivierungsverbot.[209]

a) BFHE 131, 196

Das erste Mal urteilte der BFH im Jahr 1980[210] über die phasenkongruente Dividendenaktivierung. Der Entscheidung lag folgender verkürzt dargestellter Sachverhalt zugrunde:

Eine Aktiengesellschaft war als Muttergesellschaft an einer anderen Aktiengesellschaft (Tochtergesellschaft) mit 47,5 % beteiligt. In der Steuerbilanz aktivierte

---

[206] OLG Köln, Urteil vom 20.07.1998, NZG 1999, 82, 83; vgl. auch: OLG Köln, Urteil vom 10.03.1999, NZG 1999, 1112, in welchem aber letztlich die Frage nach der phasenkongruenten Dividendenaktivierung offen bleiben konnte.

[207] BFH, Urteil vom 02.04.1980, BFHE, 131, 196 ff.; BFH, Urteil vom 03.12.1980, BFHE, 132, 80 ff.; BFH, Urteil vom 21.05.1986, BFHE, 147, 37 ff.; BFH, Urteil vom 21.05.1986, BFHE, 147, 27 ff.; BFH, Urteil vom 21.05.1986, BFHE, 147, 44 ff.; FG BW, Urteil vom 02.09.1986, EFG 1987, 111 ff.; BFH, Urteil vom 08.03.1989, BFHE, 156, 443 ff.; BFH, Urteil vom 19.02.1991, BFHE, 164, 34 ff.; BFH, Urteil vom 19.02.1991, BB 1992, 29 ff.; FG Berlin, Beschluss vom 26.10.1995, EFG 1996, 75 ff.; FG Köln, Vorlagebeschluss vom 08.02.1995, EFG 1995, 470 ff.; FG Düsseldorf, Urteil vom 24.03.1998, GmbHR 1998, 993 ff.

[208] BFH, Urteil vom 07.08.2000, BFHE, 192, 339 ff.

[209] *Moxter*, Bilanzrechtsprechung, 6. Aufl. 2007, 52; a. A.: *Groh*, DB 2000, 2444, 2444, der immer noch von einer Aktivierungspflicht, allerdings unter verschärften Anforderungen ausgeht.

[210] BFH, Urteil vom 02.04.1980, BFHE, 131, 196 ff.

die Muttergesellschaft den Dividendenanspruch phasenkongruent. Die Muttergesellschaft folgte hierbei einer langjährigen Übung, da das Jahresergebnis der Tochtergesellschaft bereits ‚*feststand*' und sie und eine andere Aktionärin der Tochtergesellschaft, mit welcher sie die Tochtergesellschaft beherrschte,[211] sich über die Ausschüttung einig waren.

In dem Leitsatz heißt es: „Wird eine Tochtergesellschaft von zwei Muttergesellschaften mit Beteiligungen von jeweils mehr als 25 v. H. beherrscht und hat seit Jahren zwischen den Muttergesellschaften Einigkeit über die von der Tochtergesellschaft auszuschüttenden Dividenden bestanden, haben die Muttergesellschaften den Anspruch auf die Dividende in der Steuerbilanz des abgelaufenen Wirtschaftsjahres auszuweisen."[212]

Unter Bezugnahme auf das Urteil des BGH aus dem Jahr 1975 zur phasenkongruenten Dividendenaktivierung[213] begründete der BFH seine Entscheidung damit, dass auch hier unter Berücksichtigung der wirtschaftlichen Betrachtungsweise die Ausschüttung gesichert erscheint.[214] Die langjährige Übung der beiden zusammen beherrschenden Gesellschafter helfe darüber hinweg, dass keine Mehrheitsbeteiligung bestehe.

b) BFHE 132, 80

In einer weiteren Entscheidung aus dem Jahr 1980[215] lag dem BFH folgender verkürzt dargestellter Sachverhalt vor:

Die Muttergesellschaft, eine GmbH, war zu 50 % an der Tochtergesellschaft – auch eine GmbH – beteiligt. Die restlichen 50 % wurden von einer weiteren GmbH gehalten. Der Geschäftsführer der Muttergesellschaft war gleichzeitig Geschäftsführer der Tochtergesellschaft. Die Feststellung des Jahresabschlusses der Tochtergesellschaft und der Gewinnverwendungsbeschluss der Tochtergesellschaft wurden noch vor der Genehmigung des Jahresabschlusses der Muttergesellschaft beschlossen. Die Muttergesellschaft als Klägerin war der Meinung, dass der Gewinnanspruch gegen die Tochtergesellschaft phasenkongruent zu aktivieren sei. Das Finanzgericht wies die Klage ab.

Der BFH hob die Vorentscheidung auf und verwies die Klage zur weiteren Aufklärung insbesondere in Bezug auf einen beherrschenden Einfluss i. S. d. § 17 AktG zurück an das Finanzgericht. Er urteilte: „Sind an einer GmbH zwei Gesell-

---

[211] Für die Beherrschung im Steuerrecht reicht nach BFH, Urteil vom 23.10.1985, BFHE, 145, 165, 169 sowie BFH, Urteil vom 08.01.1969, BFHE, 95, 215, 218 schon eine Beteiligung von 50 % aus, sofern weitere besondere Umstände hinzutreten.
[212] BFH, Urteil vom 02.04.1980, BFHE, 131, 196, 196.
[213] BGH, Urteil vom 03.11.1975, BGHZ, 65, 230 ff.
[214] BFH, Urteil vom 02.04.1980, BFHE, 131, 196, 199.
[215] BFH, Urteil vom 03.12.1980, BFHE, 132, 80 ff.

schafter mit je 50 v. H. beteiligt und üben die beiden Muttergesellschaften auf die GmbH einen beherrschenden Einfluss i. S. des § 17 des Aktiengesetzes vom 6 September 1965 aus, haben die Muttergesellschaften den Anspruch auf die Gewinnausschüttung gegen die GmbH in ihren Steuerbilanzen für das abgelaufene Wirtschaftsjahr auszuweisen, wenn die Entstehung dieser Forderung tatsächlich gesichert erscheint."[216] Der beherrschende Einfluss sei durch die gleichzeitige Geschäftsführertätigkeit des Geschäftsführers der Muttergesellschaft für die Tochtergesellschaft naheliegend und bedürfe einer weiteren Aufklärung.

c) BFHE 167, 27, BFHE 167, 37 und BFHE 167, 44

In drei Urteilen aus dem Jahr 1986[217] nahm der BFH mit teilweise wortgleichen Begründungen weiter Stellung zur phasenkongruenten Dividendenaktivierung. In diesen Entscheidungen legte der BFH fest, dass eine Mehrheitsbeteiligung über das gesamte Geschäftsjahr hinweg bestehen müsse. Nur so bestehe die erforderliche wirtschaftliche Einheit.[218] Dieses Kriterium leitete der BFH aus der BGH-Entscheidung zur phasenkongruenten Dividendenaktivierung aus dem Jahr 1975[219] ab.

d) BFHE 156, 443

Im Jahr 1989[220] entschied der BFH über die phasenkongruente Dividendenaktivierung bei einer Betriebsaufspaltung. Dem lag folgender verkürzter und vereinfachter Sachverhalt zugrunde:

Der Kläger war Mehrheitsgesellschafter einer GmbH, welcher er ein Grundstück verpachtete. In seiner Einkommensteuererklärung erklärte er nur Einkünfte aus Vermietung und Verpachtung hinsichtlich der Verpachtung des Grundstücks sowie Kapitaleinkünfte hinsichtlich der Ausschüttungen der GmbH. Im Rahmen einer Außenprüfung nahm der Betriebsprüfer eine Betriebsaufspaltung zwischen dem Kläger als Einzelunternehmer (Besitzunternehmen) und der GmbH (Betriebsunternehmen) an. Dies hatte zur Folge, dass das Finanzamt eine phasenkongruente Dividendenaktivierung verlangte und entsprechend veranlagte. Die dagegen erhobene Klage des Klägers hatte vor dem Finanzgericht Baden-Württemberg[221] dahingehend Erfolg, dass die Grundsätze zur phasenkongruenten Dividendenaktivierung zwar auch bei einer Betriebsaufspaltung gelten. Es fehle allerdings an der vom

---

[216] BFH, Urteil vom 03. 12. 1980, BFHE, 132, 80, 80.

[217] BFH, Urteil vom 21. 05. 1986, BFHE, 147, 37 ff.; BFH, Urteil vom 21. 05. 1986, BFHE, 147, 27 ff.; BFH, Urteil vom 21. 05. 1986, BFHE, 147, 44 ff.

[218] BFH, Urteil vom 21. 05. 1986, BFHE, 147, 27, 36; siehe auch BFH, Urteil vom 11. 04. 1990, BFH/NV 1991, 440, 441.

[219] BGH, Urteil vom 03. 11. 1975, BGHZ, 65, 230 ff.

[220] BFH, Urteil vom 08. 03. 1989, BFHE, 156, 443 ff.

[221] FG BW, Urteil vom 17. 03. 1986, BB 1986, 1683, 1683.

BGH[222] aufgestellten Voraussetzung, dass zumindest ein Gewinnverwendungsbeschluss der Betriebsgesellschaft zum Zeitpunkt des Abschlusses der Prüfung bei der Muttergesellschaft vorliege. Die Einkommensteuererklärung des Klägers sei schon vor der Fassung des Gewinnverwendungsbeschlusses bei der GmbH abgegeben worden.

Der BFH gab der hiergegen eingelegten Revision des Finanzamtes statt. Er bestätigte zwar, dass unabhängig von der Rechtsform der Muttergesellschaft eine phasenkongruente Dividendenaktivierung nach den Grundsätzen des BGH möglich sei.[223] Auch gelte bei einer Betriebsaufspaltung keine Besonderheit dahingehend, dass stets spiegelbildlich zu bilanzieren sei.[224] Allerdings sei der entscheidende Zeitpunkt, bis zu dem der Gewinnverwendungsbeschluss vorzuliegen habe, hier nicht die Abgabe der Einkommensteuererklärung. Dem Kläger sei zu diesem Zeitpunkt gar nicht bewusst gewesen, dass eine Betriebsaufspaltung stattfinde und er Einkünfte aus Gewerbebetrieb habe und somit eine Bilanz aufstellen müsse. Es sei vielmehr davon auszugehen, dass er, falls er dies gewusst hätte, die Bilanz zeitgleich mit der der GmbH aufgestellt hätte.[225] Somit sei auch hier eine phasenkongruente Dividendenaktivierung geboten.

In diesem Urteil setzte sich der BFH insbesondere mit der grundlegenden Kritik an einer phasenkongruenten Dividendenaktivierung von Weber[226] und Wassermeyer[227] auseinander.[228] Mit Ablauf des Geschäftsjahres stehe objektiv fest, ob ein Gewinn vorliege oder nicht. Wirtschaftlich vorhanden sei der Gewinn zu jenem Zeitpunkt jedenfalls. Ein Mehrheitsgesellschafter könne kraft seiner beherrschenden Stellung bestimmen, ob es zu einer vollständigen oder teilweisen Ausschüttung komme oder nicht. Spätestens mit der Fassung des Gewinnverwendungsbeschlusses konkretisiere sich der Ausschüttungsanspruch. Der Beschluss erhelle damit in objektiv nachprüfbarer Weise die schon am Bilanzstichtag bestehende Absicht des Mehrheitsgesellschafters zur Ausschüttung.

e) BFHE 164, 34

In seiner Entscheidung aus dem Jahr 1991[229] hatte der BFH sich mit einer phasenkongruenten Dividendenaktivierung eines stillen Gesellschafters zu beschäftigen. Eine GbR war als stiller Gesellschafter an einer GmbH beteiligt. Die Gesell-

---

[222] BGH, Urteil vom 03.11.1975, BGHZ, 65, 230 ff.
[223] BFH, Urteil vom 08.03.1989, BFHE, 156, 443, 449, wonach die Rechtsprechung des BGH auf jede Mehrheitsbeteiligung unabhängig der Rechtsform anwendbar sei.
[224] BFH, Urteil vom 08.03.1989, BFHE, 156, 443, 448.
[225] BFH, Urteil vom 08.03.1989, BFHE, 156, 443, 452.
[226] *Weber*, Grundsätze ordnungsmäßiger Bilanzierung für Beteiligungen, 1980, 129 ff.
[227] *Wassermeyer*, in: FS Döllerer, 1988, 705 ff.
[228] BFH, Urteil vom 08.03.1989, BFHE, 156, 443, 450 f.
[229] BFH, Urteil vom 19.02.1991, BFHE, 164, 34 ff.

schafter der GbR waren auch Mehrheitsgesellschafter sowie Geschäftsführer der GmbH. In dem Jahresabschluss der GbR, welcher einige Tage vor dem Jahresabschluss der GmbH festgestellt wurde, wurde der Dividendenanspruch phasenverschoben aktiviert. Das Finanzamt veranlagte hingegen eine phasenkongruente Dividendenaktivierung. Das Finanzgericht wies die Klage ab. Hiergegen richtete sich grundsätzlich die Revision.

Der BFH hielt die Revision für unbegründet. Die vorliegende Konstruktion stehe einer Mehrheitsbeteiligung gleich, da die Gesellschafter der GbR ihren Willen bei der GmbH als deren Gesellschafter durchsetzen können.[230] Es bestehe eine wirtschaftliche Einheit. Auch der Umstand, dass der Jahresabschluss der GmbH erst nach dem der GbR festgestellt wurde, verhindere keine Pflicht zur phasenkongruenten Dividendenaktivierung. Nachdem der BFH zunächst behauptete, dass eine Feststellung der Bilanz der Kapitalgesellschaft nach der bisherigen Rechtsprechung keine Voraussetzung sei, behauptete er später das Gegenteil, da erst hierdurch die Gewinnhöhe bekannt werde. Jedenfalls müsse sich die GbR so behandeln lassen, als habe keine Ungewissheit mehr bestanden, da der Gewinn der GmbH bei der Erstellung der GbR jedenfalls zu ermitteln gewesen sei. Nur so sei eine Aussagefähigkeit der Bilanz möglich.

f) BFH, BB 1992, 29

In einer weiteren Entscheidung aus dem Jahr 1991[231] hatte der BFH über eine phasenkongruente Dividendenaktivierung zu entscheiden, bei der in der Satzung der Tochtergesellschaft geregelt war, dass eine Gewinnausschüttung grundsätzlich nicht stattfinden solle, es sei denn die Gesellschafter beschließen etwas anderes. Tatsächlich kam es auch noch nie zu einer Gewinnausschüttung. Das Finanzamt veranlagte dennoch mit einer phasenkongruenten Dividendenaktivierung.

Der BFH entschied, dass eine phasenkongruente Dividendenaktivierung nicht stattzufinden habe. Entscheidend sei hierfür, dass laut Satzung eine Gewinnausschüttung grundsätzlich ausgeschlossen ist und zudem in den Jahren vorher nie stattgefunden habe. Es könne deshalb die Absicht, den Gewinn auszuschütten, am Bilanzstichtag nicht unterstellt werden.[232]

g) FG Berlin, EFG 1996, 75

Das Finanzgericht Berlin hielt es schon 1995[233] entgegen dem BFH-Urteil vom 21.05.1986[234] für zweifelhaft, ob als Voraussetzung für eine phasenkongruente

---

[230] BFH, Urteil vom 19.02.1991, BFHE, 164, 34, 37.
[231] BFH, Urteil vom 19.02.1991, BB 1992, 29 f.
[232] BFH, Urteil vom 19.02.1991, BB 1992, 29, 30.
[233] FG Berlin, Beschluss vom 26.10.1995, EFG 1996, 75, 75.

II. Rechtsprechung 59

Dividendenaktivierung eine Beteiligung über das gesamte Geschäftsjahr bestehen müsse. Das FG Berlin begründet seine Meinung damit, dass das tragende Entscheidungskriterium des BGH[235] bei der Zulassung der phasenkongruenten Dividendenaktivierung die zutreffende Darstellung der wirtschaftlichen Situation bei einer Holding sei. Um dieses Ziel zu erfüllen, sei das vom BFH[236] verlangte Merkmal der wirtschaftlichen Einheit und das damit einhergehende Verlangen nach einer ganzjährigen Beteiligung nicht erforderlich.[237]

h) BFHE 187, 492

Dem Urteil des BFH aus dem Jahr 1998[238] lag folgender verkürzt dargestellter Sachverhalt zugrunde: Klägerin zu 1 war eine GmbH & Co. KG, welche als Besitzgesellschaft fungierte. Betriebsgesellschaft war eine GmbH. Die jeweiligen Gesellschafter der Besitz-GmbH & Co. KG, der Komplementär-GmbH sowie der Betriebs-GmbH waren personenidentisch. In der Satzung der Betriebsgesellschaft war geregelt, dass bei einer Stimmengleichheit über die Gewinnverwendung eine Thesaurierung zu erfolgen habe. Im Streitjahr wurden die Jahresabschlüsse der Besitz-GmbH & Co. KG und der Betriebs-GmbH folgendermaßen auf- und festgestellt:

Abbildung 4: Zeitstrahl BFHE 187, 492

Die Kommanditgesellschaft erfasste den von der Betriebs-GmbH ausgeschütteten Gewinn phasenverschoben in ihrer Bilanz als Einkünfte aus Beteiligungen. Das Finanzamt veranlagte nach einer Betriebsprüfung mit einer phasenkongruenten Dividendenaktivierung.

---

[234] BFH, Urteil vom 21.05.1986, BFHE, 147, 27 ff.
[235] BGH, Urteil vom 03.11.1975, BGHZ, 65, 230 ff.
[236] BFH, Urteil vom 21.05.1986, BFHE, 147, 27 ff.
[237] FG Berlin, Beschluss vom 26.10.1995, EFG 1996, 75, 75 f.
[238] BFH, Urteil vom 26.11.1998, BFHE, 187, 492 ff.

Das Finanzgericht gab der hiergegen gerichteten Klage statt.[239] Es verwies darauf, dass auch bei einer Betriebsaufspaltung die allgemeinen Bilanzierungsregeln – insbesondere das Realisationsprinzip – gelten. Die Rechtsprechung des BFH zur Gewinnaktivierung einer stillen Gesellschaft bei einer Betriebsaufspaltung[240] sei nicht generell auf Betriebsaufspaltungen zu übertragen. Der Verzicht auf die vom BGH ursprünglich festgelegte zeitliche Reihenfolge der Jahresabschlüsse[241] werde dort durch den von Gesetz aus entstehenden Dividendenanspruch begründet. Dies sei eine Eigenheit der stillen Gesellschaft und nicht der Betriebsaufspaltung.[242]

Der BFH wies die Revision zurück und urteilte, dass eine Besitzgesellschaft nicht zur phasenkongruenten Dividendenaktivierung verpflichtet sei, „wenn in der Satzung der Betriebsgesellschaft bei Stimmengleichheit Gewinnthesaurierung vorgesehen ist und der Jahresabschluß der ausschüttenden Betriebsgesellschaft nach dem der Besitzgesellschaft festgestellt worden ist"[243].

Interessant ist das Urteil insofern, als der BFH hier erste Zweifel an der bisherigen Rechtsprechung zur phasenkongruenten Dividendenaktivierung äußerte.[244] Das Abstellen auf die Reihenfolge der Jahresabschlüsse sei gerade bei nur wenigen Tagen Unterschied willkürlich. Hier sei davon auszugehen, dass diese aufeinander abgestimmt seien. Weiter könne allein aus der Tatsache, dass der Jahresabschluss der Tochtergesellschaft vor dem der Muttergesellschaft festgestellt wurde, nicht geschlossen werden, dass die Absicht der Gewinnausschüttung schon am Bilanzstichtag bestand. Der BFH plädierte in seinem Urteil sogar dahingehend, von einer phasenkongruenten Dividendenaktivierung ganz Abstand zu nehmen oder sie zumindest auf sog. Vertragskonzerne zu beschränken.[245]

Letztlich bedurfte es keiner dahingehenden Entscheidung des Senats, da er im vorliegenden Fall die Voraussetzungen für eine phasenkongruente Dividendenaktivierung nicht vorliegen sah.[246] Zum Zeitpunkt der Bilanzfeststellung bei der Besitzgesellschaft lag noch nicht einmal ein Gewinnverwendungsvorschlag vor. Jener war im Jahresabschluss der Betriebsgesellschaft enthalten, der wenige Tage später fertiggestellt wurde. Insbesondere folge weder allein aus der beherrschenden Stellung[247] noch allein aus der Betriebsaufspaltung[248] eine Pflicht zur phasenkongruenten Dividendenaktivierung.

---

[239] FG Münster, Urteil vom 06.05.1996, EFG 1996, 1022 ff.
[240] BFH, Urteil vom 19.02.1991, BFHE, 164, 34 ff.
[241] BGH, Urteil vom 03.11.1975, BGHZ, 65, 230 ff.
[242] FG Münster, Urteil vom 06.05.1996, EFG 1996, 1022, 1023.
[243] BFH, Urteil vom 26.11.1998, BFHE, 187, 492, 492.
[244] BFH, Urteil vom 26.11.1998, BFHE, 187, 492, 495 f.
[245] BFH, Urteil vom 26.11.1998, BFHE, 187, 492, 495 f.
[246] BFH, Urteil vom 26.11.1998, BFHE, 187, 492, 496 f.
[247] BFH, Urteil vom 26.11.1998, BFHE, 187, 492, 496 f.
[248] BFH, Urteil vom 26.11.1998, BFHE, 187, 492, 497 f.

II. Rechtsprechung

In der Entscheidung sah der BFH weder eine Abweichung zu Entscheidungen des BGH[249], des EuGH[250] oder des BFH[251] noch eine erneute Vorlagepflicht vor dem EuGH[252].

i) Entscheidung des Großen Senats

Einen ähnlich starken Einschlag in die Geschichte der phasenkongruenten Dividendenaktivierung wie die Tomberger-Entscheidungen hatte die Entscheidung des Großen Senats aus dem Jahr 2000[253].[254]

aa) Vorlagebeschluss des BFH, BFHE 187, 305

Der BFH legte im Jahr 1998[255] dem Großen Senat eine Entscheidung vor, der folgender verkürzt dargestellter Sachverhalt zugrunde lag: Um einen Verlustvortrag zu nutzen, erwarb eine GmbH (Muttergesellschaft) Ende Dezember 84 % der Anteile an einer AG (Tochtergesellschaft). Beide Gesellschaften verfügten über ein identisches Geschäftsjahr. Die Feststellung des Jahresabschlusses der Tochtergesellschaft sowie die Fassung des Gewinnverwendungsbeschlusses erfolgten einen Tag vor der Fertigstellung und des Testats des Jahresabschlusses der Muttergesellschaft. In diesem war die Dividende phasenkongruent aktiviert. Das Finanzamt lehnte im Rahmen einer Betriebsprüfung eine phasenkongruente Aktivierung ab und veranlagte entsprechend phasenverschoben. Hiergegen richtete sich die Klage der Muttergesellschaft.

Das Finanzgericht wies die Klage ab.[256] Zwischen Mutter- und Tochtergesellschaft liege mangels Beteiligung über eine Mindestlaufzeit von einem Jahr keine wirtschaftliche Einheit vor. Dies sei allerdings Voraussetzung für eine Realisation

---

[249] Mit der Begründung, dass die Rechtsprechung des BGH, Urteil vom 03.11.1975, BGHZ, 65, 230 ff. durch BGH, Urteil vom 12.01.1998, BGHZ, 137, 378 ff. aufgegeben sei und von Letzterem insbesondere die Voraussetzungen der zeitlichen Abfolge.

[250] EuGH, Urteil vom 27.06.1996, DStR 1996, 1093 ff. mit EuGH, Beschluss vom 10.07.1997, BB 1997, 1577 ff. unter Verweis auf das Nichtvorliegen der zeitlichen Abfolge.

[251] BFH, Urteil vom 26.11.1998, BFHE, 187, 492, 498 f.

[252] Mit der Begründung, dass der EuGH in seinem Urteil vom 27.06.1996 (EuGH, Urteil vom 27.06.1996, DStR 1996, 1093) und seinem Berichtigungsbeschluss vom 10.07.1997 (EuGH, Beschluss vom 10.07.1997, BB 1997, 1577 ff.) deutlich gemacht habe, dass eine phasenkongruente Aktivierung nur ausnahmsweise in Betracht käme und zudem der EuGH keine Kompetenz habe, über den Begriff des Wirtschaftsguts zu entscheiden, siehe hierzu auch C.II.1.c)cc) und C.II.1.c)dd).

[253] BFH, Urteil vom 07.08.2000, BFHE, 192, 339 ff.

[254] *Bayer/Ebel*, FD-MA 2007, 238779.

[255] BFH, Beschluss vom 16.12.1998, BFHE, 187, 305 ff.

[256] FG Münster, Urteil vom 10.03.1995, EFG 1996, 213, 213.

des Gewinnanspruchs schon vor dem Bilanzstichtag. Eine Aktivierung würde damit gegen das Realisationsprinzip verstoßen.[257]

Der BFH legte dem Großen Senat folgende Rechtsfragen zur Entscheidung vor:[258]

„1. Kann ein Unternehmer, der in seinem Betriebsvermögen eine Mehrheitsbeteiligung an einer Kapitalgesellschaft hält und kraft seiner Stimmenmehrheit diese Gesellschaft beherrscht, seinen Anspruch aus einer nach Ablauf seines Geschäftsjahres beschlossenen Gewinnausschüttung der Gesellschaft in seiner Steuerbilanz zum Ende des betreffenden Geschäftsjahres (‚phasengleich') aktivieren?

2. Besteht ggf. die Möglichkeit der phasengleichen Aktivierung allgemein oder nur unter bestimmten Umständen? Ist sie insbesondere davon abhängig,

- daß im Zeitpunkt der Erstellung der Bilanz des beherrschenden Unternehmens ein Gewinnverwendungsbeschluß oder ein Gewinnverwendungsvorschlag der beherrschten Gesellschaft vorliegt,

- daß die beteiligten Unternehmen einem Konzernabschluß i. S. der §§ 290 ff. HGB unterliegen oder

- daß im konkreten Einzelfall bereits am Bilanzstichtag die spätere Ausschüttung wahrscheinlich war?"

Der BFH sprach sich in seiner Begründung zur Vorlage dafür aus, eine phasenkongruente Dividendenaktivierung nicht mehr zuzulassen. Die Möglichkeit, die Dividendenaktivierung durch die Gestaltung der zeitlichen Reihenfolge der Jahresabschlüsse bei Mutter- und Tochtergesellschaft selbst zu bestimmen, sei nicht sachgerecht und verstoße gegen das Gebot der gleichmäßigen und an der Leistungsfähigkeit orientierten Besteuerung.[259] Der BFH sprach von einem faktischen Bilanzierungswahlrecht. Dies könne entweder durch eine vollständige Zulassung der phasenkongruenten Dividendenaktivierung unabhängig von der Reihenfolge der Jahresabschlüsse oder durch ein vollständiges Verbot verhindert werden, wobei sich der Senat für ein Verbot aussprach.[260] Für ein Verbot spreche zunächst, dass zivilrechtlich der Anspruch erst durch Gewinnverwendungsbeschluss entstehe. Die Voraussetzungen, dass schon davor das Bestehen eines aktivierungsfähigen Wirtschaftsguts angenommen werden könne, liegen hier nicht vor. Der Gewinnverwendungsbeschluss werde in der Regel auch durch Umstände beeinflusst, die erst nach dem Bilanzstichtag eintreten. Dies gelte auch für eine Mehrheitsbeteiligung. Insbesondere könne ein etwaiger schon vorliegender Wille zur Ausschüttung auch revidiert werden. Der Gewinnverwendungsbeschluss sei damit nicht lediglich werterhellend. Weiter wies er darauf hin, dass gem. § 252 Abs. 1 Nr. 4 HGB nachträgliche Erkenntnisse in Bezug auf Verluste und Risiken zu beachten seien und hieraus geschlossen werden könne, dass dies für Gewinne gerade nicht gelte.

---

[257] FG Münster, Urteil vom 10.03.1995, EFG 1996, 213, 214.
[258] BFH, Beschluss vom 16.12.1998, BFHE, 187, 305, 305.
[259] BFH, Beschluss vom 16.12.1998, BFHE, 187, 305, 312.
[260] BFH, Beschluss vom 16.12.1998, BFHE, 187, 305, 313 ff.

Sofern die Tochtergesellschaft eine GmbH sei, könne das Ergebnis einer phasenkongruenten Dividendenaktivierung durch eine Vorabausschüttung und somit durch eigenes wirtschaftliches Handeln herbeigeführt werden. Es bedarf insofern keiner phasenkongruenten Dividendenaktivierung.[261] Bei einer Tochtergesellschaft in der Rechtsform einer AG sei eine Vorabausschüttung wegen § 58 Abs. 4 AktG zwar nicht möglich. Hierin könne aber eine Entscheidung des Gesetzgebers gesehen werden, dass eine phasenkongruente Vereinnahmung gerade nicht gewollt sei.[262]

Einer Aufgabe der Rechtsprechung zur phasenkongruenten Dividendenaktivierung stehe weder die Rechtsprechung des BGH noch des EuGH entgegen.[263] Zwar sei die handelsrechtliche Rechtsprechung aufgrund des Maßgeblichkeitsgrundsatzes in § 5 Abs. 1 EStG auch für die Steuerbilanz entscheidend. Dies gelte aber dann nicht, wenn zwingende Prinzipien des Steuerrechts gegen diese Anwendung sprechen. In dem Grundsatz der Gleichmäßigkeit der Besteuerung sowie in dem Prinzip, dass gerade bei Beteiligungsverhältnissen rückwirkende Gestaltungen nicht zu beachten seien, sah der Senat ein solches Prinzip, das gegen die phasenkongruente Dividendenaktivierung spricht. Die Rechtsprechung des EuGH strahle insbesondere nicht auf steuerrechtliche Bilanzierungsfragen aus.

bb) Beschluss des Großen Senats, BFHE 192, 339

Der Große Senat schloss sich in seinem Beschluss der Ansicht des I. Senats an.[264] Mangels Realisation sei die phasenkongruente Dividendenaktivierung grundsätzlich zu verneinen. Eine Aktivierung komme nur dann in Betracht, wenn zum Bilanzstichtag sowohl der auszuschüttende Gewinn als auch die Absicht der Ausschüttung bekannt seien. Die Prüfung des Vorliegens der beiden Kriterien könne aus Gründen der Rechtssicherheit nur „an Hand objektiver, nachprüfbarer und nach außen in Erscheinung tretender Kriterien" vorgenommen werde.[265] Die Kriterien müssen „einen sicheren Schluss zulassen und können weder unterstellt noch vermutet werden"[266]. Die objektive Beweislast trage derjenige, der sich auf die phasenkongruente Dividendenaktivierung berufe. Auch bei einer Alleingesellschafterstellung sei die Gewinnhöhe nicht automatisch am Bilanzstichtag bekannt, sondern könne sich durch die Ausübung von Wahlrechten noch verändern. Ebenso sei die Ausschüttungsabsicht eine innere Tatsache, die schwerlich zu beweisen sei und stets

---

[261] BFH, Beschluss vom 16.12.1998, BFHE, 187, 305, 314 f.
[262] Jedenfalls bestehe noch die Möglichkeit eines vorläufigen Jahresabschlusses gem. § 59 Abs. 2 S. 2 AktG, BFH, Beschluss vom 16.12.1998, BFHE, 187, 305, 315.
[263] BFH, Beschluss vom 16.12.1998, BFHE, 187, 305, 318 f.
[264] BFH, Urteil vom 07.08.2000, BFHE, 192, 339, 352; a.A.: *Wassermeyer*, GmbHR 2000, 1106, 1112 f., der suggeriert, dass der Große Senat gerade nicht dem I. Senat gefolgt sei, da dieser ein Wirtschaftsgut und für jenes ein Aktivierungsverbot angenommen habe. Der Große Senat habe hingegen schon das Bestehen eines Wirtschaftsguts verneint.
[265] BFH, Urteil vom 07.08.2000, BFHE, 192, 339, 345 f.
[266] BFH, Urteil vom 07.08.2000, BFHE, 192, 339, 346.

noch veränderbar sein werde. Der Gewinnverwendungsbeschluss sei nicht werterhellend, sondern wertbegründend, da die zugrundeliegende Absicht regelmäßig erst nach dem Bilanzstichtag gefasst werde. Es gebe gerade „keinen Erfahrungssatz dahin gehend, dass Gesellschafter schon am Bilanzstichtag entschlossen sind, einem später erst unterbreiteten Gewinnverwendungsvorschlag zu folgen, oder dass der spätere Gewinnverwendungsbeschluss stets den Willen der Gesellschafter am vorangegangenen Bilanzstichtag widerspiegelt"[267]. Insbesondere dürfe keine „wahlrechtsähnliche Gestaltungsmöglichkeit des Bilanzierenden"[268] entstehen, indem die Muttergesellschaft durch die zeitliche Reihenfolge der Jahresabschlüsse die Voraussetzungen für eine Bilanzierung noch im Folgejahre schaffen oder verhindern könne. Etwas anderes ergebe sich auch nicht aus dem true and fair view-Grundsatz. Der Grundsatz verdränge die Vorsichts- und Realisationsprinzipien nicht, sondern ergänze diese lediglich.[269] Ebenso zwinge auch nicht das Bestehen eines handelsrechtlichen Wahlrechts zu einer steuerrechtlichen Aktivierungspflicht. „Ein etwaiges handelsrechtliches Wahlrecht, einen Nicht-Vermögensgegenstand als Vermögensgegenstand anzusetzen, wäre in der Sache eine Bilanzierungshilfe [...], die steuerlich keine Berücksichtigung findet."[270] Auch bestehe in dem Verbot der phasenkongruenten Dividendenaktivierung kein Widerspruch zu § 103 Abs. 2 BewG.[271] Dieser regele keine Zulässigkeit der phasenkongruenten Dividendenaktivierung, sondern setze sie allenfalls voraus. Nach der nunmehrigen Entscheidung des Großen Senats sei eine phasenkongruente Dividendenaktivierung nur noch in Ausnahmefällen zulässig, wenn nämlich sowohl das Bekanntsein des Gewinns als auch die Ausschüttungsabsicht zum Bilanzstichtag bewiesen werden können.[272]

Letztlich bestehe kein Grund, einen Gemeinsamen Senat der obersten Gerichtshöfe einzuberufen, da die Entscheidung lediglich hinsichtlich der Annahme eines Vermögensgegenstands von der Entscheidung des BGH[273] abweiche, welche allerdings nicht entscheidungserheblich sei.[274] Das Handels- und das Steuerrecht folge hier unterschiedlichen Sachgesetzlichkeiten. Während das im Handelsrecht vorherrschende Prinzip des Gläubigerschutzes einer extensiven Auslegung des Begriffs des Vermögensgegenstands nicht entgegensteht, tue dies das Prinzip der Gleichheit der Besteuerung.

---

[267] BFH, Urteil vom 07.08.2000, BFHE, 192, 339, 348.
[268] BFH, Urteil vom 07.08.2000, BFHE, 192, 339, 347.
[269] BFH, Urteil vom 07.08.2000, BFHE, 192, 339, 349.
[270] BFH, Urteil vom 07.08.2000, BFHE, 192, 339, 350.
[271] A.A.: *Kraft*, DStRE 1999, 249, 256, der hierin einen gesetzlichen Willen zur phasenkongruenten Dividendenaktivierung sieht.
[272] BFH, Urteil vom 07.08.2000, BFHE, 192, 339, 350f.
[273] BGH, Urteil vom 03.11.1975, BGHZ, 65, 230ff.
[274] BFH, Urteil vom 07.08.2000, BFHE, 192, 339, 352.

cc) Entscheidung des BFH, BFHE 194, 185

In seinem abschließenden Urteil vom 20.12.2000[275] wies der BFH damit die Revision der Klägerin u. a. mit folgendem Leitsatz zurück:

„Ein beherrschender Gesellschafter kann Dividendenansprüche gegenüber der von ihm beherrschten Gesellschaft jedenfalls dann nicht schon vor Fassung des Gewinnverwendungsbeschlusses („phasengleich") aktivieren, wenn nicht durch objektiv nachprüfbare Umstände belegt ist, dass er am maßgeblichen Bilanzstichtag unwiderruflich zur Ausschüttung eines bestimmten Betrags entschlossen war."[276]

dd) Verfahrensrechtliche Resonanz

Die Literatur begrüßt den Umschwung des BFH hin zum Aktivierungsverbot.[277] Hierdurch komme es zu einer Rückbesinnung auf die Grundsätze ordnungsmäßiger Buchführung.[278] Das „Spannungsverhältnis" zwischen wirtschaftlicher Betrachtungsweise und Gleichheit der Besteuerung werde zugunsten der Gleichheit der Besteuerung aufgelöst.[279] Eine Auswirkung des Verbots der phasenkongruenten Dividendenaktivierung wird von der Literatur im Wesentlichen bei einer Tochtergesellschaft in Form der Aktiengesellschaft gesehen. Wie der BFH geht die Literatur davon aus, dass bei einer GmbH die Vorabausschüttung das wirtschaftliche Ergebnis einer phasenkongruenten Aktivierung deckt.[280]

Gerätselt wird in der Literatur, bei welcher Sachverhaltskonstellation eine der vom BFH formulierten Ausnahmen vorliegen könnte. Bisher sind jegliche vermeintliche Ausnahmen von der Rechtsprechung verneint worden.[281] Steuerrechtlich sei eine phasenkongruente Aktivierung nach der Entscheidung des Großen Senats nur noch „theoretischer Natur".[282] Kempermann kann sich in Anlehnung an eine Verfügung des OFD Düsseldorf[283] etwa eine Ausnahme vorstellen, wenn aufgrund einer langjährigen Übung schon am Bilanzstichtag sicher sei, dass auch in diesem Jahr eine Ausschüttung erfolge.[284]

---

[275] BFH, Urteil vom 20.12.2000, BFHE, 194, 185 ff.
[276] BFH, Urteil vom 20.12.2000, BFHE, 194, 185, 185.
[277] *Ekkenga*, BB 1999, 1206 ff.; *Luttermann*, FR 2000, 1126 ff.; *Wassermeyer*, GmbHR 2000, 1106, 1111 ff.
[278] *Ekkenga*, BB 1999, 1206, 1213.
[279] *Ders.*, BB 1999, 1206, 1213.
[280] *Wassermeyer*, GmbHR 2000, 1106, 1111 f.
[281] *Weber-Grellet*, BB 2008, 38, 38 f.
[282] *Kraft*, Wpg 2001, 2, 10.
[283] Verfügung vom 12.02.1992 – S 2143 A – St 11 H, FR 1992, 181, siehe hierzu auch C.III.
[284] *Kempermann*, FR 2000, 1126, 1131; vgl. dazu: C.IV.2.c)cc)(2).

j) BFHE 195, 189

In seiner Entscheidung vom 28.02.2001 übertrug der I. Senat die durch den Großen Senat aufgestellten Grundsätze auch auf eine GmbH als Muttergesellschaft.[285] Die in der Entscheidung des Großen Senats aufgestellten Erwägungen beruhen nicht auf Besonderheiten der AG.[286]

k) BFHE 193, 532, BFH HFR 2001, 582, BFH/NV 2001, 447

Im Anschluss an die Entscheidung des Großen Senats gegen eine phasenkongruente Dividendenaktivierung verneinte auch der VIII. Senat am 31.10.2000[287] in drei Urteilen eine phasenkongruente Dividendenaktivierung.

Zu entscheiden war wiederum die Dividendenaktivierung im Rahmen einer Betriebsaufspaltung, bei welcher die vom BGH aufgestellte Voraussetzung der Reihenfolge der Jahresabschlüsse nicht eingehalten wurde. Das Finanzamt bezog sich auf die Rechtsprechung des BFH aus dem Jahr 1989[288] und verlangte auch hier eine phasenkongruente Dividendenaktivierung. Dem widersprach schon das Finanzgericht Köln, das sich sogleich allgemein gegen eine phasenkongruente Dividendenaktivierung aussprach.[289] Jedenfalls solle sie nur in den vom BGH eng begrenzten Fällen möglich sein.[290] Unter Bezugnahme auf die Entscheidung des Großen Senats[291] verneinte der VIII. Senat nunmehr unter Aufgabe der Rechtsprechung aus dem Jahr 1989[292] auch bei einer Betriebsaufspaltung die phasenkongruente Dividendenaktivierung.[293]

Die vom Großen Senat aufgestellten Grundsätze gelten auch, wenn Muttergesellschaft einer Kapitalgesellschaft eine Personenhandelsgesellschaft oder ein bilanzierender Einzelunternehmer ist.[294] Ebenso führe kein Vollausschüttungsgebot im Gesellschaftsvertrag[295] sowie das Vorliegen einer Betriebsaufspaltung[296] zu einer phasenkongruenten Dividendenaktivierung. Schließlich seien die Grundsätze für

---

[285] BFH, Urteil vom 28.02.2001, BFHE, 195, 189 ff.
[286] BFH, Urteil vom 28.02.2001, BFHE, 195, 189, 190.
[287] BFH, Urteil vom 31.10.2000, BFHE, 193, 532 ff.; BFH, Urteil vom 31.10.2000, HFR 2001, 582 ff.; BFH, Urteil vom 31.10.2000, BFH/NV 2001, 447 ff.
[288] BFH, Urteil vom 08.03.1989, BFHE, 156, 443 ff.
[289] FG Köln, Urteil vom 10.08.1994, EFG 1995, 109, 110.
[290] FG Köln, Urteil vom 10.08.1994, EFG 1995, 109, 110.
[291] BFH, Urteil vom 07.08.2000, BFHE, 192, 339 ff.
[292] BFH, Urteil vom 08.03.1989, BFHE, 156, 443 ff.
[293] BFH, Urteil vom 31.10.2000, BFHE, 193, 532, 534 f.
[294] BFH, Urteil vom 31.10.2000, HFR 2001, 582, 582; BFH, Urteil vom 31.10.2000, BFH/NV 2001, 447, 448.
[295] BFH, Urteil vom 31.10.2000, HFR 2001, 582, 583.
[296] BFH, Urteil vom 31.10.2000, HFR 2001, 582, 583; BFH, Urteil vom 31.10.2000, BFH/NV 2001, 447, 448.

Bilanzstichtage nach dem 31.12.1985 – und somit nach dem BiRiLiG – anwendbar.[297]

l) BFHE 216, 541

Der Entscheidung des BFH aus dem Jahr 2007[298] zur phasenkongruenten Dividendenaktivierung lag folgender Sachverhalt zugrunde:

Eine Muttergesellschaft in der Rechtsform einer GmbH war Alleingesellschafterin an einer anderen GmbH. In Streit stand die Dividendenaktivierung bei der Muttergesellschaft aus einem Jahr, in dem schon vor Ablauf des Geschäftsjahres auf einer außerordentlichen Gesellschafterversammlung der Beschluss gefasst wurde, dass der sich zum Ende des Geschäftsjahres ergebende Bilanzgewinn in der Höhe, in der die Ausschüttung aus dem körperschaftsteuerlichen Eigenkapitalanteil gem. § 30 Abs. 1 Nr. 1 KStG a. F. möglich ist, an dem auf die Bilanzaufstellung folgenden Tag ausgeschüttet wird. Entsprechend wurde bei der ordentlichen Gesellschafterversammlung im Folgejahr, in welchem der Jahresabschluss der Tochtergesellschaft festgestellt wurde, auf diesen Beschluss Bezug genommen und der Betrag beziffert. Die Ausschüttung erfolgte schon knapp einen Monat zuvor. Der Jahresabschluss der Muttergesellschaft wurde erst später festgestellt.

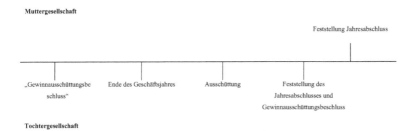

Abbildung 5: Zeitstrahl BFHE 216, 541

Das Finanzgericht Münster entschied, dass in diesem Fall eine phasenkongruente Dividendenaktivierung zulässig sei.[299] Es nahm Bezug auf die Entscheidung des Großen Senats aus dem Jahr 2000[300] und subsumierte den vorliegenden Fall unter die vom BFH formulierte mögliche Ausnahme des Aktivierungsverbots. Durch den Gesellschafterbeschluss noch vor Ablauf des Geschäftsjahres könne hinreichend dokumentiert werden, dass die Meinungsbildung zur Ausschüttung zum Bilanz-

---

[297] BFH, Urteil vom 31.10.2000, HFR 2001, 582, 583; BFH, Urteil vom 31.10.2000, BFH/NV 2001, 447, 448.
[298] BFH, Urteil vom 07.02.2007, BFHE, 216, 541 ff.
[299] FG Münster, Urteil vom 11.11.2005, EFG 2006, 899 ff.
[300] BFH, Urteil vom 07.08.2000, BFHE, 192, 339 ff.

stichtag schon abgeschlossen sei. Die Möglichkeit einer späteren Änderung des Beschlusses stehe dem nicht entgegen, da ein Gewinnverwendungsbeschluss stets abänderbar sei und es ansonsten keinen Anwendungsbereich für die vom Großen Senat formulierte Ausnahme gebe. Weiter sei auch die Höhe des Gewinns der Tochtergesellschaft in Ermangelung etlicher Wahlrechte und aufgrund zeitnaher Buchführung nebst Unterrichtung der Muttergesellschaft hinreichend bekannt gewesen. Schließlich sei die Festlegung eines bestimmten Berechnungsschemas für die Annahme eines konkreten Gewinns ausreichend.

Der BFH gab der hiergegen eingelegten Revision statt.[301] Der BFH verneint das Vorliegen der Voraussetzungen der vom Großen Senat formulierten Ausnahme. Eine abschließende Willensbildung könne nicht aufgrund des „Gewinnverwendungsbeschlusses" vor dem Ende des Geschäftsjahres angenommen werden. Dieser sei nicht rechtsverbindlich. Wesentlich sei die mögliche Abänderbarkeit des Beschlusses. Ein Vergleich zur Abänderbarkeit eines tatsächlichen Gewinnverwendungsbeschlusses gehe fehl, da bei diesem bereits ein Anspruch entstanden sei. Weiter fehle es an einem bezifferten Ausschüttungsbetrag.

m) FG Köln, EFG 2015, 1569

In seinem Urteil vom 29.04.2015 ließ das Finanzgericht Köln das Vorliegen einer noch vor dem Bilanzstichtag getroffenen mündlichen Absprache über die Dividendenausschüttung zum Bilanzstichtag nicht ausreichen, um ausnahmsweise eine phasenkongruente Dividendenaktivierung zuzulassen.[302] Entscheidend sei, dass eine rein mündlich getroffene Absprache für einen Mehrheitsgesellschafter nicht bindend sei. Es stehe ihm weiterhin offen, eine abweichende Ausschüttung vorzunehmen. Auch fehlten nach außen in Erscheinung tretende Anhaltspunkte. Würde eine phasenkongruente Dividendenaktivierung schon hier zugelassen werden, würde weiterhin ein faktisches Wahlrecht bestehen, welches durch den Beschluss des Großen Senats abgeschafft werden sollte.[303]

III. Verwaltungsanweisungen

Noch vor den ersten Entscheidungen des BFH zur phasenkongruenten Dividendenaktivierung im Jahr 1980[304] ging der Bundesminister der Finanzen von einem steuerlichen Aktivierungsgebot aus.[305] Dies leitete er aus der BGH-Rechtsprechung

---

[301] BFH, Urteil vom 07.02.2007, BFHE, 216, 541 ff.
[302] FG Köln, Urteil vom 29.04.2015, EFG 2015, 1569 ff.
[303] FG Köln, Urteil vom 29.04.2015, EFG 2015, 1569, 1572.
[304] BFH, Urteil vom 02.04.1980, BFHE, 131, 196 ff.; BFH, Urteil vom 03.12.1980, BFHE, 132, 80 ff.
[305] BdF-Schreiben vom 03.12.1976 – IV B 8 – 5 2600 R – 225/76, BStBl I 1976, 679, 679 f.

III. Verwaltungsanweisungen

aus dem Jahr 1975[306] in Zusammenspiel mit der Entscheidung des BFH aus dem Jahr 1969[307] ab, welche besagt, dass ein handelsrechtliches Aktivierungswahlrecht stets ein steuerliches Aktivierungsgebot nach sich ziehe. Dies gelte nicht nur, wenn „es sich bei der Obergesellschaft um eine mit Mehrheit an der Untergesellschaft beteiligte Konzern- oder Holdinggesellschaft, deren Wirtschaftsjahr nicht früher endet als das Wirtschaftsjahr der Untergesellschaft"[308], handelt, sondern auch, wenn „eine nicht mit Mehrheit beteiligte Obergesellschaft die Mehrheit der Stimmrechte an der Untergesellschaft besitzt oder [...] durch eindeutige Vereinbarung zwischen Gesellschaftern, die zusammen die Mehrheit besitzen, sichergestellt ist, daß ein entsprechender Beschluss über die Gewinnverwendung der Untergesellschaft gefasst und durchgeführt wird"[309].

Im Jahr 1992 kam es zu Rundverfügungen einiger Finanzdirektionen hinsichtlich der phasenkongruenten Dividendenaktivierung bei Betriebsaufspaltungen.[310] Die Finanzdirektionen stellten zunächst klar, dass unter den vom BGH festgelegten Kriterien (1 Beherrschung der Tochtergesellschaft; 2 Geschäftsjahr der Muttergesellschaft endet nicht früher als das der Tochtergesellschaft; 3 Ausweis eines Gewinns in einem festgestellten Jahresabschluss der Tochtergesellschaft vor Feststellung des Jahresabschlusses der Muttergesellschaft; 4 Ausschüttung des Gewinns der Tochtergesellschaft muss als tatsächlich gesichert erscheinen) im Steuerrecht eine Aktivierungspflicht bestehe. Weiter führten sie aus, dass bei Vorliegen einer Betriebsaufspaltung von dem 3 Kriterium dahingehend abgewichen werden könne, dass der Jahresabschluss der Tochtergesellschaft nicht vor dem der Muttergesellschaft festgestellt ist. In Fällen der Betriebsaufspaltung nehme die teilweise korrespondierende Bilanzierung der Muttergesellschaft im Wesentlichen bereits die Bilanzierung der Tochtergesellschaft vorweg. Diese Verfügungen kritisierte insbesondere der Steuerfachausschuss des IDW in seiner 89. Sitzung am 09.02.1994 wegen eines vermeintlichen Verstoßes gegen das Realisationsprinzip.[311]

Als Reaktion auf die sich durch die beiden BFH-Urteile aus dem Jahr 1998[312] abzeichnende Rechtsprechungsänderung wurde schließlich im Jahr 1999 ein BMF-Schreiben[313] veröffentlicht, das die ‚Bitte' enthielt, an der bisher bestehenden Praxis bis zur Entscheidung des Großen Senats festzuhalten.

---

[306] BGH, Urteil vom 03.11.1975, BGHZ, 65, 230 ff.

[307] BFH, Beschluss vom 03.02.1969, BFHE, 95, 31 ff.

[308] BdF-Schreiben vom 03.12.1976 – IV B 8 – 5 2600 R – 225/76, BStBl I 1976, 679, 679.

[309] BdF-Schreiben vom 03.12.1976 – IV B 8 – 5 2600 R – 225/76, BStBl I 1976, 679, 680.

[310] Verfügung vom 12.02.1992 – S 2143 A – St 11 H, FR 1992, 181 f.; Verfügung vom 29.01.1992 – S 2741 – 647 – StH 231/S 2143 – 32 – StO 221, BB 1992, 466 f.; Rundverfügung vom 15.07.1992 – S 2143 A-43-St II 2a, DStR 1993, 203 f.

[311] *Institut der Wirtschaftsprüfer in Deutschland e. V.*, FN-IDW 1994, 97, 98.

[312] BFH, Urteil vom 26.11.1998, BFHE, 187, 492 ff.; BFH, Beschluss vom 16.12.1998, BFHE, 187, 305 ff.

[313] BMF-Schreiben vom 24.08.1999 – IV C 2 – S 2134 – 12/99, BStBl I 1999, 822.

Nach der Entscheidung des Großen Senats[314] und der damit einhergehenden Kehrtwende hinsichtlich der steuerlichen phasenkongruenten Dividendenaktivierung erließ das Bundesministerium der Finanzen ein BMF-Schreiben, wonach jedenfalls für Gewinnausschüttungen der vergangenen Geschäftsjahre eine phasenkongruenten Dividendenaktivierung nicht beanstandet werde.[315]

IV. Vereinbarkeit mit den rechtlichen Anforderungen im Einzelnen

1. Vorliegen eines Vermögensgegenstands

Ob ein Vermögensgegenstand „Dividendenanspruch" bereits zum Abschlussstichtag besteht, ist die entscheidende Frage hinsichtlich der Zulässigkeit der phasenkongruenten Dividendenaktivierung.[316] Zwar wird teilweise vertreten, dass es sich im Rahmen der phasenkongruenten Dividendenaktivierung lediglich um eine Bilanzierungshilfe handeln könne.[317] Dem wird allerdings entgegengehalten, dass Bilanzierungshilfen abschließend im HGB geregelt seien.[318] Eine ausdrückliche Regelung bzgl. der phasenkongruenten Dividendenaktivierung ist allerdings nicht gegeben.[319] Insbesondere ist zu bedenken, dass für die Annahme einer Bilanzierungshilfe stets das Vorliegen einer Ausschüttungssperre vorausgesetzt wird.[320] Bislang war eine solche noch nicht gegeben.

Dennoch findet sich in der einschlägigen Literatur selten eine Subsumtion unter die vom BFH aufgestellte Definition zum Wirtschaftsgut, auf welche im Wesentlichen auch bei der Definition des Vermögensgegenstands verwiesen wird.[321] Dies erstaunt nicht, da die Definition an sich insbesondere durch die wirtschaftliche Betrachtungsweise, aber auch durch die sonstigen Grundsätze ordnungsmäßiger

---

[314] BFH, Urteil vom 07.08.2000, BFHE, 192, 339 ff.

[315] BMF-Schreiben vom 1.11.2000, BStBl I 2000, 1510, 1510.

[316] Siehe ausführlich: *Kaminski*, in: FS Strobel, 2001, 91, 107 ff.; *Kraft*, Wpg 2001, 2, 4; *ders.*, ZGR 1995, 171, 181; *ders.*, DB 2001, 1053, 1054; MüKoBilanzR/*Hennrichs*, 2013, § 246 HGB Rn. 117.

[317] BFH, Urteil vom 07.08.2000, BFHE, 192, 339, 349; *Haselmann/Schick*, DB 1996, 1529, 1530 f.; *Knobbe-Keuk*, AG 1979, 293, 301; *dies.*, Bilanz- und Unternehmenssteuerrecht, 9. Aufl. 1993, 24, 221; kritisch insofern: *Moxter*, DB 2000, 2333, 2335 f.; *Kaufmann*, DStR 1992, 1677, 1679; *Schulze-Osterloh*, ZGR 2001, 497, 501.

[318] *Kaufmann*, DStR 1992, 1677, 1679; *Kaminski*, in: FS Strobel, 2001, 91, 110.

[319] Vgl. zu den Auswirkungen des BilRUG auf das Vorliegen einer Bilanzierungshilfe: D.III.3.b).

[320] *Kaufmann*, DStR 1992, 1677, 1679.

[321] Siehe: C.I.1.

Buchführung auslegungsbedürftig ist. Entsprechend soll auch in dieser Dissertation die Diskussion innerhalb der einzelnen Grundsätze erfolgen.[322]

Insbesondere im Hinblick auf die derzeit auseinanderfallende handels- und steuerrechtliche Rechtsprechung stellt sich allerdings die Frage, ob dies mit der immer verbreiteteren unterschiedlichen Auslegung der Begriffe ‚Vermögensgegenstand' und ‚Wirtschaftsgut' begründet werden kann.[323] Kraft stellt die These auf, dass gerade durch die Entscheidung des Großen Senats ein Auseinanderfallen der beiden Begriffe Vermögensgegenstand und Wirtschaftsgut besiegelt sei.[324] Dies überrascht, da die Divergenz der Rechtsprechung jedenfalls nicht mit der durch die Literatur vertretenen engeren Auffassung des Begriffs ‚Vermögensgegenstand' im Vergleich zum Begriff ‚Wirtschaftsgut' begründet werden kann.[325] Für den Begriff des Vermögensgegenstands wird zusätzlich eine selbstständige Bewertbarkeit bzw. Verwertbarkeit verlangt. Insofern sind erhöhte Anforderungen an den Begriff des Vermögensgegenstands gestellt. Jeder Vermögensgegenstand muss damit auch ein Wirtschaftsgut darstellen. Dass hingegen ein Vermögensgegenstand vorliegt, aber kein Wirtschaftsgut ist hiermit nicht begründbar.

2. Vereinbarkeit mit den Grundsätzen ordnungsmäßiger Buchführung

a) Vollständigkeitsgebot

Im Rahmen der phasenkongruenten Dividendenaktivierung besteht die Relevanz des Vollständigkeitsgebots lediglich darin, dass es zu einer Aktivierung kommen muss, sofern man aufgrund der sonstigen Grundsätze ordnungsmäßiger Buchführung das Vorliegen eines Vermögensgegenstands bejaht.[326]

Unverständlich ist insofern die Annahme eines Wahlrechts zur phasenkongruenten Dividendenaktivierung, wie es teilweise aus der Entscheidung des BGH aus dem Jahr 1975[327] gelesen wurde.[328] Wird das Vorliegen eines Vermögensgegenstands

---

[322] Siehe: C.IV.2).

[323] Für eine nicht weiter zu erfolgende Gleichstellung beider Begriffe: *Wassermeyer*, DB 2001, 1053, 1053.

[324] *Kraft*, Wpg 2001, 2, 4.

[325] Siehe zu den einzelnen Einschränkungen: C.I.1.

[326] *Costede*, StuW 1995, 115, 115; zu abweichenden Ansichten siehe: C.IV.1.

[327] BGH, Urteil vom 03.11.1975, BGHZ, 65, 230 ff.

[328] *Henssler*, JZ 1998, 701, 706; *Herlinghaus*, IStR 1997, 529, 530; *Küting*, in: Herzig, Europäisierung des Bilanzrechts, 1997, 51, 53 f.; gegen ein Wahlrecht: *Schulze-Osterloh*, ZGR 1977, 104, 115; für einen Verstoß gegen das Vollständigkeitsgebot ausdrücklich: *Theile*, IStR 1996, 395, 396; *Gross*, in: FS Forster, 1992, 253, 262; *Weber*, Grundsätze ordnungsmäßiger Bilanzierung für Beteiligungen, 1980, 130; gegen die Annahme eines Wahlrechts: *Kraneis*, DB 1997, 57, 58; *Hoffmann*, DB 1999, 503, 503; *Küting*, DStR 1996, 1947, 1948; *Mörstedt*, DStR 1997, 1225, 1225 f.; ähnlich auch *Forster*, AG 1976, 40, 42, der unter bestimmten Voraussetzungen eine Pflicht der Muttergesellschaft zur Herbeiführung des Aktivierungstatbestands

bejaht, so ist es nur folgerichtig, auch eine Bilanzierungspflicht anzunehmen. Die Annahme einer Pflicht zur phasenkongruenten Aktivierung im Rahmen der Tomberger-Entscheidungen wird deshalb im Hinblick auf das Vollständigkeitsgebot von der Literatur weitestgehend begrüßt.[329]

Andere hingegen sehen in der Entscheidung des EuGH gerade keine Entscheidung über eine Pflicht zur phasenkongruenten Dividendenaktivierung. Die Aussage des EuGH gehe allein so weit, dass eine phasenkongruente Dividendenaktivierung kein Verstoß gegen EU-Recht sei.[330] In der Folge wird teilweise eine Pflicht nicht als gegeben angesehen, jedenfalls solle sie auf eine Alleingesellschafterstellung beschränkt werden.[331] Wegen der ohnehin bestehenden Aktivierungspflicht im Steuerrecht seien bei einem handelsrechtlichen Aktivierungswahlrecht keine Steuereinbußen zu fürchten. Dem Informationserfordernis werde durch den Konzernabschluss Genüge getan. Schließlich bestehe sowieso ein „faktisches"[332] bzw. „willkürlichwirkende[s]"[333] Wahlrecht durch die Gestaltbarkeit.[334] Einzig problematisch könne eine Nichtaktivierung im Hinblick auf eine zusätzliche Rücklagendotierung entgegen § 58 AktG sein.[335]

Diese Ansicht ist schwerlich vertretbar, erscheint allein ergebnisorientiert und lässt insbesondere eine Auseinandersetzung mit dem Vollständigkeitsgebot sowie mit den dogmatischen Grundlagen einer Aktivierung vermissen. Wahlrechte an sich stellen eine Ausnahme zum Vollständigkeitsgebot dar und sollten deshalb wie alle Ausnahmen nur in eingeschränktem Umfang zugelassen werden. Die Annahme insbesondere von nichtkodifizierten Wahlrechten läuft diesem Ausnahmecharakter zuwider. Ob der BGH mit seiner Entscheidung aus dem Jahr 1975[336] tatsächlich ein Wahlrecht schaffen wollte, lässt sich nicht mit abschließender Gewissheit sagen. Die besseren Gründe sprechen gegen eine solche Auslegung. Der BGH ließ lediglich die Frage offen, ob eine Aktivierungspflicht bestehe. Von einem Wahlrecht ist nicht die Rede. Wie oben dargelegt, widerspricht es der Systematik und dem Telos des HGB, Wahlrechte anzunehmen. Damit kann aus der Entscheidung des BGH weder das

---

annehmen will; für ein Wahlrecht *Haselmann/Schick*, DB 1997, 58, 58; *Pasdika*, AG 1977, 159, 159; *Schoor*, BB 1984, 828, 829; grundsätzlich gegen Wahlrechte: *Hennrichs*, ZGR 2000, 627, 632.

[329] *Herzig/Rieck*, IStR 1998, 309, 314; *Kropff*, ZGR 1997, 115, 122 f.

[330] *Kaminski*, in: FS Strobel, 2001, 91, 98.

[331] *Forster*, AG 1996, 417, 419.

[332] *Herzig*, DB 1996, 1400, 1402.

[333] *Hoffmann*, DStR 1999, 788, 798.

[334] *Hennrichs*, Wahlrechte im Bilanzrecht der Kapitalgesellschaften, 1999, 55; Grundsätzlich gegen faktische Wahlrechte: *Clemm*, in: FS Röhricht, 2005, 767, 782 ff.

[335] *Forster*, AG 1996, 417 419.

[336] BGH, Urteil vom 03.11.1975, BGHZ, 65, 230 ff.

Bestehen eines Wahlrechts noch eine Aktivierungspflicht gelesen werden.[337] Durchaus wäre es allerdings wünschenswert gewesen, wenn der BGH sich nicht der Praxis des Offenlassens bedient hätte, sondern für Klarheit gesorgt hätte. Dies hätte einige stets nur oberflächlich bleibende Diskussionen erübrigt. Autoren, die sich näher mit dem Thema des Wahlrechts befassten, kamen stets zu dem Ergebnis, dass ein solches nicht bestehen könne. Es existiert auch kein Erfordernis eines Wahlrechts. Den Bilanzierenden steht durch das Abstellen der Rechtsprechung auf den zeitlichen Ablauf der Feststellungen des Jahresabschlusses jedenfalls ein faktisches Wahlrecht zu.[338]

b) Vorsichtsprinzip

Der Großteil der Diskussionen um die phasenkongruente Dividendenaktivierung bezieht sich auf das Realisationsprinzip als Ausprägung des Vorsichtsprinzips und nicht auf das Vorsichtsprinzip als solches. Generalanwalt Tesauro stützte in seinem Schlussantrag seine Ablehnung der phasenkongruenten Dividendenaktivierung auf das Vorsichtsprinzip.[339] Dies wird von Kropff ausdrücklich bemängelt.[340] Das Vorsichtsprinzip sei hier nicht einschlägig. Es verbiete lediglich, dass sich ein Kaufmann reicher rechne, als er tatsächlich ist. Im Fall der phasenkongruenten Dividendenaktivierung nach Fassung eines Gewinnverwendungsbeschlusses stehe allerdings fest, dass der Gewinn tatsächlich vereinnahmt wird. Vorsicht bedürfe es hier nicht mehr.

Es ist sicherlich richtig, dass die Antwort auf die Frage nach der Zulässigkeit einer phasenkongruenten Aktivierung nicht im allgemein gehaltenen Vorsichtsprinzip gefunden werden kann. Gerade die Formel, dem Vorsichtsprinzip sei immer Genüge getan, wenn sich der Kaufmann nicht reicher rechne, als er tatsächlich sei, ist gefüllt mit normativen Begrifflichkeiten. Entscheidend ist doch die Frage, wie reich ist der Kaufmann am Abschlussstichtag? Die Antwort hierfür gibt das Vorsichtsprinzip nicht. Sie muss anhand der sonstigen Grundsätze ordnungsmäßiger Buchführung ermittelt werden.

---

[337] Anders *Pasdika*, AG 1977, 159, 160, der ausführt, dass es dem BGH bei Annahme einer Pflicht auch ohne Entscheidungserheblichkeit möglich gewesen wäre, dies deutlich zu machen, was nicht getan wurde.

[338] Siehe zum faktischen Wahlrecht ausführlich: C.IV.2.e).

[339] Schlussantrag des Generalanwalts Guiseppe Tesauro vom 25.01.1996, BB 1996, 579, 580.

[340] *Kropff*, ZGR 1997, 115, 122.

c) Realisationsprinzip und Grundsatz der wirtschaftlichen Betrachtungsweise

Ein nicht zu vernachlässigender Teil der Literatur geht davon aus, dass eine phasenkongruente Dividendenaktivierung gegen das Realisationsprinzip mangels Konkretisierung verstoße.[341] Die Rechtsprechung und die h.M. sehen das anders.

Zunächst stellt sich die Frage, ob es auch bei der phasenkongruenten Dividendenaktivierung zu einer wirtschaftlichen Betrachtungsweise im Rahmen des Realisationsprinzips kommt (dazu unten C.IV.2.c)aa)). Nur wenn dies bejaht wird und damit nicht allein auf die rechtliche Entstehung der Dividendenforderung abzustellen ist, muss ein Realisationstatbestand ausgemacht werden, welcher im vergangenen Geschäftsjahr dazu geführt hat, dass ein Dividendenanspruch entsteht (dazu unten C.IV.2.c)bb)). Weiter müsste sodann schon zum Stichtag mit an Sicherheit grenzender Wahrscheinlichkeit mit der Entstehung des Dividendenanspruchs zu rechnen sein (dazu unten C.IV.2.c)cc)). Schließlich muss überprüft werden, ob nicht gerade der Vergleich zu sonstigen Realisationstatbeständen eine Korrektur bei der phasenkongruenten Dividendenaktivierung hinsichtlich der Voraussetzungen zu einer Realisation erforderlich macht (dazu unten C.IV.2.c)cc)(3)).

aa) Grundsatz der wirtschaftlichen Betrachtungsweise

Größtenteils wird die Hervorhebung der wirtschaftlichen Betrachtungsweise durch die Rechtsprechung zur phasenkongruenten Dividendenaktivierung begrüßt.[342] Eine solche Hervorhebung solle nicht nur vom BGH, sondern auch vom EuGH erfolgt sein.[343] Ob sich hieraus eine Eigenständigkeit der wirtschaftlichen Betrachtungsweise ableiten lässt, ist unklar und auch vollkommen unerheblich für die phasenkongruente Dividendenaktivierung. Es lässt sich hieraus aber schließen, dass es nicht auf die rechtliche Entstehung des Anspruchs ankommt. Dies ist für die phasenkongruente Dividendenaktivierung deshalb von Bedeutung, weil es sich bei dem Gewinnanspruch einer Muttergesellschaft gegen die Tochtergesellschaft vor Fassung des Gewinnverwendungsbeschlusses lediglich um einen Anspruch mit-

---

[341] Laut *Eilers/Heinemann*, war auch die Kommission im Rahmen des Tomberger-Verfahrens dieser Ansicht, *Eilers/Heinemann*, in: Herzig, Europäisierung des Bilanzrechts, 1997, 25, 33; *Haselmann/Schick*, DB 1996, 1529, 1530; *Kaminski*, in: FS Strobel, 2001, 91, 102 ff.; *Meilicke*, FR 1990, 9, 10; *Neu*, BB 1995, 399, 401 f.; *Volkeri/Schneider*, BB 1979, 964, 967 ff., der aber eine Ausnahme vom Realisationsprinzip in den vom BGH, Urteil vom 03.11.1975, BGHZ, 65, 230 ff. entschiedenen Fall sehen will; *Weber*, Grundsätze ordnungsmäßiger Bilanzierung für Beteiligungen, 1980, 129 f.

[342] *Herzig/Rieck*, IStR 1998, 309, 315; *Weber-Grellet*, DStR 1996, 1093, 1094; *ders.*, DB 1996, 2089, 2089; *ders.*, in: Herzig, Europäisierung des Bilanzrechts, 1997, 95, 96 f.; a.A.: *Crezelius*, EWiR 1994, 891, 892, der den Vorlagebeschluss des BGH auf eine gesellschaftsrechtliche Analyse gestützt sieht.

[343] *Weber-Grellet*, in: Herzig, Europäisierung des Bilanzrechts, 1997, 95, 96; *ders.*, DB 1996, 2089, 2089; a.A.: *Hoffmann*, BB 1997, 1679, 1680, der in der EuGH-Entscheidung keine Wertung für oder gegen eine wirtschaftliche Betrachtungsweise erkennt und eine solche ablehnt.

gliedschaftlicher Art handelt. Der Gewinnverwendungsbeschluss hat konstitutive Wirkung.[344] Erst durch ihn entsteht ein Gläubigerrecht.[345] Zum Zeitpunkt des Bilanzstichtags besteht damit noch kein rechtlicher Anspruch.

Damit wird eine Dividende nur dann phasenkongruent aktiviert, wenn die für „die Entstehung wesentlichen wirtschaftlichen Ursachen im abgelaufenen Geschäftsjahr gesetzt wurden und der Kaufmann mit der künftigen zivilrechtlichen Entstehung des Anspruchs fest rechnen kann"[346]. Der Grundsatz der wirtschaftlichen Betrachtungsweise findet Anwendung.

bb) Realisationstatbestand

Die Aktivierung einer erst im Folgejahr rechtlich entstehenden Forderung bedarf aber stets eines Realisationstatbestands im vergangenen Geschäftsjahr. Hier müssen die für die Entstehung wesentlichen wirtschaftlichen Umstände schon gesetzt sein. Fraglich ist, ob dies bei der phasenkongruenten Dividendenaktivierung der Fall ist. Entscheidend ist dabei, was als die wesentlichen wirtschaftlichen Umstände betrachtet wird. Kritisiert wird, dass der BGH es in seiner Grundsatzentscheidung aus dem Jahr 1975[347] versäumt, den Realisationstatbestand zu benennen.[348] Ohne eine solche Benennung sei auch eine Subsumtion unter das Realisationsprinzip nicht möglich. Auch in den folgenden Entscheidungen wird dieses Versäumnis nicht nachgeholt.

Zu denken wäre zunächst an die Erwirtschaftung des Gewinns durch die Tochtergesellschaft im abgelaufenen Geschäftsjahr. Allein die Möglichkeit, bestimmte Beträge zu vereinnahmen, genügt den Anforderungen des Realisationsprinzips.[349] Eine solche Anknüpfung wird allerdings durch die folgenden Argumente in der Literatur abgelehnt:

Erstens darf die Dividende nicht mit dem erwirtschafteten Ergebnis der Tochtergesellschaft gleichgesetzt werden. Es ist durchaus möglich, dass die Tochtergesellschaft sogar mit einem negativen Jahresergebnis das abgelaufene Geschäftsjahr

---

[344] Vgl. nur: RG, Urteil vom 17.11.1915, RGZ, 87, 383, 386; RG, Urteil vom 16.04.1920, RGZ, 98, 318, 320; BGH, Urteil vom 03.11.1975, BGHZ, 65, 230, 235; BGH, Urteil vom 12.01.1998, BGHZ, 137, 378, 381; BFH, Urteil vom 30.04.1974, BStBl, II 1974, 541, 542; BayObLG, Beschluss vom 17.09.1987, BayObLGZ 1987, 314, 318; Beck Bil-Komm/*dies.*, 12. Aufl. 2020, § 266 Rn. 120; Beck Bil-Komm/*Schmidt/Kliem*, 12. Aufl. 2020, § 275 HGB Rn. 177; *Seibold*, StuW 1990, 165; *Seibold*, StuW 1990, 165, 168 f.; *dies.*, StuB 2015, 691, 692; *Kaminski*, in: FS Strobel, 2001, 91, 103.

[345] RG, Urteil vom 16.04.1920, RGZ, 98, 318, 320; BGH, Urteil vom 24.01.1957, BGHZ, 23, 150, 154; wortgleich BFH, Urteil vom 21.05.1986, BFHE, 147, 44, 45, BFH, Urteil vom 21.05.1986, BFHE, 147, 37, 38 und BFH, Urteil vom 21.05.1986, BFHE, 147, 27, 29.

[346] BFH, Urteil vom 26.04.1995, BStBl, II 1995, 594, 597.

[347] BGH, Urteil vom 03.11.1975, BGHZ, 65, 230 ff.

[348] *Wassermeyer*, in: FS Döllerer, 1988, 705, 710 ff.

[349] *Weber*, Grundsätze ordnungsmäßiger Bilanzierung für Beteiligungen, 1980, 109.

beendet und es wegen eines Gewinnvortrags bzw. durch Auflösung von Rücklagen dennoch zu einer Dividendenausschüttung kommt.[350] In diesem Fall kann schwerlich argumentiert werden, dass die wirtschaftliche Tätigkeit der Tochtergesellschaft im abgelaufenen Geschäftsjahr wesentlich für die Entstehung eines Dividendenanspruchs sei. Zweitens würde mit dem Abstellen auf die wirtschaftliche Tätigkeit der Tochtergesellschaft nicht begründet werden können, warum es nicht auch schon zu einer unterjährigen Realisation käme, beispielsweise wenn das Geschäftsjahr der Muttergesellschaft vor dem der Tochtergesellschaft endet.[351] Drittens führt Wassermeyer an, dass hierdurch nicht begründet werden könne, warum es einer Mehrheits- bzw. Alleingesellschafterstellung sowie eines Konzernverbundes bedarf. Auch bei einem Minderheitsgesellschafter liegt eine wirtschaftliche Tätigkeit der Tochtergesellschaft vor.[352] Dieses Argument überzeugt nicht vollständig – ohne schon hier eine Wertung über die Aktivierung bei einem Minderheitsgesellschafter vornehmen zu wollen.[353] Die Begrenzung auf die Zulässigkeit allein bei einem Mehrheits- bzw. Alleingesellschafter sowie einem Konzernverhältnis wird im Wesentlichen mit der mit an Sicherheit grenzender Wahrscheinlichkeit rechtlichen Entstehung des Dividendenanspruchs im Folgejahr begründet. Dies solle gerade beim Minderheitsgesellschafter mangels Kontrollmacht nicht gegeben sein. Hier dürfen die beiden Voraussetzungen der Aktivierung einer noch nicht rechtlich entstandenen Forderung nicht vermischt werden und die eine schon abgelehnt werden, nur weil ansonsten eine Aktivierung in einem solchen Fall möglich sein könnte, die aber an der zweiten Voraussetzung scheitere.

Insbesondere können die Fassung des Gewinnverwendungsbeschlusses sowie die Feststellung des Jahresabschlusses nicht als Realisationstatbestände dienen, da dieses offenkundig erst im Folgejahr stattfinden.[354]

Damit bleibt als Realisationstatbestand allein die innere Einstellung des Allein- bzw. Mehrheitsgesellschafters übrig. Ob eine solche Anknüpfung möglich ist, ist in der Literatur äußerst umstritten. Die Diskussion hierzu findet im Wesentlichen im Rahmen des Wertaufhellungsprinzips statt, dem auch hier gefolgt werden soll (siehe unten C.IV.2.f).

cc) Entstehung im Folgejahr mit an Sicherheit grenzender Wahrscheinlichkeit

Neben dem Vorliegen eines Realisationstatbestands muss zum Bilanzstichtag mit der Entstehung des Dividendenanspruchs mit an Sicherheit grenzender Wahrscheinlichkeit gerechnet werden können.

---

[350] Siehe auch: C.IV.3.
[351] *Wassermeyer*, in: FS Döllerer, 1988, 705, 711 f.
[352] *Ders.*, in: FS Döllerer, 1988, 705, 711 f.
[353] Siehe dazu ausführlich: C.VI.1.
[354] Vgl.: *Mörstedt*, DStR 1997, 1225, 1227; *Wassermeyer*, in: FS Döllerer, 1988, 705, 711 f.

(1) Feststehen des Gewinns

Aus der Rechtsprechung des BGH könnte darauf geschlossen werden, dass mit der Entstehung des Dividendenanspruchs im Folgejahr mit an Sicherheit grenzender Wahrscheinlichkeit zu rechnen sei, da schon zum Stichtag feststehe, ob ein Gewinn vorliegt. Diese Aussage erscheint in zwei Punkten diskussionswürdig.

Zunächst stellt sich die Frage, ob zum Bilanzstichtag bereits feststeht, ob ein Gewinn vorliegt. Dies hat der BGH in seinem Vorlagebeschluss unterstellt.[355] Hoffmann hält diese Aussage „vor dem Hintergrund der ökonomischen Realität [für] schlicht unzutreffend"[356]. Der BGH verheddere sich in einen „klassischen Widerspruch innerhalb der gleichen Gedankenkette"[357], wenn er zum einen sagt, dass zum Stichtag der Bilanz der Gewinnanspruch bereits wirtschaftlich so weitgehend konkretisiert sei, dass er als zu seinem Vermögen gehörig angesehen werden kann und zum anderen die Konkretisierung erst mit dem Gewinnverwendungsbeschluss eintrete.[358]

Richtigerweise gibt es etliche Möglichkeiten, nach dem Bilanzstichtag durch die Ausübung von Ansatz- oder Bewertungswahlrechten den Gewinn zu gestalten. Der Jahresabschluss wird nun einmal erst nach dem Bilanzstichtag aufgestellt. Hier werden auch erst diese Wahlrechte (endgültig) ausgeübt. Es wäre allerdings auch vermessen zu behaupten, dass gerade bei großen Unternehmen mit eigenen Buchhaltungsabteilungen das Feststehen eines Gewinns ‚überraschenderweise' erst im Laufe der Jahresabschlussarbeiten zu Tage tritt. Durch die ständige Planung und entsprechende Gestaltung schon vor dem Bilanzstichtag ist der Bilanzgewinn vielmehr in dem meisten Gesellschaften schon unterjährig taggenau zu bestimmen. Jede betriebswirtschaftliche Auswertung enthält eine Prognose für den Bilanzgewinn zum Bilanzstichtag. Etwaige später noch zu berechnende Abschreibungen können heute ohne erheblichen Aufwand automatisch im Vorhinein berechnet werden. Es muss somit sehr wohl als möglich bezeichnet werden, dass schon zum Bilanzstichtag der Gewinn feststeht.

Doch auch wenn man zu dem Ergebnis kommt, dass der Gewinn zum Bilanzstichtag schon feststehen kann, bedeutet dies nicht, dass dieser nicht noch verändert

---

[355] BGH, Vorlagebeschluss vom 21.07.1994, BB 1994, 1673, 1675; vgl. auch: BGH, Urteil vom 11.10.1999, BGHZ, 142, 382, 385, zum Verlustausgleichsanspruch aus einem Ergebnisabführungsvertrags.

[356] *Hoffmann*, BB 1996, 579, 582; ähnlich auch: *ders.*, BB 1996, 1051, 1052; *ders.*, in: Herzig, Europäisierung des Bilanzrechts, 1997, 1, 14f.; *ders.*, BB 1995, 1075, 1076f. mit anschaulichen Beispiel; *Neu*, BB 1995, 399, 401 f.; *ders.*, Die bilanzsteuerliche Behandlung des Finanzvermögens, 1994, 256 f.; *Mörstedt*, DStR 1997, 1225, 1227; MüKoBilanzR/*Hennrichs*, 2013, § 246 HGB Rn. 46; zur Personengesellschaft bereits: *Geßler*, Wpg 1978, 93, 95; anders: *Küting*, DStR 1996, 1947, 1949 f., der dem BGH zustimmt.

[357] *Hoffmann*, BB 1996, 1051, 1053.

[358] BGH, Vorlagebeschluss vom 21.07.1994, BB 1994, 1673, 1675; BGH, Urteil vom 12.01.1998, BGHZ, 137, 378, 382; *Hoffmann*, BB 1996, 1051, 1053.

wird. Nach dem Bilanzstichtag eintretende Ereignisse können sehr wohl noch dazu führen, dass etwaige bestehende Wahlrechte anders als zuvor avisiert ausgeübt werden. Hier gibt es auch keine Abgrenzung zwischen wertaufhellenden und -begründenden Tatsachen. Grenze für die Ausübung von Wahlrechten ist allein das Stetigkeitsgebot.[359] Allerdings wird auch dieser Punkt von der Rechtsprechung gesehen. Insofern äußert sich der BGH in seinem Vorlagebeschluss dahingehend, dass eine phasenkongruente Dividendenaktivierung ausscheiden solle, wenn feststehe, dass der Gewinnverwendungsbeschluss von Tatsachen beeinflusst worden ist, die erst im Folgejahr aufgetreten sind, ohne dass sie mit Entwicklungen zusammenhängen, die sich bereits im Laufe des Geschäftsjahres oder früher angebahnt haben.[360]

Weiter stellt sich die Frage, ob tatsächlich aus dem Feststehen, dass ein Gewinn vorliegt, geschlossen werden kann, dass auch der Dividendenanspruch im Folgejahr mit an Sicherheit grenzender Wahrscheinlichkeit entsteht.[361] Dies muss verneint werden.[362] Es besteht kein Vollausschüttungsgebot. Insbesondere gilt es auch hier die Divergenz zwischen Dividende und Gewinn einer Gesellschaft zu beachten. Selbst wenn im Jahr ein Gewinn vorliegt, kann es sein, dass eine Dividendenauszahlung wegen bestehender Verlustvorträge gar nicht möglich ist. Dem könnte entgegengehalten werden, dass – wie der Berichtigungsbeschluss und die damit einhergehende Diskussion um den Begriff des ‚Gewinns' zeigt – in der Rechtsprechung und auch in der Literatur nicht hinreichend zwischen den einzelnen Begriffen ‚Bilanzgewinn', ‚Jahresüberschuss' und ‚Dividende' differenziert wird.[363] Was sodann unter dem zumeist verwendeten Begriff ‚Gewinn' tatsächlich zu verstehen ist, bleibt oftmals offen. Richtigerweise müsste stets von ‚ausschüttbarer Dividende' oder ‚geplanter Dividende' gesprochen werden. Bejaht man das Feststehen des Bilanzgewinns zum Stichtag, folgt hieraus jedoch auch das Feststehen der ausschüttbaren Dividende. Die weiteren diese beeinflussenden Faktoren (Gewinn-/Verlustvortrag) stehen jedenfalls zum Bilanzstichtag schon fest. Anders ist grundsätzlich die Auflösung von etwaigen Gewinnrücklagen zu sehen. Hierbei handelt es sich um ein weiteres Bilanzinstrument, welches grundsätzlich ebenso (un-)sicher wie das Feststehen des Bilanzgewinns zu bewerten ist. Nur ausnahmsweise kann etwas anderes gelten, beispielsweise bei kraft Satzung vorgegebenen Mindestausschüttungen, die trotz absehbarer Verluste durch die Auflösung von Gewinnrücklagen erfüllt werden können und müssen. In diesem Fall wird man mit an Sicherheit grenzender Wahrscheinlichkeit von einer Auflösung entsprechender Rücklagen und somit auch von dem Feststehen eines Gewinns ausgehen können.

---

[359] Siehe dazu ausführlich: C.IV.2.g).
[360] BGH, Vorlagebeschluss vom 21.07.1994, BB 1994, 1673, 1675.
[361] So aber *Moxter*, BB 2003, 2559, 2562, der insofern von einem Erfahrungssatz spricht.
[362] Siehe auch *Kessler*, DB 1997, 1, 6.
[363] *Hoffmann*, in: Herzig, Europäisierung des Bilanzrechts, 1997, 1, 12 ff.; *ders.*, DStR 2000, 1809, 1811; *Schulze-Osterloh*, ZGR 1977, 104, 110; ähnlich: *Weber*, Grundsätze ordnungsmäßiger Bilanzierung für Beteiligungen, 1980, 131 f.

(2) Langjährige Übung

Die Finanzverwaltung hat in einer Verfügung dargelegt, dass, sofern es in den Vorjahren stets zu einer Ausschüttung gekommen sei, auch in dem in Frage stehenden Jahr mit einer Ausschüttung fest zu rechnen sei.[364] Dies solle insbesondere auch Minderheitsgesellschaftern eine Aktivierung ermöglichen. Wenn eine Gesellschaft stets ihren gesamten Jahresüberschuss ausschüttet, so sei auch damit zu rechnen, dass im entsprechenden Jahr eine Ausschüttung erfolge. Ähnlich kann auch die BFH-Entscheidung aus dem Jahr 1991 verstanden werden.[365] Hier wurde auf bisherige Verhaltensmuster abgestellt.

Als Vergleich könne auch die BFH-Rechtsprechung aus dem Jahr 1978[366] herangezogen werden. Hier hat der BFH ein handelsrechtliches Bilanzierungswahlrecht und damit ein steuerrechtliches Bilanzierungsgebot in dem Fall angenommen, in dem ein Kaufmann aufgrund einer langjährigen Übung eines Lieferanten mit einer Umsatzprämie fest rechnen konnte, ohne dass schon ein Rechtsanspruch bestanden habe.

Das Kriterium der langjährigen Übung scheint mir jedoch kaum handhabbar und ungenügend. Sicherlich ist die Ausschüttung einer Dividende bei einer Gesellschaft, bei der jährlich der erwirtschaftete Jahresüberschuss vollständig oder teilweise ausgeschüttet wird, wahrscheinlicher als bei einer Gesellschaft, bei der der erwirtschaftete Jahresüberschuss stets thesauriert wird. Zu beachten gilt aber, dass für eine Konkretisierung eine an Sicherheit grenzende Wahrscheinlichkeit gefordert wird. Diesen Grad der Wahrscheinlichkeit wird man kaum durch eine langjährige Übung schaffen können. Es gibt zu viele Komponenten, welche die tatsächliche Ausschüttung letztlich beeinflussen.

(3) Vergleich mit der Bilanzierung von schwebenden Verträgen

Oftmals wird in der Literatur der Vergleich zu noch nicht erfüllten Verträgen herangezogen. Eine Forderung aus einem schwebenden Vertrag ist nach der Rechtsprechung dann zu bilanzieren, wenn die Forderung so gut wie sicher sei.[367] Dabei bedürfe es einer „wirtschaftlichen Erfüllung"[368]. Bei einem Kaufvertrag muss etwa der Veräußerer bereits seine Leistung erbracht haben.[369]

---

[364] Dagegen: *Hoffmann*, BB 1996, 1051, 1056; dafür: *Weber*, StBp 1988, 179, 181.

[365] BFH, Urteil vom 19.02.1991, BB 1992, 29, 30; siehe auch: BFH, Urteil vom 19.02. 1991, BFHE, 164, 34, 38; kritisch: *Hoffmann*, BB 1992, 29, 30.

[366] BFH, Urteil vom 09.02.1978, BFHE, 124, 520 ff.

[367] BFH, Beschluss vom 11.12.1985, BFH/NV 1986, 595, 596; siehe ausführlich: *Döllerer*, BB 1974, 1541 ff.; *Woerner*, FR 1984, 489 ff.; *ders.*, BB 1988, 769 ff.; vgl. auch: BFH, Beschluss vom 23.06.1997, DStR 1997, 1442, 1444; BFH, Urteil vom 17.02.1998, BStBl, II 1998, 505, 506.

[368] BFH, Urteil vom 27.02.1986, BStBl, II 1986, 552, 553.

Daraus schließt die Literatur, dass es bei schwebenden Verträgen gerade nicht ausreicht, dass die Vertragspartner mit an Sicherheit grenzender Wahrscheinlichkeit von der Vertragserfüllung ausgehen. Vielmehr wird noch ein objektives Kriterium – die Erfüllung der Gegenleistung – verlangt.[370] Auf dieser Grundlage lehnen Wassermeyer und Hoffmann eine phasenkongruente Dividendenaktivierung ab.[371]

Kropff hingegen fragt nach der Gegenleistung der Muttergesellschaft an die Tochtergesellschaft. Diese Gegenleistung solle scheinbar die Kapitalüberlassung in dem entsprechenden Geschäftsjahr sein. Diese Leistung sei zum Stichtag erbracht. Eine phasenkongruente Dividendenaktivierung stelle deshalb keinen Verstoß gegen das Realisationsprinzip dar. Volkeri/Schneider verneinen vielmehr das Vorliegen einer Gegenleistung und sehen daher die phasenkongruente Dividendenaktivierung als grundsätzlich nicht mit dem Realisationsprinzip vereinbar.[372]

Der Vergleich mit der Bilanzierung von schwebenden Verträgen stellt sich als unergiebig dar, da er nicht wirklich passt. Im Gegensatz zum Dividendenanspruch besteht ein Anspruch aus einem schwebenden Vertrag bereits rechtlich. Es ist insofern schon klar und verbindlich vereinbart, in welcher Höhe eine Gegenleistung erfolgt. In Bezug auf den Dividendenanspruch ist bereits die Frage nach der Gegenleistung schwammig. Es besteht gerade keine Pflicht zur Dividendenausschüttung. Insbesondere bedarf es neben der Kapitalbereitstellung auch noch der Fassung eines Gewinnverwendungsbeschlusses. Aber kann dieser als Gegenleistung zur Dividendenforderung betrachtet werden? Welche Leistung erhält die Tochtergesellschaft durch die Fassung des Gewinnverwendungsbeschlusses? Und wie ist es dann zu bewerten, wenn eine Muttergesellschaft bspw. ihre Einlage noch nicht voll geleistet hat? Darf der Dividendenanspruch dann auch noch nicht bilanziert werden? All diese Fragen zeigen, dass ein Vergleich nicht sinnvoll stattfinden kann. Eine Anpassung der Voraussetzungen für eine phasenkongruente Dividendenaktivierung ist daher nicht möglich.

Schließlich ist ein Unterschied auch darin zu sehen, dass es sich bei schwebenden Verträgen grundsätzlich um solche mit Interessengegensatz handelt. Sofern die Geltendmachung eines Anspruchs nur noch in der Hand des Gläubigers liegt und der Schuldner ihm insbesondere kein Zurückbehaltungsrecht mehr entgegensetzen kann, obliegt es allein dem Gläubiger, auch die Forderung geltend zu machen. Da die Geltendmachung wegen des Interessenwiderspruchs so gut wie sicher ist, ist auch die Forderung so gut wie sicher. Bei der Dividendenaktivierung ist allerdings mangels

---

[369] BFH, Urteil vom 27.02.1986, BStBl, II 1986, 552, 553; BFH, Urteil vom 27.02.1986, BFHE, 146, 383, 384 f.; siehe zu den Voraussetzungen der „Leistungserbringung" im Einzelnen: BFH, Urteil vom 02.03.1990, BStBl, II 1990, 733, 735.

[370] *Hoffmann*, BB 1996, 1051, 1053; *Kropff*, ZGR 1997, 115, 120; *Volkeri/Schneider*, BB 1979, 964, 965; *Wassermeyer*, in: FS Döllerer, 1988, 705 ff.

[371] *Ders.*, BB 1996, 1051, 1053; *ders.*, in: FS Döllerer, 1988, 705 ff.

[372] *Dies.*, BB 1979, 964, 965.

eines Interessengegensatzes nicht zwangsläufig von einer Ausschüttung der Dividende auszugehen.[373]

d) Periodenabgrenzungsprinzip

Die Bedeutung des Periodenabgrenzungsprinzips ist für die Zulässigkeit der phasenkongruenten Dividendenaktivierung als gering einzuschätzen. Die Entstehung des Dividendenanspruchs als Angelpunkt der phasenkongruenten Dividendenaktivierung wird vielmehr vom Realisationsprinzip, welches Vorrang vor dem Periodenabgrenzungsprinzip hat,[374] beeinflusst. Wenn man nach Anwendung des Realisationsprinzips zu dem Ergebnis kommt, dass eine Forderung bereits im gleichen Geschäftsjahr wirtschaftlich entstanden ist, so ist es nach dem Periodenabgrenzungsprinzip nur folgerichtig, dieses auch im gleichen Geschäftsjahr zu aktivieren. Andersherum folgt aus dem Periodenabgrenzungsprinzip eine Aktivierung erst im nächsten Geschäftsjahr, wenn nach dem Realisationsprinzip erst in diesem Jahr die Forderung entstanden ist. Das Periodenabgrenzungsprinzip muss damit lediglich als Folgeprinzip betrachtet werden.[375]

e) Stichtagsprinzip

Die Voraussetzungen des EuGH und auch des BGH können insofern kritisch betrachtet werden, als es der Muttergesellschaft selbst überlassen ist, die Voraussetzungen einer phasenkongruenten Dividendenaktivierung zu schaffen.[376] Zwar ist es den meisten Tatbestandsmerkmalen immanent, dass der Bilanzierende selbst auf die Verwirklichung Einfluss hat. Im Bilanzrecht gebietet allerdings das Stichtagsprinzip, dass Handlungen, welche einen Tatbestand erfüllen, jedenfalls bis zum Bilanzstichtag vorgenommen werden müssen. Die Voraussetzungen des EuGH und des BGH werden jedoch durch Handlungen, die noch weit nach dem Bilanzstichtag liegen, beeinflusst.[377] Dadurch entsteht ein faktisches Wahlrecht.[378]

Die Sinnhaftigkeit und die Zulässigkeit eines solchen Wahlrechts werden kontrovers beurteilt. Einige Teile der Literatur sehen in dem faktischen Wahlrecht einen Verstoß gegen das Gleichbehandlungsgebot bzw. einen Verstoß gegen den Grund-

---

[373] Vgl.: *Schulze-Osterloh*, ZGR 2001, 497, 503 ff.
[374] *Mörstedt*, DStR 1997, 1225, 1229; *Neu*, BB 1995, 399, 401.
[375] MüKoHGB/*Ballwieser*, 4. Aufl. 2020, § 252 HGB Rn. 81; MüKoBilanzR/*Tiedchen*, 2013, § 252 HGB Rn. 83.
[376] *Hoffmann*, BB 1996, 1492, 1494; *ders.*, BB 1997, 1679, 1679 f.; dies als Vorteil ansehend: *Goette*, IStR 1994, 454, 456.
[377] So auch: *Hoffmann*, BB 1997, 1679, 1680.
[378] *Kempermann*, DStR 1999, 408, 409; *Kerssenbrock/Rodewald*, DStR 2002, 653, 655; *Kellner*, WM 2000, 229, 232; *ders.*, DB 1996, 1400, 1402; *Hoffmann*, DStR 1999, 788, 798; ähnlich: *Weber*, Grundsätze ordnungsmäßiger Bilanzierung für Beteiligungen, 1980, 131.

satz, dass rückwirkende Vereinbarungen mit beherrschenden Gesellschaftern steuerlich unbeachtlich seien.[379] Für andere hingegen stellt das faktische Wahlrecht ein willkommenes Mittel der Bilanzpolitik dar.[380] Es stehe dem Bilanzierenden stets frei, durch Entscheidungen Tatbestände zu erfüllen, welche eine Bilanzierung nach sich ziehen, oder diese Handlungen aufgrund der Konsequenzen zu unterlassen.[381]

Zwar ist es korrekt, dass eine Tatbestandsverwirklichung grundsätzlich dem Bilanzierenden überlassen ist. Der große Unterschied liegt allerdings darin, dass normalerweise lediglich Entscheidungen bis zum Bilanzstichtag für die Bilanzierung von Bedeutung sein sollen. Entscheidungen danach sollten mit Ausnahme der Ausübung von tatsächlich bestehenden Bilanzierungswahlrechten ohne Bedeutung sein.[382]

Daraus ist allerdings nicht zu folgern, dass das Stichtagsprinzip an sich gegen eine phasenkongruente Dividendenaktivierung spricht.[383] Es widerspricht vielmehr der von der Rechtsprechung geschaffenen Voraussetzung der zeitlichen Abfolge der Feststellung der Jahresabschlüsse.

f) Wertaufhellungsprinzip

Teilweise wird die Figur der wertaufhellenden Tatsache zur Begründung der Zulässigkeit der phasenkongruenten Dividendenaktivierung bemüht. Einigkeit besteht dahingehend, dass als wertaufhellende Tatsache allein die Fassung eines Gewinnverwendungsbeschlusses bei der Muttergesellschaft in Betracht käme.[384] Die Fassung des Gewinnverwendungsbeschlusses kann allerdings nur als wertaufhellende Tatsache gesehen werden, wenn sie einen Anknüpfungspunkt im vergangenen Geschäftsjahr aufweist, dessen Wert erhellt wird.[385] Richtigerweise stellt Hoffmann klar, dass ohne Anknüpfungspunkt auch keine wertaufhellende Tatsache vorliegt, da es sich ja gerade nicht um die Figur der ansatzerhellenden Tatsache handelt.[386] Findet

---

[379] BFH, Urteil vom 08.01.1969, BFHE, 95, 215, 217; BFH, Urteil vom 23.10.1985, BFHE, 145, 165, 169; schon gegen das Bestehen eines solches Grundsatzes: *Kraft*, DStRE 1999, 249, 256.

[380] *Clemm*, Wpg 1989, 357, 361.

[381] *Kerssenbrock/Rodewald*, DStR 2002, 653, 655, der die Grenze in § 42 AO erblickt; ebenso: *Moxter*, DB 2000, 2333, 2336; siehe auch: *Schmidt*, FR 1989, 396, 399.

[382] In diese Richtung wohl auch: *Haselmann/Schick*, DB 1996, 1529, 1532.

[383] A. A.: *dies.*, DB 1996, 1529, 1530; *Lüders*, Der Zeitpunkt der Gewinnrealisierung im Handels- und Steuerbilanzrecht, 1987, 99; *Neu*, BB 1995, 399, 401 f.; ähnlich: *Knobbe-Keuk*, AG 1979, 293, 301.

[384] Kritisch dahingehend, dass einem Rechtsakt mit konstitutiver Wirkung wertaufhellende Wirkung zugesprochen wird: *Hüttemann*, in: FS Priester, 2007, 301, 322; *Schulze-Osterloh*, ZGR 2001, 497, 504.

[385] *Hoffmann*, BB 1997, 1679, 1680.

[386] *Ders.*, BB 1996, 1051, 1053.

sich kein solcher Anknüpfungspunkt, so kann die Fassung des Gewinnverwendungsbeschlusses allein als wertbegründende Tatsache betrachtet werden.[387]

Sofern sich die Literatur überhaupt mit dem Anknüpfungspunkt beschäftigt, wird die innere Einstellung des Allein- bzw. Mehrheitsgesellschafters, den Gewinn auszuschütten, als Anknüpfungspunkt gesehen.[388] Dies stieß auf heftige Kritik.[389] Die innere Einstellung des Mehrheitsgesellschafters, dass eine Dividende auszuschütten sei, könne schwerlich als Anknüpfungspunkt genügen.[390] Richtigerweise stellt Hoffmann klar, dass es ansonsten stets ausreichen würde, wenn der Mehrheitsgesellschafter noch im alten Jahr den Jahresabschluss verändernde Sachverhalte für das neue Jahr plane.[391] Weiter führt Hoffmann aus, dass schon aus Zuständigkeitsgesichtspunkten die innere Einstellung des Mehrheitsgesellschafters nicht für einen Anknüpfungspunkt ausreiche, sondern auch die innere Einstellung des Geschäftsführers oder Vorstands als Aufstellungsorgan des Jahresabschlusses hinzukommen müsste.[392]

Unabhängig davon stellt sich auch die Frage, ob zum Stichtag überhaupt schon eine innere Einstellung des Allein- bzw. Mehrheitsgesellschafters zur Ausschüttung vorliegt. Küting unterstellt dies: Der Anspruch auf Gewinnbeteiligung beinhalte „implizit auch die vom Mutterunternehmen durchsetzbare Absicht der Gewinnverwendung"[393]. Eine Beteiligung werde stets nur gehalten, um den Gewinn zu verwenden – entweder zur Thesaurierung oder zur Ausschüttung. Es müsse davon ausgegangen werden, dass „bei einem normalen Fortgang der Geschäftstätigkeit [...] die Fassung des Gewinnverwendungsbeschlusses entsprechend der zum Bilanzstichtag bestandenen Gewinnverwendungsabsicht erfolge"[394]. Der Gewinnverwendungsbeschluss erfülle lediglich eine „Objektivierungsfunktion"[395]. Eine Manipulation[396] sei hierin nicht zu sehen, sondern vielmehr eine „Form der in Bilanzfragen unvermeidbaren Sachverhaltsgestaltung"[397]. Da ein Gewinnverwendungsbeschluss aufgrund aktienrechtlicher Vorschriften gefasst werden müsse, stehe dessen Fassen schon zum Bilanzstichtag zweifelsfrei fest. Kirsch schreibt sogar: „Gewöhnlich ist

---

[387] So: *Henssler*, JZ 1998, 701, 704; *Hüttemann*, in: FS Priester, 2007, 301, 322; *Hoffmann*, DStR 2000, 1809, 1811; MüKoBilanzR/*Tiedchen*, 2013, § 252 HGB. Rn. 79.

[388] Vgl.: C.IV.2.c)bb); *Kessler*, StuB 1999, 257, 258.

[389] Siehe nur: *Kaufmann*, DStR 1992, 1677, 1679.

[390] Zum damit zusammenhängenden Verstoß gegen das Objektivierungsprinzip siehe: C.IV.2.h).

[391] *Hoffmann*, BB 1996, 1051, 1053; *ders.*, in: Herzig, Europäisierung des Bilanzrechts, 1997, 1, 16 f.

[392] *Hoffmann*, BB 1996, 1051, 1053.

[393] *Küting*, DStR 1996, 1947, 1950.

[394] *Ders.*, DStR 1996, 1947, 1950.

[395] *Ders.*, DStR 1996, 1947, 1950.

[396] So: *Wassermeyer*, in: FS Döllerer, 1988, 705, 714; *Kaufmann*, DStR 1992, 1677, 1680.

[397] *Küting*, DStR 1996, 1947, 1950; siehe zu Sachverhaltsgestaltungen auch: *Pöschke*, ZGR 2018, 647, 667 f.

für den Abschluss des Mutterunternehmens zu unterstellen, dass bereits zum Geschäftsjahresende des Tochterunternehmens ein entsprechender Ausschüttungsbeschluss gefallen ist, der durch die spätere formale Beschlussfassung nur rechtswirksam dokumentiert wird."[398]

Mörstedt hingegen hält es für unwahrscheinlich, dass der tatsächlich gefasste Gewinnverwendungsbeschluss mit dem Willen der Gesellschafter am Bilanzstichtag übereinstimmt.[399] Entscheidend für den Gewinnverwendungsbeschluss sei allein die zu diesem Zeitpunkt bestehende Lage des Unternehmens. Diese ähnle gerade nicht mit an Sicherheit grenzender Wahrscheinlichkeit der am Stichtag. Dies werde insbesondere dann deutlich, wenn die Gesellschafter den Gewinnverwendungsbeschluss später noch ändern oder aufheben. Wassermeyer stützt seine Ablehnung u. a. auch auf den Gesichtspunkt, dass sich diese Absicht, die ggf. sogar zum Abschlussstichtag vorgelegen habe, auch geändert haben könnte.[400] Der Gesellschafter ist nicht an seine einmal bestehende Absicht gebunden.[401] Hingegen unterstellt Kropff, dass für den Beschluss allein Umstände bis zum Bilanzstichtag berücksichtigt werden und es sich somit um eine wertaufhellende Tatsache handele.[402] Ebenso wie bei Optionsverträgen könne damit eine Aktivierung stattfinden, da die Entstehung allein von der Entscheidung des Bilanzierenden abhänge.

Die Anknüpfung an die innere Einstellung des Allein- bzw. Mehrheitsgesellschafters erscheint damit kaum vertretbar. Es mangelt somit auch an einem Realisationstatbestand im Rahmen des Realisationsprinzips. Die phasenkongruente Dividendenaktivierung nach den Tomberger-Entscheidungen verstößt insofern gegen das Realisations- und das Wertaufhellungsprinzip.

g) Ansatzstetigkeitsgebot

Ein Teil der Literatur geht davon aus, dass eine phasenkongruente Dividendenaktivierung dem Ansatzstetigkeitsgebot widerspreche.[403] Durch das bestehende faktische Wahlrecht könne jedes Jahr aufs Neue entschieden werden, ob eine phasenkongruente Dividendenaktivierung erfolgen solle. Eine solche Unstetigkeit des Jahresabschlusses soll gerade durch das Ansatzstetigkeitsgebot verhindert werden.

Zu beachten ist allerdings, dass das Ansatzstetigkeitsgebot zwar für die Anwendung von Wahlrechten sowie Bewertungsgrundsätzen gilt.[404] Sieht man noch

---

[398] *Kirsch*, BC 2015, 126, 129.
[399] *Mörstedt*, DStR 1997, 1225, 1227; so wohl auch: *Wassermeyer*, DB 2001, 1053, 1054.
[400] *Wassermeyer*, DB 2001, 1053, 1054.
[401] *Ders.*, DB 2001, 1053, 1054.
[402] *Kropff*, ZGR 1997, 115, 121 f.
[403] *Ders.*, ZGR 1997, 115, 119; *Pasdika*, AG 1977, 159, 161 unter Verweis einer Berichtspflicht nach § 160 Abs. 2 AktG a.F.; a. A.: *Herzig/Rieck*, IStR 1998, 309, 314.
[404] Vgl. ausführlich: *Pöschke*, ZGR 2018, 647, 661 f.

unter bestimmten Voraussetzungen ein Aktivierungswahlrecht[405], so muss hier sicherlich das Ansatzstetigkeitsgebot gewahrt werden. Geht es hingegen darum, ob die Voraussetzungen für eine phasenkongruente Dividendenaktivierung vorliegen, so hilft das Ansatzstetigkeitsgebot nicht weiter. Wenn der zeitliche Ablauf durch die Gesellschafter so gewählt wird, dass keine phasenkongruente Dividendenaktivierung in Betracht kommt, so kann das Ansatzstetigkeitsgebot nicht zu einer Aktivierung führen.[406] Insbesondere kann es die Gesellschafter nicht zwingen, einen entsprechenden Ablauf vorzunehmen. Von Kropff wird vertreten, dass die Stetigkeit hier Einhalt gebieten würde, wenn festzustellen sei, dass für die Handlung allein bilanzpolitische Zwecke maßgeblich seien.[407] In welchem Rahmen und durch welche Mittel dies geschieht, wird leider nicht weiter erläutert. Auch scheint die Einschränkung der Verfolgung allein bilanzpolitischer Zwecke schwer feststellbar und in der Praxis leicht zu umgehen.

Sicherlich ist richtig, dass sich im Hinblick auf das faktische Wahlrecht ein Störgefühl einstellt, welches vergleichbar ist mit der Möglichkeit, rechtliche Wahlrechte jährlich neu auszuüben. Diese Möglichkeit wird bei rechtlichen Wahlrechten durch das Ansatzstetigkeitsgebot verhindert. Eine Anwendung dieses Gebots auch auf faktische Wahlrechte erscheint daher sinnvoll. Zu beachten ist allerdings, dass es für die Annahme eines Verstoßes der phasenkongruenten Dividendenaktivierung gegen das Ansatzstetigkeitsgebot einer weiten Auslegung des Gebots bedarf. Diese weite Auslegung führt zwangsläufig zu einer Verwässerung der Grenzen des Ansatzstetigkeitsgebots. Aus Gründen der Rechtsklarheit verbietet es sich daher m. E., das Ansatzstetigkeitsgebot auch auf faktische Wahlrechte anzuwenden.

h) Objektivierungsprinzip – Grundsatz des Willkürverbots

Hoffmann sieht in der phasenkongruenten Dividendenaktivierung einen Verstoß gegen das Objektivierungsprinzip.[408] Durch das Abstellen auf die subjektive Einstellung des Mehrheitsgesellschafters zum Zeitpunkt des Stichtags des Jahresabschlusses[409] erfolge eine Subjektivierung anstelle einer Objektivierung. Oftmals wird angeführt, dass auch bei sonstigen Bilanzierungsfragen der subjektive Wille zum Abschlussstichtag nie erheblich sei. Dies wird dadurch belegt, dass es ansonsten etwaiger gerade zum Stichtag umgesetzter Konstellationen wie der Lease-back-Konstellationen nicht bedürfe.

---

[405] Siehe hierzu: C.II.1.b) und C.V.
[406] *Hoffmann*, in: Herzig, Europäisierung des Bilanzrechts, 1997, 1, 20.
[407] *Kropff*, ZGR 1997, 115, 119; jedenfalls geht *Kropff* davon aus, dass es sich hierbei nicht um ein spezifisches Problem der phasenkongruenten Dividendenaktivierung handele. Dies trete bei Sachverhaltsgestaltungen stets auf. Der Anreiz für wechselnde Handhabung sei immerhin durch die Pflicht zur Offenbarung im Anhang gemindert.
[408] *Hoffmann*, BB 1996, 1051, 1055.
[409] Siehe hierzu: C.IV.2.f).

Im Rahmen dieser Kritik stellt sich zunächst die Frage, inwiefern die subjektive Einstellung des Mehrheitsgesellschafters für die phasenkongruente Dividendenaktivierung von Bedeutung ist. Handelt es sich lediglich um eine von der Rechtsprechung kreierte ggf. auswechselbare Voraussetzung? Oder kann eine phasenkongruente Dividendenaktivierung stets nur bei einer entsprechenden subjektiven Einstellung erfolgen?

Diese Frage ist eng mit dem Wertaufhellungsprinzip und dem Realisationsprinzip verknüpft. Damit eine wertaufhellende Tatsache vorliegen kann, muss ein Anknüpfungspunkt im vergangenen Geschäftsjahr gesetzt werden. Bei der phasenkongruenten Dividendenaktivierung kommt lediglich die subjektive Einstellung des Mehrheitsgesellschafters als Anknüpfungspunkt in Betracht.[410] Eine Begründung der Zulässigkeit mit dem Wertaufhellungsprinzip setzt damit stets einen Verstoß gegen das Objektivierungsprinzip voraus. Nur durch das Wertaufhellungsprinzip können aber die Voraussetzungen, dass später ein gewisser Gewinnverwendungsbeschluss gefasst werden muss, mit in die Voraussetzungen der phasenkongruenten Dividendenaktivierung aufgenommen werden.

Damit verstößt die phasenkongruente Dividendenaktivierung nach den Tomberger-Entscheidungen auch gegen das Objektivierungsprinzip.

3. Vereinbarkeit mit dem true and fair view-Grundsatz

Die Diskussion um die phasenkongruente Dividendenaktivierung war stets eng verknüpft mit einer allgemeinen Auseinandersetzung mit dem true and fair view-Grundsatz.[411] Aus rechtshistorischen Gründen sollen an dieser Stelle kurz die damaligen Stimmungen wiedergegeben werden: Ein Teil der Literatur begrüßt die Hervorhebung des Grundsatzes der Bilanzwahrheit in den Tomberger-Entscheidungen.[412] Weber-Grellet spricht im Hinblick auf die Nichterwähnung des Vorsichtsprinzips in der Entscheidung des EuGH im Vergleich zum Grundsatz der Bilanzwahrheit gar von einem „Paradigmenwechsel von allergrößter Bedeutung – weg vom Vorsichtsprinzip als Leitprinzip, hin zum Prinzip der Bilanzwahrheit"[413]. Andere kritisieren gerade diese Hervorhebung, da der Grundsatz aufgrund seiner Inhaltslosigkeit keine große Hilfe bei der Bilanzierung sei.[414] Hoffmann stellt fest, dass sich die Entscheidungsrelevanz des Grundsatzes trotz Erwähnung des true and fair

---

[410] Siehe: C.IV.2.f).

[411] Siehe C.I.3.

[412] *Herlinghaus*, IStR 1997, 529, 533 f.; *Klinke*, ZGR 1998, 212, 232; *Weber-Grellet*, DStR 1996, 1093; *ders.*, DB 1996, 2089, 2089; *ders.*, in: Herzig, Europäisierung des Bilanzrechts, 1997, 95, 96; a. A.: *Hoffmann*, in: Herzig, Europäisierung des Bilanzrechts, 1997, 1, 10, der der Ansicht ist, dass der EuGH hinsichtlich des true and fair view-Grundsatzes neutral geblieben sei.

[413] *Weber-Grellet*, DB 1996, 2089, 2089; a. A.: *Kessler*, DB 1997, 1, 2 ff.

[414] *Heni*, DStR 1996, 1093.

view-Grundsatzes im EuGH-Urteil nicht wiederfindet.[415] Anders sieht das Klinke, der aus dem Urteil herausliest, dass der true and fair view-Grundsatz durch den vom EuGH gegebenen Stellenwert über den Einzelfall hinaus Geltung erhalte.[416] Dabei geht er sogar so weit, im Anwendungsbereich eine neue Ordnung der Bilanzgrundsätze anzunehmen: „An deren Spitze steht die Bilanzwahrheit. Die übrigen Bilanzgrundsätze sind ihr zu dienen bestimmt."[417] Beisse zog hingegen den Schluss, dass die Tomberger-Entscheidungen des EuGH deutlich zeigten, „wieviel Skepsis gegenüber dem Grundsatz des ‚True and fair view' am Platze ist"[418]. Es sei auffällig, dass der Generalanwalt Tesauro mit seinem Schlussplädoyer zu einem anderen Ergebnis komme als der EuGH in seinem Urteil, beide ihre Entscheidung aber auf den true and fair view-Grundsatz stützen.[419] Ob durch die Tomberger-Entscheidungen nun tatsächlich ein ‚Paradigmenwechsel' eingetreten ist, kann dahingestellt bleiben.

Tatsächlich stellt der true and fair view-Grundsatz in der Diskussion häufig das wesentliche Argument für eine phasenkongruente Dividendenaktivierung dar. Nur durch diese solle eine den tatsächlichen Verhältnissen entsprechende Vermögens- und Ertragslage einer Gesellschaft dargestellt werden. Teilweise wird dem entgegengehalten, dass eine phasenkongruente Dividendenaktivierung gar nicht zu einem tatsächlichen Bild der Vermögens- und Ertragslage führen würde.[420] Das Argument des BGH in seiner Entscheidung aus dem Jahr 1975[421], dass nur so eine aussagefähige Bilanz erstellt werden könne, gehe fehl und sei lediglich eine „Leerformel"[422]. Die Aktivierung einer Dividendenforderung sei nicht gleichzustellen mit einer Bewertung at equity, in der der Wert der Tochtergesellschaft zum Bilanzstichtag dargestellt wird. Es sei durchaus möglich, dass die Tochtergesellschaft im zu bilanzierenden Geschäftsjahr einen erheblichen Gewinn erwirtschaftet hat, als Dividende aber nur ein Bruchteil hiervon ausgeschüttet wird. Ebenso sei das Szenario denkbar, dass kein Gewinn erwirtschaftet wurde, aber eine Ausschüttung aus einer Gewinnrücklage erfolgt. Jeweils hilft die phasenkongruente Dividendenaktivierung kaum zur Darstellung eines tatsächlichen Bildes der Vermögens- und Ertragslage.[423]

---

[415] *Hoffmann*, in: Herzig, Europäisierung des Bilanzrechts, 1997, 1, 6 f.
[416] *Klinke*, ZGR 1998, 212, 231, 232.
[417] *Ders.*, ZGR 1998, 212, 233.
[418] *Beisse*, DStZ 1998, 310, 315.
[419] *Ders.*, DStZ 1998, 310, 315.
[420] *Ders.*, in: FS Döllerer, 1988, 25, 34; *Clemm*, DStR 1990, 780, 782; *ders.*, in: FS Röhricht, 2005, 767 ff.; *ders.*, DStR 1997, 84, 91; *ders.*, in: FS Goerdeler, 1987, 361, 370; *ders.*, BB 1993, 753, 759; *ders.*, DStR 1997, 1225, 1229; *ders.*, Die bilanzsteuerliche Behandlung des Finanzvermögens, 1994, 255; *ders.*, BB 1995, 399, 401; *Lüders*, Der Zeitpunkt der Gewinnrealisierung im Handels- und Steuerbilanzrecht, 1987, 99; für einen besseren Einblick schon vor dem Einfügen des § 264 HGB: *dies.*, Wpg 1976, 329, 329.
[421] BGH, Urteil vom 03.11.1975, BGHZ, 65, 230 ff.
[422] *Wassermeyer*, in: FS Döllerer, 1988, 705, 714.
[423] Siehe: C.IV.2.c)bb); *Hoffmann*, in: Herzig, Europäisierung des Bilanzrechts, 1997, 1, 13; *Kaufmann*, DStR 1992, 1677, 1679 f.

Neben der Frage, ob der Ausweis des phasenkongruenten Dividendenanspruchs in der Bilanz der Muttergesellschaft ein tatsächliches Bild der Finanz- und Ertragslage wiedergebe, muss auch gefragt werden, ob der Einzelabschluss der Muttergesellschaft überhaupt diese Funktion erfüllen muss. Zur Darstellung der Finanz- und Ertragslage des Konzerns ist der Konzernabschluss heranzuziehen.[424] Das Erfordernis, das Ergebnis der Tochtergesellschaft im Einzelabschluss der Muttergesellschaft darzustellen, kann insofern schon bezweifelt werden.

Uneins war sich die Literatur insbesondere, ob ein etwaiger Verstoß der phasenkongruenten Dividendenaktivierung gegen die Grundsätze ordnungsmäßiger Buchführung durch den true and fair view-Grundsatz zu rechtfertigen sei, sofern man überhaupt davon ausgeht, dass der true and fair view-Grundsatz eine phasenkongruenten Dividendenaktivierung gebiete. Die Mehrheit lehnte dies ab. Bei dem Grundsatz handele es sich um kein overriding principle.[425] Überraschend sei allerdings, dass der Generalanwalt das Vorsichtsprinzip und das Stichtagsprinzip als Ausprägungen des true and fair view-Grundsatzes betrachte.[426] Ähnlich sieht es nach Eilers/Heinemann aber auch die Kommission: Sie vertrat scheinbar im Tomberger-Verfahren vor dem EuGH den Standpunkt, dass das Realisationsprinzip im Lichte des true and fair view-Grundsatzes auszulegen sei.[427] Folge wäre nach dieser Ansicht sodann, dass die Grundsätze ordnungsmäßiger Buchführung so auszulegen wären, dass eine phasenkongruente Dividendenaktivierung zulässig sei und es insofern schon keiner Rechtfertigung durch den true and fair view-Grundsatz bedarf. Beachtet werden muss allerdings, dass eine Auslegung nicht zu einer Umkehr der Grundsätze führen darf.

---

[424] *Schulze-Osterloh*, ZGR 1977, 104, 112.

[425] *Ekkenga*, ZGR 1997, 262, 269; *Mörstedt*, DStR 1997, 1225, 1229; *Weber*, Grundsätze ordnungsmäßiger Bilanzierung für Beteiligungen, 1980, 116; *Wassermeyer*, GmbHR 2000, 1106, 1112; a. A.: *Weber-Grellet*, in: Herzig, Europäisierung des Bilanzrechts, 1997, 95, 98 f.; *Herlinghaus*, IStR 1997, 529, 533, siehe ausführlich: C.I.3.a).

[426] So: *Hoffmann*, BB 1996, 579, 581; *ders.*, in: Herzig, Europäisierung des Bilanzrechts, 1997, 1, 8; ähnlich auch: *Weber-Grellet*, in: Herzig, Europäisierung des Bilanzrechts, 1997, 95, 97, der den Grundsatz der wirtschaftlichen Betrachtungsweise als eine Konkretisierung des true and fair view-Grundsatzes ansieht.

[427] *Eilers/Heinemann*, in: Herzig, Europäisierung des Bilanzrechts, 1997, 25, 33; größtenteils wird deshalb in den Tomberger-Entscheidungen eine klare Absage zur Abkopplungsthese gesehen: *Luttermann*, EuZW 1998, 151, 155; *Kleindiek*, ZGR 1998, 466, 479 f.; a. A.: *Böcking*, in: FS Beisse, 1997, 85, 94.

4. Vereinbarkeit mit dem Maßgeblichkeitsgrundsatz

Durch die divergierende Handhabung der phasenkongruenten Dividendenaktivierung in Handels- und Steuerbilanz kommt es zu einer Durchbrechung des Maßgeblichkeitsgrundsatzes.[428]

Nach Wassermeyer bestehe dabei ein Zielkonflikt zwischen dem Maßgeblichkeitsgrundsatz und den Sachgesetzlichkeiten des Steuerrechts, mit welchen die Durchbrechung zu rechtfertigen sei.[429] Den Sachgesetzlichkeiten des Steuerrechts müsse insofern der Vortritt gewährt werden.[430] Bei ihnen handele es sich insbesondere um die Gleichmäßigkeit der Besteuerung und der Rechtssicherheit.[431] Dem widerspricht Knobbe-Keuk, da sich aus den Sachgesetzlichkeiten des Steuerrechts keine konkreten Rechtsfolgen ergäben. Der Gesetzgeber habe die Sachgesetzlichkeiten des Steuerrechts gerade durch den Maßgeblichkeitsgrundsatz präzisiert.[432]

M.E. ist eine Divergenz zwischen Handels- und Steuerrecht nicht zu rechtfertigen. Für beide Rechtsgebiete gelten die Grundsätze ordnungsmäßiger Buchführung, die m.E. einer phasenkongruenten Dividendenaktivierung entgegenstehen. Damit erscheint die Rechtsprechung des BFH zwar nicht inhaltlich angreifbar, aber doch die Entscheidung nicht den Gemeinsamen Senat einzuberufen, um die Einheit der Rechtsordnung zu wahren.

5. Zwischenergebnis

Zusammenfassend lässt sich Folgendes festhalten:

1. Eine phasenkongruente Dividendenaktivierung verstößt gegen das Realisations- und Wertaufhellungsprinzip und ist daher mit den Grundsätzen ordnungsmäßiger Buchführung nicht vereinbar. Auch der true and fair-view-Grundsatz hilft hier nicht weiter.
2. Zum Bilanzstichtag besteht noch kein Vermögensgegenstand ‚Dividendenanspruch'.
3. Sofern heute noch vertreten wird, dass ein Aktivierungswahlrecht bestehe, ist hierin ein Verstoß gegen das Vollständigkeitsgebot zu sehen.

---

[428] *Herzig*, BB 2000, 2247, 2253; *Hoffmann*, DStR 1999, 788, 791; *Kerssenbrock/Rodewald*, DStR 2002, 653, 654; *Kraft*, Wpg 2001, 2, 7; Beck Bil-Komm/*Schubert/Waubke*, 12. Aufl. 2020, § 266 Rn. 121, die sogar von einem Verstoß gegen die Einheitlichkeit der Rechtsordnung sprechen.

[429] *Wassermeyer*, DB 2001, 1053, 1053; siehe zu den Sachgesetzlichkeiten des Steuerrechts auch *Pezzer*, DStJG 1991, 3, 5 ff.; vgl. auch: *Weber-Grellet*, BB 2018, 2347 ff.

[430] *Wassermeyer*, DB 2001, 1053, 1053; so auch die grundsätzliche Argumentation von *Pezzer*, DStJG 1991, 3, 18; wohl auch: *Weber-Grellet*, DB 1994, 288, 291.

[431] *Wassermeyer*, DB 2001, 1053, 1053.

[432] *Knobbe-Keuk*, Bilanz- und Unternehmenssteuerrecht, 9. Aufl. 1993, 27.

4. Schließlich verstößt das Auseinanderfallen der handels- und der steuerrechtlichen Handhabung gegen den Maßgeblichkeitsgrundsatz.

V. Zusammenspiel der einzelnen Entscheidungen

1. Auswirkungen der Tomberger-Entscheidungen auf BGHZ 65, 230

In der Literatur ist strittig, wie die Tomberger-Entscheidungen und die Entscheidung des BGH aus dem Jahr 1975 zusammenspielen. Teilweise wird vertreten, dass durch die Tomberger-Entscheidungen die Entscheidung aus dem Jahr 1975 überholt sei.[433] Ein Aktivierungswahlrecht bestehe damit nicht mehr. Vielmehr bestehe ausschließlich unter den in den Tomberger-Entscheidungen festgelegten Voraussetzungen eine Aktivierungspflicht.

Ein anderer Teil der Literatur vertritt die Ansicht, dass beide Entscheidungen nebeneinander bestehen.[434] Das Wahlrecht bestehe dann, wenn keine Alleingesellschafterstellung vorliege und bzw. oder der Konzerntatbestand nicht erfüllt sei.[435] Andere sehen einen Anwendungsbereich des Wahlrechts für den Fall, dass zum Zeitpunkt des Abschlusses der Abschlussprüfung der Muttergesellschaft noch kein Gewinnverwendungsbeschluss, sondern lediglich ein festgestellter Jahresabschluss mit Gewinnverwendungsvorschlag vorliegt.[436]

Begründet wird das Nebeneinander der beiden Entscheidungen u. a. damit, dass anderenfalls keine Regelung für die Sachverhaltskonstellation bestehe, in der zum Zeitpunkt des Abschlusses der Abschlussprüfung bei der Muttergesellschaft noch kein Gewinnverwendungsbeschluss vorliege. Insbesondere werde diese Konstellation nicht von den Tomberger-Entscheidungen erfasst. Einer völligen Aufgabe der Rechtsprechung zu einem Aktivierungswahlrecht stehen die damaligen Entscheidungsgründe entgegen, die auch heute noch neben den Tomberger-Entscheidungen Geltung haben.[437] Kellner beschwört das Szenario herauf, dass, sollte man auch hier entsprechend den Tomberger-Entscheidungen eine Aktivierungspflicht annehmen, dies zu dem Paradoxon führen könnte, dass die Muttergesellschaft sich in der Hauptverhandlung gezwungen sähe, entsprechend dem Gewinnverwendungsvor-

---

[433] *Goette*, DStR 1998, 383, 385; *Watermeyer*, GmbHR 1998, 1061, 1062; Beck Bil-Komm/ *Schubert/Waubke*, 12. Aufl. 2020, § 266 Rn. 120; BFH, Urteil vom 26.11.1998, BFHE, 187, 492, 496 f.; wohl auch *Hofmeister*, BB 1998, 635, 637.

[434] *Adler/Düring/Schmaltz*, Rechnungslegung und Prüfung der Unternehmen, 6. Aufl. 1997, § 246 Rn. 219; *Hoffmann*, BB 1996, 1492, 1494; *Kellner*, WM 2000, 229, 232; *Theile*, IStR 1996, 395, 398; *Küting*, DStR 1996, 1947, 1948, der allerdings auch das Wahlrecht an sich in Frage stellt, siehe C.II.1.b).

[435] *Hoffmann*, BB 1996, 1492, 1494; *Theile*, IStR 1996, 395, 398; a.A.: *Watermeyer*, GmbHR 1998, 1061, 1062, der auch hier von einer Aktivierungspflicht ausgeht.

[436] *Kellner*, WM 2000, 229, 232; so auch *IDW/HFA*, Wpg 1998, 427, 428.

[437] *Kellner*, WM 2000, 229, 232.

schlag des Vorstands der Tochtergesellschaft zu stimmen, damit ihr bereits zuvor aufgestellter Jahresabschluss nicht falsch wird.[438] Kellner sagt weiter, dass es der Hauptversammlung freistehen müsse, sich an den Gewinnverwendungsvorschlag des Vorstands zu halten und die phasenkongruente Dividendenaktivierung zu einem faktischen Zwang führen würde.[439] Vor dem Hintergrund, dass eine der Prämissen einer phasenkongruenten Dividendenaktivierung das Bestehen des Ausschüttungswillens der Muttergesellschaft zum Bilanzstichtag ist, erscheint diese Konstellation sehr unwahrscheinlich. Fehlt dieser Wille wie im obigen Beispiel, so kann es weder zu einem Aktivierungswahlrecht noch zu einer Aktivierungspflicht kommen. Es fehlt sodann ein Anknüpfungspunkt, dessen Wert ggf. aufgehellt werden kann.[440] Weiter liegt es doch gerade in der Hand der Mehrheitsgesellschafter, welchen Gewinnverwendungsvorschlag der Vorstand der Tochtergesellschaft unterbreitet. Eine Divergenz ist hier praxisfern.[441]

Vor dem Hintergrund, dass (1) das Bestehen eines Wahlrechts schon nicht aus der Entscheidung des BGH aus dem Jahr 1975[442] geschlossen werden kann und (2) die Annahme eines Wahlrechts zudem gegen das Vollständigkeitsgebot verstoßen würde,[443] muss der Ansicht, die beide Entscheidungen nebeneinander gelten lassen möchte, eine klare Absage erteilt werden.

2. Auswirkungen der Tomberger-Entscheidungen auf das Steuerrecht

Die Tomberger-Entscheidungen wurden stets als Annäherung an das Steuerrecht verstanden, indem schon zuvor eine Aktivierungspflicht durch die Rechtsprechung anerkannt wurde.[444] Strittig diskutiert wurde allerdings, ob die Entscheidung des EuGH auch für das Steuerrecht Geltung haben soll. Dies ist insbesondere im Hinblick auf die durch die Rechtsprechung aufgestellten Grundsätze von Bedeutung.

Fraglich ist zunächst die Entscheidungskompetenz des EuGH für die Steuerbilanz. Während ein Teil der Literatur eine Geltung über den Maßgeblichkeitsgrundsatz konstruiert,[445] lehnt ein anderer Teil[446] dies im Hinblick auf die begrenzte Reichweite der Vierten EG-Richtlinie nur für Kapitalgesellschaften ab.

---

[438] *Ders.*, WM 2000, 229, 232.
[439] *Ders.*, WM 2000, 229, 232.
[440] Siehe dazu: C.IV.2.f).
[441] So auch *Küting*, DStR 1996, 1947, 1950.
[442] BGH, Urteil vom 03.11.1975, BGHZ, 65, 230 ff.
[443] Vgl.: C.IV.2.a).
[444] *Weber-Grellet*, DStR 1996, 1093, 1094.
[445] *Ahmann*, in: FS Schmidt, 1993, 269, 274; *Beisse*, StVj 1989, 295, 306; *ders.*, BB 1990, 2007, 2011; *de Weerth*, RIW 1996, 763, 765; *Felix*, ZIP 1996, 396, 396 f.; *Goette*, DStR 1998, 383, 385; wohl auch: *Groh*, DStR 1998, 813, 817 f.; *ders.*, DStR 1996, 1206, 1209; *Herlinghaus*, IStR 1997, 529, 538; *Herzig*, DB 1996, 1400, 1402, der deshalb den Maßgeblichkeitsgrundsatz vollkommen abschaffen will; *Herzig/Rieck*, IStR 1998, 309, 310, 317; *Hoffmann*, BB

Der Maßgeblichkeitsgrundsatz stelle eine dynamische Außenverweisung dar.[447] Es würden lediglich der Gesetzestext, nicht aber die dazugehörigen Rechtsprechungen oder Auslegungen übernommen.[448] Eine solche Auslegung erfolge unabhängig im Bilanzsteuerrecht. Weiter seien die handelsrechtlichen Grundsätze ordnungsmäßiger Buchführung nicht Gegenstand der Vierten EG-Richtlinie.[449] Diese Ansicht verkennt m. E. den Grundsatz, dass bei der Auslegung einer Norm nicht beim Wortlaut aufgehört wird. Nur weil die Grundsätze ordnungsmäßiger Buchführung nicht in der Vierten EG-Richtlinie als solche genannt sind, sind sie sehr wohl durch sie geregelt.

Mit Beschluss vom 09.09.1998[450] legte der I. Senat des BFH dem Großen Senat die Rechtsfrage vor, ob „Fragen nach dem Inhalt von Vorschriften der 4 Richtlinie des Rates über den Jahresabschluß von Gesellschaften in bestimmter Rechtsform vom 25.07.1978 (ABl.EG Nr. L 222) dem EuGH"[451] vorzulegen seien. In dem Beschluss vertrat der I. Senat die Auffassung, dass eine Vorlagepflicht nicht bestehe.[452] Diese sei nicht durch den Maßgeblichkeitsgrundsatz zu konstruieren: Zum einen stamme der Maßgeblichkeitsgrundsatz aus einer Zeit, in der es noch keinen Bezug zum Gemeinschaftsrecht gab, zum anderen habe insofern auch keine Veränderung durch das BiRiLiG stattgefunden. Der Gesetzgeber habe durch mehrere Punkte im Gesetzgebungsverfahren deutlich gemacht, dass zum einen die Veränderungen durch das BiRiLiG steuerneutral erfolgen sollen.[453] Eine Steuerneutralität könne aber nur dann erreicht werden, wenn das BiRiLiG nicht durch den Maßgeblichkeitsgrundsatz dennoch Einzug in das Steuerrecht erhalte. Zum anderen machte der Gesetzgeber deutlich, dass die Veränderungen des BiRiLiG entsprechend der Reichweite der Vierten EG-Richtlinie nur für Kapitalgesellschaften gelten sollen. Da aber rechtsformbezogene Gewinnermittlungsgrundsätze dem Steuerrecht fremd seien, käme schon deshalb eine Auswirkung nicht in Frage. Die Vorlage wurde später zurückgenommen.[454]

1996, 1051, 1056; *Kropff*, ZGR 1997, 115, 128; *Neu*, BB 1995, 399, 404; *Schön*, in: FS Flick, 1997, 573, 580f.; wohl auch: *Spetzler*, DB 1993, 553, 557; *Wassermeyer*, DB 2001, 1053, 1056f.

[446] *Weber-Grellet*, DB 1996, 2089, 2091f.; *ders.*, DStR 1996, 1093, 1095; *ders.*, in: Herzig, Europäisierung des Bilanzrechts, 1997, 95, 100ff.

[447] *Weber-Grellet*, DB 1996, 2089, 2092; *ders.*, DStR 1996, 1093, 1095.

[448] *Weber-Grellet*, StuW 1995, 336, 349.

[449] *Ders.*, DB 1996, 2089, 2091f.; *ders.*, DStR 1996, 1093, 1095; anders *Kropff*, ZGR 1997, 115, 128.

[450] BFH, Beschluss vom 09.09.1998, GmbHR 1999, 362ff.

[451] BFH, Beschluss vom 09.09.1998, GmbHR 1999, 362, 362.

[452] BFH, Beschluss vom 09.09.1998, GmbHR 1999, 362, 364f.; vgl. auch: BFH, Urteil vom 28.03.2000, BFHE, 339, 346; siehe hierzu auch: *Biener*, StbJb 1995/96, 29, 43.

[453] *Beisse*, BB 1980, 637, 638.

[454] BFH, Beschluss vom 08.11.2000, BStBl, II 2001, 587.

Der EuGH entschied im Jahr 1997 in einer anderen Rechtssache, dass der Gerichtshof auch für die Auslegung von Gemeinschaftsrecht zuständig sei, „wenn dieses den fraglichen Sachverhalt nicht unmittelbar regelt, aber der nationale Gesetzgeber bei der Umsetzung der Bestimmungen einer Richtlinie in nationales Recht beschlossen hat, rein innerstaatliche Sachverhalte und Sachverhalte, die unter die Richtlinie fallen, gleichzubehandeln, und seine innerstaatlichen Rechtsvorschriften deshalb an das Gemeinschaftsrecht angepasst hat"[455]. Aus diesem Urteil wird zum Teil geschlossen, dass die Grundsätze des EuGH auch auf das Bilanzsteuerrecht Anwendung finden.[456] Verstärkt wurde diese Ansicht noch durch das Urteil des EuGH aus dem Jahr 1999, in dem ein Vorlagebeschluss des FG Köln vom EuGH zur Entscheidung über das Steuerbilanzrecht angenommen wurde.[457] De Weerth stellte fest, dass der EuGH damit zwar nicht entschieden habe, ob auch bei einem Verweis des nationalen Gesetzgebers auf nationales, aber auf Richtlinien beruhendes Recht ein Vorlageverfahren durchzuführen sei, dieser Fall aber aufgrund des Vorrangs des Gemeinschaftsrechts sowie der Möglichkeit einer unmittelbaren Wirkung von Richtlinienbestimmungen nicht anders entschieden werden könne. Insbesondere könne mangels Aufgabe der Maßgeblichkeit durch den Gesetzgeber in dem Verweis des § 5 Abs. 1 S. 1 EStG nicht lediglich ein eingeschränkter Verweis gesehen werden.[458] Dautzenberg zufolge sollte in der Vorlagepflicht auch der Finanzgerichte eine Chance gesehen werden, die europäische Rechtsprechung zu prägen.[459] Durch die BIAO-Entscheidung aus dem Jahr 2003[460] dürfte nunmehr geklärt sein, dass Vorabentscheidungsersuche von Finanzgerichten über auf der Bilanzrichtlinie beruhende Auslegungsfragen aufgrund des Maßgeblichkeitsgrundsatzes statthaft sind.[461] Grund hierfür ist die laut der Literatur gebotene Einheit der Rechtsordnung und die Rechtssicherheit.[462]

Trotz dieser Entscheidungen lehnen einige Teile der Literatur die Annahme einer Vorlagepflicht ab.[463] Teilweise wird sich hierbei Hilfskonstruktionen bedient. Es wird z. B. vertreten, dass es an einer Bindungswirkung der Tomberger-Entscheidungen für die steuerrechtliche Rechtsprechung hinsichtlich der phasenkongruenten Dividendenaktivierung fehle, da es sich bei den Grundsätzen der phasenkongruenten Dividendenaktivierung lediglich um ein obiter dictum gehandelt habe.[464] Beisse wie-

---

[455] EuGH, Urteil vom 17.07.1997, IStR 1997, 539, 539.
[456] *De Weerth*, IStR 1997, 539, 543; *Dautzenberg*, FR 1997, 685, 691.
[457] EuGH, Urteil vom 14.09.1999, NZG 1999, 1051 ff.; FG Köln, Vorlagebeschluss vom 16.07.1997, EFG 1997, 1166 ff.; *Weber-Grellet*, DStR 1999, 1645, 1648; vgl. auch: FG Hamburg, Vorlagebeschluss vom 22.04.1999, EFG 1999, 1022 ff.
[458] *De Weerth*, IStR 1997, 539, 543.
[459] *Dautzenberg*, FR 1997, 685, 691.
[460] EuGH, Urteil vom 07.01.2003, IStR 2003, 95 ff.
[461] So auch: *Meyer-Arndt*, BB 1993, 1623, 1626 f.; *Dziadkowski*, IStR 2003, 95, 100.
[462] *De Weerth*, RIW 2003, 460, 461.
[463] *Weber-Grellet*, DStR 2003, 67, 69.
[464] *Hoffmann/Sauter*, GmbHR 1998, 318, 320; *Hoffmann*, DB 1999, 503, 505.

derum möchte verstanden wissen, dass die Entscheidung des EuGH im Fall Tomberger mit dem true and fair view-Grundsatz begründet wird. Dieser stelle aber keinen Grundsatz ordnungsmäßiger Buchführung dar. Daher scheint eine Übertragung der Rechtsprechung über den Maßgeblichkeitsgrundsatz nicht möglich.[465] Dies überzeugt nicht. Aus den oben dargestellten Erwägungen muss der Tomberger-Entscheidung des EuGH deshalb grundsätzlich auch Auswirkungen auf das Steuerrecht zugestanden werden.

Als Folgefrage ergibt sich sodann, ob der BFH vor der Entscheidung des Großen Senats die Sache nicht dem EuGH hätte vorlegen müssen.[466] Dies ist nicht erfolgt.

3. Auswirkungen der Entscheidung des Großen Senats auf die handelsrechtliche Bilanzierung

Strittig wird in der Literatur diskutiert, ob der Große Senat des BFH vor seiner Entscheidung im Jahr 2000[467] nicht einen Gemeinsamen Senat der obersten Gerichtshöfe des Bundes hätte einberufen müssen.[468] Der Gemeinsame Senat entscheidet gem. § 2 Abs. 1 RsprEinhG, wenn ein oberster Gerichtshof in einer Rechtsfrage von der Entscheidung eines anderen obersten Gerichtshofs oder des Gemeinsamen Senats abweichen will. Ein Teil der Literatur verneint diese Divergenz mit dem Hinweis, dass eine Abweichung nicht vorliege.[469] Andere hingegen empfinden die Begründung des BFH, die Entscheidung nicht dem Gemeinsamen Senat der obersten Gerichtshöfe des Bundes vorzulegen, als „fadenscheinig"[470]. Die Entscheidung machte mehr als deutlich, dass der Große Senat die Frage der phasenkongruenten Dividendenaktivierung durch Anwendung des Realisations-, Vorsichts- und Stichtagsprinzips sowie unter der Anwendung des true and fair view-Grundsatzes grundsätzlich anders sieht als der BGH.[471] Denkt man die Entscheidung des Großen Senats weiter, käme man gar zu eigenständigen steuerrechtlichen Grundsätzen ordnungsmäßiger Buchführung.[472] Das Argument des BFH, dass es sich bei

---

[465] *Beisse*, DStZ 1998, 310, 316.

[466] So: *Kempermann*, in: Herzig, Europäisierung des Bilanzrechts, 1997, 105, 109 ff.; *Ahmann*, in: FS Schmidt, 1993, 269, 273 f.; *Kraft*, Wpg 2001, 2, 5, im Hinblick auf die Entscheidung des Großen Senats; a. A.: *Schulze-Osterloh*, DStZ 1997, 281, 286.

[467] BFH, Urteil vom 07.08.2000, BFHE, 192, 339.ff.

[468] *Kraft*, Wpg 2001, 2, 6; *Schulze-Osterloh*, ZGR 2001, 497, 511 ff.; *Henze*, DB 2003, 2159, 2162; zumindest vor der Entscheidung für eine Einberufung: *Kempermann*, FR 1999, 367, 374; *ders.*, DStR 1999, 408, 409.

[469] *Ekkenga*, BB 1999, 1206, 1213 f.

[470] *Hoffmann*, GmbHR 2000, 1106, 1114.

[471] *Kempermann*, FR 1999, 367, 374; *Hoffmann*, GmbHR 2000, 1106, 1114, der gar von einer Taufe der Grund-sätze ordnungsmäßiger steuerlicher Bilanzierung spricht.

[472] *Hoffmann*, DStR 2000, 1809, 1813.

dem Steuerrecht um „öffentliches d. h. in seinem Kern zwingendes Recht"[473] handele und insofern eine Differenzierung gerechtfertigt sei, ist so nicht haltbar. Zwar wird in der Literatur die Frage, ob es sich beim Handelsbilanzrecht um öffentliches oder um privates Recht handele, immer mehr diskutiert.[474] Einig ist man sich aber dahingehend, dass es sich um zwingendes Recht handelt.[475] Auf dieser Grundlage lässt sich eine Differenzierung der Behandlung der phasenkongruenten Dividendenaktivierung zwischen der Handels- und der Steuerbilanz nicht rechtfertigen. Die Nichtanrufung des Gemeinsamen Senats könne der BFH allein durch die Annahme einer Bilanzierungshilfe im Handelsrecht begründen.[476] Dies wird vorliegend aber nicht getan. Gleichfalls wird die Entscheidung der Nichtanrufung auch nicht davon getragen, dass es vorliegend um die Rechtslage vor dem BiRiLiG ging.[477] Der Große Senat äußerte sich in den Entscheidungsgründe dahingehend, dass die Entscheidung gegen eine phasenkongruente Aktivierung auch für die Rechtslage nach dem BiRiLiG Geltung habe.[478] Insbesondere wird auch auf das Kuriosum hingewiesen, dass im Handelsrecht im Gegensatz zum Steuerrecht eine wirtschaftliche Betrachtungsweise angestellt werde, obwohl im Steuerrecht die wirtschaftliche Betrachtungsweise in § 39 AO gar angeordnet wird.[479] Jedenfalls führe die unterschiedliche Handhabung der phasenkongruenten Dividendenaktivierung in Steuer- und Handelsbilanz immer weiter in Richtung einer Aufgabe des Maßgeblichkeitsgrundsatzes.[480] Dies hat die „groteske Folge"[481], dass handelsrechtlich ein Aktivierungsgebot

---

[473] BFH, Urteil vom 07.08.2000, BFHE, 192, 339, 352.

[474] Für eine Einordnung als Öffentliches Recht: *Adler/Düring/Schmaltz*, Rechnungslegung und Prüfung der Unternehmen, 6. Aufl. 1997, § 242 HGB Rn. 29; *Crezelius*, ZGR 1999, 252, 255 ff.; *Drüen*, in: Hachmeister/Kahle/Mock/Schüppen, Bilanzrecht, 2. Aufl. 2020, § 238 HGB Rn. 2; *Pöschke*, in: Staub, HGB, 5. Aufl. 2014, Vor § 238 HGB Rn. 3; *Röhricht/Graf von Westphalen*, in: Röhricht/Graf von Westphalen/Haas, 5. Aufl. 2019, Einleitung Rn. 50; *Zwirner/Busch*, in: Hofbauer/Kupsch, Rechnungslegung, 100. Aufl. 2019, § 238 HGB Rn. 36; für eine Einordnung als Privatrecht: Kölner Kommentar zum Rechnungslegungsrecht/*Claussen*, 2010, Einl. Rn. 67; *Fleischer*, WM 2006, 2021, 2021 f.; *Hartwig*, FR 1997, 843, 843; *List*, in: FS Döllerer, 1988, 369, 370; *Kirchner*, in: FS Beisse, 1997, 267, 275; *Merkt*, ZGR 2017, 460, 463 ff.; *Siekmann*, in: FS Friauf, 1996, 647, 648 ff.; *Weber-Grellet*, StuW 1993, 195, 202; offen: *Claussen*, in: FS Kropff, 1997, 432, 437.

[475] *Beisse*, in: GS Knobbe-Keuk, 1997, 385, 403; *ders.*, in: FS Welf Müller, 2001, 731, 747; *Crezelius*, ZGR 1999, 689, 691; *Hoffmann*, DStR 2000, 1809, 1813 f.; *Kraft*, Wpg 2001, 2, 4; *ders.*, in: FS Welf Müller, 2001, 755, 760; *Crezelius*, ZGR 1999, 252, 255 ff.; *Fischer*, in: Wachter, Praxis des Handels- und Gesellschaftsrechts, 2021, § 23 Rn. 2; *Fleischer*, WM 2006, 2021, 2021 f.; *Kirchner*, in: FS Beisse, 1997, 267, 275; *Merkt*, ZGR 2017, 460, 463 ff.

[476] *Hoffmann*, DStR 2000, 1809, 1812; kritisch auch *Kraft*, in: FS Welf Müller, 2001, 755, 766.

[477] *Luttermann*, FR 2000, 1126, 1131.

[478] *Ders.*, FR 2000, 1126, 1131 unter Verweis auf C. II 12; *Kraft*, in: FS Welf Müller, 2001, 755, 760; *Kaminski*, in: FS Strobel, 2001, 91, 101.

[479] *Ekkenga*, BB 1999, 1206, 1213 f.

[480] *Henze*, DB 2003, 2159, 26162; *Ekkenga*, BB 1999, 1206, 1213 f.; *Groh*, DB 2000, 2444, 2445; *Hoffmann*, GmbHR 2000, 1106, 1114; *Kraft*, DStRE 1999, 249, 257; *Luttermann*, FR 2000, 1126, 1132.

und steuerlich ein Aktivierungsverbot bestehe.[482] Hierin sei die Aufgabe der Einheitlichkeit der Rechtsordnung zu sehen.[483]

Trotzdem plädiert die Literatur im Rahmen der Entscheidung des Großen Senats auch für eine Änderung der handelsrechtlichen Rechtsprechung.[484] Die Kritikpunkte sind hier identisch mit denen des BFH und der stets vorgebrachten Kritik gegen eine phasenkongruente Dividendenaktivierung.

4. Zwischenergebnis

Zusammenfassend kann Folgendes festgehalten werden:

1. Neben den Tomberger-Entscheidungen hat die Entscheidung des BGH aus dem Jahr 1975[485] keinen Anwendungsbereich mehr.
2. Grundsätzlich hat die Tomberger-Entscheidung des EuGH auch Auswirkungen auf das Steuerrecht.
3. Die Entscheidung des Großen Senats aus dem Jahr 2000[486] hat keine Auswirkungen auf das Handelsrecht. Gleichwohl wäre eine Anrufung des Gemeinsamen Senats und des EuGH wünschenswert gewesen.

VI. Die Voraussetzungen der Rechtsprechung im Einzelnen

Sowohl die handels- als auch die steuerbilanzrechtliche Rechtsprechung hat verschiedene Kriterien aufgestellt, anhand derer zu bestimmen ist, ob eine phasenkongruente Dividendenaktivierung vorzunehmen ist.

Geht man mit der h. M. davon aus, dass die phasenkongruente Dividendenaktivierung nicht gegen die Grundsätze ordnungsmäßiger Buchführung verstößt, stellt sich zwangsläufig die Frage, ob die phasenkongruente Dividendenaktivierung auch auf weitere Sachverhaltskonstellationen ausgeweitet werden kann, welche nicht von den Gerichtsentscheidungen umfasst sind. Dies wird von einem großen Teil der Literatur im Hinblick auf die offen gehaltenen und fallspezifischen Entscheidungen des BGH und des EuGH bejaht.[487]

---

[481] *Kraft*, DStRE 1999, 249, 256.

[482] *Hoffmann*, DStR 1999, 788, 791; *ders.*, DStR 2000, 1809, 1813; *ders.*, GmbHR 2000, 1106, 1114; *Kraft*, in: FS Welf Müller, 2001, 755, 768 f.

[483] *Henze*, DB 2003, 2159, 2162; *Kraft*, in: FS Welf Müller, 2001, 755, 761 f.

[484] *Ekkenga*, BB 1999, 1206, 1213 f.; *Hoffmann*, DStR 1999, 788, 791.

[485] BGH, Urteil vom 03.11.1975, BGHZ, 65, 230 ff.

[486] BFH, Urteil vom 07.08.2000, BFHE, 192, 339 ff.

[487] *Eilers/Heinemann*, in: Herzig, Europäisierung des Bilanzrechts, 1997, 25, 37; *Gelhausen/Gelhausen*, Wpg 1996, 573, 578; *Kropff*, ZGR 1997, 115, 123; Beck Bil-Komm/

VI. Die Voraussetzungen der Rechtsprechung im Einzelnen 97

Im Folgenden soll anhand der diversen aufgestellten Kriterien untersucht werden, ob diese zwangsläufig für eine phasenkongruente Dividendenaktivierung erforderlich sind und ob bei weiteren Sachverhalten eine phasenkongruente Dividendenaktivierung möglich ist.

1. Beteiligungshöhe

In den Tomberger-Entscheidungen lag eine Alleingesellschafterin vor. Diskutiert wird dennoch, ob auch bei einer Mehrheitsgesellschafterin oder gar einer Minderheitsgesellschafterin eine phasenkongruente Dividendenaktivierung in Betracht kommt oder sogar als zwingend erforderlich zu erachten ist.

a) Mehrheitsbeteiligung

Die Literatur scheint sich dahingehend einig, dass auch bei einer Mehrheitsgesellschafterin eine phasenkongruente Dividendenaktivierung möglich ist.[488] So muss auch die handels- sowie steuerbilanzrechtliche Rechtsprechung gesehen werden.[489] Dennoch sollte näher betrachtet werden, ob dies zwingend ist.

Als Anknüpfungspunkt und Realisationstatbestand wird – sofern überhaupt auf einen abgestellt wird – die innere Einstellung des Allein- bzw. Mehrheitsgesellschafters zum Bilanzstichtag gesehen.[490] Sofern hier die innere Einstellung besteht, dass im folgenden Jahr der ‚erwirtschaftete Gewinn' ausgeschüttet wird, soll eine phasenkongruente Dividendenaktivierung möglich sein. Unabhängig davon, ob die innere Einstellung einen tauglichen Anknüpfungspunkt darstellt, stellt sich die Frage, ob schon die innere Einstellung eines Mehrheitsgesellschafters ausreichen kann, um später eine Dividendenausschüttung zu bewirken.

Diese Frage lässt sich nicht generell beantworten. Es kommt m.E. auf das Beschlusserfordernis für eine Ausschüttung im Einzelfall an. Nur die Einstellung des Mehrheitsgesellschafters, der mit seiner Mehrheit allein über die Gewinnverwendung beschließen kann, könnte grundsätzlich als Anknüpfungspunkt in Frage kommen. Entscheidend ist damit die Ausgestaltung des Gesellschaftsvertrags bzw.

Schmidt/Kliem, 12. Aufl. 2020, § 275 HGB Rn. 120; *Birnbaum*, in: Beck'sches Hdb GmbH, 6. Aufl. 2021, § 10 Ergebnisermittlung und Ergebnisverwendung Rn. 156; *Küting*, in: Herzig, Europäisierung des Bilanzrechts, 1997, 51, 52 f.

[488] *Adler/Düring/Schmaltz*, Rechnungslegung und Prüfung der Unternehmen, 6. Aufl. 1997, § 246 Rn. 220; *Flechtheim*, Bankarchiv 1926, 8, 11 f.; *Herzig/Rieck*, IStR 1998, 309, 313; *Jonas*, in: Herzig, Europäisierung des Bilanzrechts, 1997, 41, 48; *Kempermann*, in: Herzig, Europäisierung des Bilanzrechts, 1997, 105, 111; *Moxter*, in: GS Knobbe-Keuk, 1997, 487, 495; *Schulze-Osterloh*, ZGR 1995, 171, 184; *Havermann*, in: FS Barz, 1974, 387 398 = *ders.*, Wpg 1975, 233, 238 im Zusammenhang mit der Equity-Methode.

[489] Siehe ausführlich: C.II.
[490] Siehe ausführlich: C.IV.2.c)bb).

der Satzung der Tochtergesellschaft. Ist danach der Mehrheitsgesellschafter faktisch Alleingesellschafter hinsichtlich der Ausschüttung, besteht kein Bedürfnis für eine Differenzierung zwischen ihm und einem tatsächlichen Alleingesellschafter. Ist hingegen ein qualifizierter Mehrheitsbeschluss erforderlich, muss jedenfalls bei den Gesellschaftern in entsprechender Höhe eine solche innere Einstellung vorliegen.

Diskutiert wird, ob im Fall eines Mehrheitsgesellschafters von einer Pflicht oder einem Wahlrecht zur phasenkongruenten Dividendenaktivierung auszugehen ist.[491] Teilweise wird in der Literatur vertreten, dass bei Vorliegen der sonstigen vom EuGH und BGH aufgestellten Voraussetzungen auch bei einer Mehrheitsgesellschafterin eine Aktivierungspflicht bestehen solle.[492] Andere wollen lediglich ein Aktivierungswahlrecht bei einer Mehrheitsbeteiligung annehmen.[493] Wie oben bereits dargelegt, verstößt ein Wahlrecht unabhängig von der Beteiligungshöhe gegen das Vollständigkeitsgebot.

Geht man also mit der h.M. von der Zulässigkeit der phasenkongruenten Dividendenaktivierung aus, muss dies auch für einen Mehrheitsgesellschafter gelten, sofern er im Einzelfall allein über die Gewinnverwendung entscheiden kann.

b) Minderheitsbeteiligung

Sofern also die phasenkongruente Dividendenaktivierung bei einem Mehrheitsgesellschafter bejaht wird, schließt sich zwangsläufig die Frage an, was für die phasenkongruente Dividendenaktivierung bei dem Minderheitsgesellschafter der gleichen Gesellschaft gilt. Hier wird die BGH-Rechtsprechung als inkonsequent betrachtet.[494] Wenn sich zum Bilanzstichtag die Dividende bereits derart „konkretisiert" habe, dass der Mehrheitsgesellschafter seinen Dividendenanspruch aktivieren kann und somit ein Vermögensgegenstand vorliegt, so widerspricht es der Logik, wenn nicht Gleiches für den Minderheitsgesellschafter gilt.

Dem wird entgegengehalten, dass nicht der Grad der Beteiligung an sich das entscheidende sei, sondern die Möglichkeit der Gewinnermittlung vor dem Abschluss der eigenen Prüfung.[495] Diese Möglichkeit solle nur der Mehrheitsgesell-

---

[491] Siehe zu dieser Diskussion: C.IV.2.a).

[492] *Herzig*, DB 1996, 1400, 1402; *Kellner*, WM 2000, 229, 231; *Kropff*, ZGR 1997, 115, 123; *Watermeyer*, GmbHR 1998, 1061, 1062; wohl auch: *Thömmes*, IWB 1996, 627, 632.

[493] *Forster*, AG 1996, 417, 419, der aber keine Hauptversammlungsmehrheit genügen lassen will.

[494] *Haselmann/Schick*, DB 1996, 1529, 1532; *Knobbe-Keuk*, AG 1979, 293, 301; *Mörstedt*, DStR 1997, 1225, 1228; *Neu*, BB 1995, 399, 402; *ders.*, Die bilanzsteuerliche Behandlung des Finanzvermögens, 1994, 248 in Bezug auf Personenhandelsgesellschaften; *Volkeri/Schneider*, BB 1979, 964, 969; so auch *Wassermeyer*, in: FS Döllerer, 1988, 705, 713, zu BGHZ 65, 230, siehe: C.II.1.b).

[495] *Küting*, DStR 1996, 1947, 1948; *Mörstedt*, DStR 1997, 1225, 1228; Beck Bil-Komm/ *Schmidt/Kliem*, 12. Aufl. 2020, § 275 HGB Rn. 177.

schafter haben.[496] Zwar ist es nicht Aufgabe des Mehrheitsgesellschafters, den Gewinn zu ermitteln, sondern die der Geschäftsführung. Diese wird allerdings vom Mehrheitsgesellschafter beeinflusst. Der Minderheitsgesellschafter hat zwar auch gewisse Informations- und Auskunftsansprüche. Diese ändern allerdings nichts an der Sachlage, dass er keinen Einfluss auf die Ausübung der Bilanzierungswahlrechte hat. Die h.M. geht somit davon aus, dass eine Dividendenaktivierung bei einem Minderheitsgesellschafter ausscheidet.[497] Lediglich bei etwaigen vertraglichen Vereinbarungen soll es zu einer Aktivierung auch bei einem Minderheitsgesellschafter kommen.[498] So soll etwa bei einem Vollausschüttungsgebot in der Satzung unabhängig von der Beteiligungshöhe stets eine phasenkongruente Dividendenaktivierung möglich sein.[499] Dies scheint mir dahingehend inkonsequent, als es auch in diesem Fall eine satzungsändernde Mehrheit in der Hand hätte, eine Gewinnausschüttung gegen die Stimme des Minderheitsgesellschafters zu verhindern. Wieder andere wollen eine Aktivierung bei einem Minderheitsgesellschafter nur dann zulassen, wenn dessen Einfluss durch eine Stimmrechtsbindungsvereinbarung gesichert ist.[500]

Sofern man davon ausgeht, dass der Dividendenanspruch zum Bilanzstichtag schon hinreichend konkretisiert ist und somit ein Vermögensgegenstand ‚Dividendenanspruch' vorliegt, kann eine Divergenz zwischen der Behandlung des Dividendenanspruchs bei den einzelnen Gesellschaftern nicht erklärt werden. Wünschenswert und folgerichtig wäre daher nur eine Gleichbehandlung aller Gesellschafter.[501]

Davon ist selbstverständlich die Konstellation zu unterscheiden, dass der Minderheitsgesellschafter im Gegensatz zum Mehrheitsgesellschafter zum Bilanzstichtag die Absicht hat, einen Gewinn auszuschütten. Dies reicht selbstredend nicht zur Konkretisierung der Forderung.

Zusammenfassend sei festgehalten, dass allein entscheidend sein sollte, ob die Gesellschafter, die in dem nach der Satzung oder dem Gesetz erforderlichen Maß über eine Dividendenausschüttung entscheiden können, zum Bilanzstichtag die Absicht haben, eine Ausschüttung vorzunehmen. Sollte dies der Fall sein, so hat bei sämtlichen Gesellschaftern eine phasenkongruente Dividendenaktivierung zu erfolgen.

---

[496] *Küting*, DStR 1996, 1947, 1948; *Mörstedt*, DStR 1997, 1225, 1228; Beck Bil-Komm/ *dies.*, 12. Aufl. 2020, § 275 HGB Rn. 177.
[497] *IDW/HFA*, Wpg 1998, 427, 428; *Küting*, in: Herzig, Europäisierung des Bilanzrechts, 1997, 51, 55.
[498] *Lempenau*, StbJb 1978/79, 149, 159.
[499] *Küspert*, BB 1997, 877, 879; *Schulze-Osterloh*, ZGR 1995, 171, 184.
[500] *Gelhausen/Gelhausen*, Wpg 1996, 573, 579; *Pasdika*, AG 1977, 159, 161.
[501] *Weber*, Grundsätze ordnungsmäßiger Bilanzierung für Beteiligungen, 1980, 132.

2. Konzernzugehörigkeit

Höchst umstritten ist das Erfordernis einer Konzernzugehörigkeit. Die Literatur geht davon aus, dass die Konzernzugehörigkeit keine Voraussetzung für eine phasenkongruente Dividendenaktivierung darstelle.[502] Die Kritik setzt hier an zwei Punkten an. Zum einen wird in Frage gestellt, ob nicht schon eine Stimmrechtsmehrheit gem. § 16 Abs. 4 AktG bzw. eine Abhängigkeit gem. § 17 AktG genüge. Zum anderen wird das Erfordernis des Bestands der Konzernzugehörigkeit über das ganze Jahr kritisiert.

a) Qualität der Konzernzugehörigkeit

Die Literatur moniert, dass es nicht einleuchte, wozu dieses Kriterium dienen solle. Solle hierdurch die Einflussmöglichkeit der Muttergesellschaft auf die Tochtergesellschaft sichergestellt werden, so genüge schon die Beherrschungsstellung bzw. Stimmrechtsmehrheit, die sich nach § 16 Abs. 4 AktG bestimme.[503] Jedenfalls müsse auch eine Abhängigkeit i. S. d. § 17 AktG genügen.[504] Größtenteils wird daraus geschlossen, dass das Kriterium nur vom BGH und vom EuGH genannt worden sei, da nunmehr bei den Tomberger-Entscheidungen eine Konzernzugehörigkeit vorgelegen habe.

Zu fragen ist allerdings, ob man bei Vorliegen einer Konzernzugehörigkeit/Abhängigkeit/Stimmrechtsmehrheit auf das Kriterium der Alleingesellschafterstellung verzichten kann. Besteht schon eine Alleingesellschafterstellung, ist das zusätzliche Abstellen auf eine Stimmenmehrheit nicht erforderlich, da sie stets vorhanden ist. Bei einem Mehrheitsgesellschafter muss dies wegen der jeweils möglichen Ausgestaltung des Gesellschaftsvertrags/der Satzung nicht der Fall sein. Hier ist das Abstellen auf eine Stimmenmehrheit sinnvoll. Dies muss insbesondere auch bei einem Minderheitsgesellschafter gelten, der ggf. durch Stimmrechtsbindungsverträge auch eine herrschende Stellung einnehmen kann. Sollte dies der Fall sein, besteht kein Grund für eine Differenzierung zwischen ihm und einem Alleingesellschafter. Die Stimmrechtsmehrheit muss damit genügen.

---

[502] *Gelhausen/Gelhausen*, Wpg 1996, 573, 579; *Kropff*, ZGR 1997, 115, 124; *Kempermann*, in: Herzig, Europäisierung des Bilanzrechts, 1997, 105, 111; *Küspert*, BB 1997, 877, 879; *Lüders*, Der Zeitpunkt der Gewinnrealisierung im Handels- und Steuerbilanzrecht, 1987, 99; *Schulze-Osterloh*, ZGR 1995, 171, 184; so auch schon *Wassermeyer*, in: FS Döllerer, 1988, 705, 713, zu BGHZ 65, 230, siehe C.II.1.b).

[503] *IDW/HFA*, Wpg 1998, 427, 427 f.

[504] *Wassermeyer*, in: FS Döllerer, 1988, 705, 713.

b) Ganzjährige Beteiligung

Das Erfordernis der ganzjährigen Beteiligung, welches nach der h. M. durch die Konzernzugehörigkeit gesetzt wird, wird heftig kritisiert.[505] Allein entscheidend müssten die Verhältnisse zum Zeitpunkt des Bilanzstichtags und des Gewinnverwendungsbeschlusses sein.[506]

Ob eine Beteiligung über das gesamte Geschäftsjahr vorliegt, scheint keinerlei Auswirkungen auf die Vereinbarkeit der phasenkongruenten Dividendenaktivierung mit den Grundsätzen ordnungsmäßiger Buchführung zu haben. Allein relevant muss das Vorliegen einer Konzernzugehörigkeit/Stimmrechtsmehrheit zum Bilanzstichtag und zum Zeitpunkt der Fassung des Gewinnverwendungsbeschlusses sein. Zum Bilanzstichtag ist die Konzernzugehörigkeit/Stimmrechtsmehrheit erforderlich, um eine belastbare innere Einstellung des Gesellschafters sicherzustellen. Zum Zeitpunkt der Fassung des Gewinnverwendungsbeschlusses, um dann auch den tatsächlichen Einfluss auf die Tochtergesellschaft auszuüben.

Geht man davon aus, dass das Kriterium der Konzernzugehörigkeit kein ausschlaggebendes Kriterium der phasenkongruenten Dividendenaktivierung ist, stellt sich die Frage, wie mit unterjährigen Änderungen der Gesellschafterstellung umzugehen ist. Zu denken ist hier zum einen an eine Änderung während des zu bilanzierenden Geschäftsjahres und zum anderen an eine Änderung im folgenden Geschäftsjahr bis zur Fassung des Gewinnverwendungsbeschlusses bei der Tochtergesellschaft. Folgt man der h. M., die eine phasenkongruente Dividendenaktivierung bei einem Minderheitsgesellschafter ablehnt, muss zudem gefragt werden, was ein Wechsel von bzw. zu einem Minderheitsgesellschafter zu bzw. von einem Mehrheitsgesellschafter für die Zulässigkeit der phasenkongruenten Dividendenaktivierung bedeutet.

aa) Gesellschafterwechsel vor dem Stichtag

Der größte Teil der Literatur will auch im Fall des unterjährigen Erwerbs einer Beteiligung eine Pflicht zur phasenkongruenten Dividendenaktivierung annehmen.[507] Geht man davon aus, dass der Gewinnverwendungsbeschluss eine wertaufhellende Tatsache ist, die den am Bilanzstichtag bestehenden Willen des Mehr-

---

[505] Zwingend scheint das Kriterium jedoch nicht mit der Konzernzugehörigkeit verbunden zu sein. Nach Spindler/Stilz/*Schall*, 4. Aufl. 2019, § 15 AktG Rn. 45 entscheidet das jeweilige Sachrecht darüber, zu welchem Zeitpunkt die Voraussetzungen einer Konzerngesellschaft vorliegen müssen.

[506] *Neu*, BB 1995, 399, 401; *ders.*, Die bilanzsteuerliche Behandlung des Finanzvermögens, 1994, 256; *Voss*, Die Veräußerung von Anteilen an einer Kapitalgesellschaft und deren Auswirkung auf die steuerliche Behandlung des Gewinnanspruchs der Gesellschafter: unter besonderer Berücksichtigung des Rechts der Gesellschaften mit beschränkter Haftung, 1989, 51; so auch *IDW/HFA*, Wpg 1998, 427 ff.; a. A. wohl: *Mörstedt*, DStR 1997, 1225, 1228.

[507] *Kropff*, ZGR 1997, 115, 124; *Köster*, DB 1993, 696, 699; *Watermeyer*, GmbHR 1998, 1061, 1603.

heitsgesellschafters konkretisiert, und hierdurch schon ein Vermögensgegenstand bestehe, so ändert sich an der Konkretisierung auch durch den unterjährigen Erwerb nichts. Dem widerspreche auch nicht die erforderliche Konzernvermutung. Auch diese müsse nur zum Bilanzstichtag und zum Zeitpunkt des Gewinnverwendungsbeschlusses vorliegen.[508] Köster zieht den Vergleich zu der Neugründung einer Kapitalgesellschaft im laufenden Geschäftsjahr. Hier ist eine Verneinung der Möglichkeit der phasenkongruenten Dividendenaktivierung nicht ersichtlich. Inwiefern hier ein Unterschied zu dem unterjährigen Beteiligungserwerb bestehen soll, kann nicht begründet werden.[509]

bb) Gesellschafterwechsel zwischen Stichtag und Fassung des Gewinnverwendungsbeschlusses der Tochtergesellschaft

Der Dividendenanspruch entsteht rechtlich zum Zeitpunkt des Gewinnverwendungsbeschlusses zu Gunsten der zu diesem Zeitpunkt vorhandenen Gesellschafter.[510] Irrelevant ist dabei, ob diese Gesellschafter auch schon im Geschäftsjahr, für welches der Gewinnverwendungsbeschluss ergeht, die Gesellschafterstellung innehatten.

Besteht schon zum Zeitpunkt des Stichtags die Absicht, die Beteiligung noch vor der Fassung des Gewinnverwendungsbeschlusses zu verkaufen, fehlt es bereits an der mit an Sicherheit grenzender Wahrscheinlichkeit entstehenden Forderung. Da der Gesellschafter zum Zeitpunkt der Beschlussfassung keinen Einfluss mehr auf die Gesellschaft hat, kann er nicht davon ausgehen, dass der Gewinnverwendungsbeschluss auch tatsächlich gefasst wird. Fraglich ist, ob etwas anderes gilt, wenn sich der Neugesellschafter im Kaufvertrag über die Beteiligung gegenüber dem Altgesellschafter verpflichtet, einen entsprechenden Beschluss zu fassen und den sodann entstehenden Anspruch an den Altgesellschafter abzutreten. Auch hier müsste eine Aktivierung nach den Grundsätzen der Aktivierung von schwebenden Verträgen ausscheiden. Zum Stichtag hat der Altgesellschafter gerade noch nicht seine Gegenleistung für den Dividendenanspruch, nämlich die Übertragung der Beteiligung erbracht.

Nichts anderes gilt, wenn die Muttergesellschaft unfreiwillig bspw. durch Einziehung aus der Gesellschaft zwischen Stichtag und Fassung des Gewinnverwendungsbeschlusses ausscheidet. In diesem Fall steht ihr nach der Entscheidung des BGH vom 14.09.1998 schon kein Dividendenanspruch mehr zu, sodass auch eine

---

[508] *Watermeyer*, GmbHR 1998, 1061, 1603 f.

[509] *Köster*, DB 1993, 696, 699.

[510] Vgl. nur: RG, Urteil vom 17.11.1915, RGZ, 87, 383, 386; RG, Urteil vom 16.04.1920, RGZ, 98, 318, 320; BGH, Urteil vom 03.11.1975, BGHZ, 65, 230, 235; BGH, Urteil vom 12.01.1998, BGHZ, 137, 378, 381; BFH, Urteil vom 30.04.1974, BStBl, II 1974, 541, 542; BayObLG, Beschluss vom 17.09.1987, BayObLGZ 1987, 314, 318; BGH, Urteil vom 14.09.1998, ZIP 1998, 1836, 1836; Beck Bil-Komm/*dies.*, 12. Aufl. 2020, § 266 Rn. 120; Beck Bil-Komm/*dies.*, 12. Aufl. 2020, § 275 HGB Rn. 177; *Seibold*, StuW 1990, 165, 168 f.

phasenkongruente Dividendenaktivierung ausscheidet.[511] Irrelevant ist dabei, ob die Muttergesellschaft die Einziehung am Stichtag (bspw. durch Kenntnis der Pflichtverletzung) schon vorhersehen konnte. Die Einziehung muss als wertaufhellende Tatsache eingeordnet werden, sodass, selbst wenn die Muttergesellschaft am Stichtag noch mit an Sicherheit grenzender Wahrscheinlichkeit von einer Dividendenausschüttung ausgehen konnte, eine Aktivierung nach dem Wertaufhellungsprinzip ausscheidet.

Auch dem Neugesellschafter muss eine Aktivierung verwehrt sein.[512] Er war zum Stichtag kein Gesellschafter der Tochtergesellschaft. Zu diesem Zeitpunkt hat noch keine Konkretisierung der Forderung zu seinen Gunsten stattfinden können. Etwas anderes kann sich auch nicht aus den oben genannten Kriterien der einheitlichen Konkretisierung für sämtliche Gesellschafter ergeben. Bei der Aktivierung eines Minderheitsgesellschafters, der sowohl zum Stichtag als auch zum Zeitpunkt der Fassung eines Gewinnverwendungsbeschlusses Gesellschafter der Tochtergesellschaft ist, wird lediglich die schon bestehende innere Einstellung des Mehrheitsgesellschafters, eine Dividende auszuschütten, auch diesem zugerechnet, da er hieraus zwangsläufig einen Gewinn bezieht. Bei einem zum Zeitpunkt des Stichtags noch nicht vorhandenen Gesellschafter besteht allerdings neben der stets verbleibenden Unsicherheit des tatsächlichen Fassens des Gewinnverwendungsbeschlusses auch eine Unsicherheit hinsichtlich der Erlangung der Gesellschafterstellung. Eine Konkretisierung muss verneint werden. Gleiches muss gelten, wenn die Beteiligung nach dem Stichtag vergrößert wird. In diesem Fall soll die Muttergesellschaft nur anteilig in Höhe der ursprünglichen Beteiligung zur Aktivierung berechtigt sein.[513] Dies kann dann nicht mehr gelten, wenn man entgegen der h. M. nicht zwischen Minderheits- und Mehrheitsgesellschafter differenziert.

cc) Gesellschafterwechsel nach Fassung des Gewinnverwendungsbeschlusses der Tochtergesellschaft

Nach Fassung des Gewinnverwendungsbeschlusses hat ein Wechsel der Gesellschafterstellung sogar beim Festhalten an dem Erfordernis der Konzernzugehörigkeit keinerlei Auswirkungen auf die phasenkongruente Dividendenaktivierung.

---

[511] BGH, Urteil vom 14.09.1998, ZIP 1998, 1836, 1837.
[512] *Küspert*, BB 1997, 877, 880; *Schulze-Osterloh*, ZGR 1977, 104, 113; *Watermeyer*, GmbHR 1998, 1061, 1603.
[513] *Schulze-Osterloh*, ZGR 1977, 104, 113.

3. Vorliegen eines Gewinnverwendungsbeschlusses der Tochtergesellschaft zum Zeitpunkt des Endes der Abschlussprüfung bei der Muttergesellschaft

Hier wird zum einen diskutiert, ob auf Ebene der Tochtergesellschaft die Fassung eines Gewinnverwendungsbeschlusses überhaupt notwendig ist oder auch geringere Voraussetzungen zu einer phasenkongruenten Dividendenaktivierung führen könnten. Zum anderen wird der Zeitpunkt des Vorliegens des Beschlusses, nämlich zum Ende der Abschlussprüfung der Muttergesellschaft in Frage gestellt.

a) Erfordernis eines Gewinnverwendungsbeschlusses

Zunächst stellt sich die Frage, ob der EuGH und der BGH hier identische Anforderungen stellen. Dies wird zum Teil verneint.[514] Während der BGH eindeutig einen Gewinnverwendungsbeschluss zum Ende der Abschlussprüfung des Jahresabschlusses der Muttergesellschaft verlangt, spricht der EuGH lediglich von einer erforderlichen ‚Zuweisung des Gewinns'.[515] Eine ‚Zuweisung des Gewinns' ist kein terminus technicus des deutschen Bilanzrechts und bedarf daher der Auslegung.[516] Teilweise erfolgt die Auslegung als Gewinnverwendungsbeschluss,[517] sodass sich die Voraussetzungen des BGH mit denen des EuGH decken. Anderen genügt ein Gewinnverwendungsvorschlag bei Feststellung des Jahresabschlusses.[518] Wieder andere verlangen, dass der Jahresabschluss unter Berücksichtigung der Ergebnisverwendung nach § 268 Abs. 1 S. 1 HGB aufgestellt sein muss.[519] Auch vertreten wird, dass es für die Zuweisung des Gewinnes ausreiche, einen ausschüttbaren Bilanzgewinn im Jahresabschluss der Tochtergesellschaft auszuweisen.[520] Schließlich wird das Kriterium auch als reines Sachverhaltsmerkmal verstanden, da in den zu entscheidenden Tomberger-Entscheidungen eine Ergebnisverwendung bereits berücksichtigt wurde. Einschränkungen sollen aus dem Kriterium nicht folgen.[521]

---

[514] *Watermeyer*, GmbHR 1998, 1061, 1062.

[515] EuGH, Urteil vom 27.06.1996, DStR 1996, 1093 ff.

[516] *Forster*, AG 1996, 417, 419; *Gelhausen/Gelhausen*, Wpg 1996, 573, 576; siehe auch *Hoffmann*, in: Herzig, Europäisierung des Bilanzrechts, 1997, 1, 10 f.; *Herzig/Rieck*, IStR 1998, 309, 312 f.; *Küspert*, BB 1997, 877, 878.

[517] *Thömmes*, IWB 1996, 627, 631.

[518] *Adler/Düring/Schmaltz*, Rechnungslegung und Prüfung der Unternehmen, 6. Aufl. 1997, § 246 Rn. 218; *Herzig/Rieck*, IStR 1998, 309, 313; *Forster*, AG 1996, 417, 419.

[519] Laut *Eilers/Heinemann*, lagen jedenfalls in dem vom EuGH zu entscheidenden Sachverhalt jeweils Jahresabschlüsse nach § 268 HGB vor, *Eilers/Heinemann*, in: Herzig, Europäisierung des Bilanzrechts, 1997, 25, 39; *Haselmann/Schick*, DB 1996, 1529, 1531; *Herzig*, DB 1996, 1400, 1402; *Klinke*, ZGR 1998, 212, 233; wohl auch *Kropff*, ZGR 1997, 115, 126; *Schüppen*, DB 1996, 1481, 1482 f.; *Theile*, IStR 1996, 395, 399.

[520] *Gelhausen/Gelhausen*, Wpg 1996, 573, 577.

[521] *Moxter*, in: GS Knobbe-Keuk, 1997, 487, 495.

Schulze-Osterloh geht davon aus, dass der EuGH durch den Berichtigungsbeschluss klargestellt habe, dass mit ‚Zuweisung des Gewinns' die Fassung eines Gewinnverwendungsbeschlusses gemeint sei[522] und dass dieser zum Zeitpunkt des Abschlusses der Abschlussprüfung bei der Muttergesellschaft vorliegen müsse.[523]

Dennoch wird teilweise diskutiert, ob auch ohne Gewinnverwendungsbeschluss schon eine phasenkongruente Dividendenaktivierung möglich sei, beispielsweise wenn der Jahresabschluss der Tochtergesellschaft bereits festgestellt ist. Dabei stellt die Feststellung des Jahresabschlusses keine Alternative zur Fassung eines Gewinnverwendungsbeschlusses dar. Sie ist vielmehr auch hier zwingende Voraussetzung.[524]

Hierbei wird teilweise zwischen AG und GmbH als Tochtergesellschaft unterschieden. Bei der AG wird eine phasenkongruente Dividendenaktivierung teilweise als zulässig betrachtet, sofern schon ein vom Aufsichtsrat festgestellter Jahresabschluss nebst Gewinnverwendungsvorschlag vorliegt.[525] Dies wird damit begründet, dass hier bereits eine Konkretisierung eingetreten sei. Es sei nicht damit zu rechnen, dass ein Mehrheits- bzw. Alleingesellschafter von dem Vorschlag abweichen würde.[526] Bei der GmbH könne dies mangels eines gesetzlich vorgeschriebenen Verfahrens nicht erfolgen.[527] Der Umstand, dass bei einer AG mehrere Organe auf dem Weg zum Gewinnverwendungsbeschluss zuständig sind, kann m. E. eine solche Differenzierung nicht rechtfertigen. Wenn bei beiden Gesellschaftsformen der Jahresabschluss der Tochtergesellschaft von dem zuständigen Organ festgestellt ist und ein entsprechender Gewinnverwendungsvorschlag vorliegt, so kann es doch keinen Unterschied machen, ob das Gesetz einen solchen verlangt. In beiden Fällen muss entweder von einer hinreichenden Konkretisierung ausgegangen oder eine solche verneint werden. Erst recht bei einer GmbH ist nach erfolgter Feststellung eines Jahresabschlusses nebst Gewinnverwendungsvorschlag schon allein wegen der Organidentität für den Gewinnverwendungsbeschluss davon auszugehen, dass es letztlich zu keiner Veränderung mehr kommt. Insbesondere muss beachtet werden, dass eine Änderung eines festgestellten Jahresabschlusses durch Vorstand oder Aufsichtsrat nicht willkürlich vorgenommen wird.[528] Eine Differenzierung erscheint deshalb nicht erforderlich.

---

[522] *Schulze-Osterloh*, ZIP 1997, 1374, 1375; so auch: *Schüppen*, NZG 1998, 314, 317.
[523] *Schulze-Osterloh*, ZIP 1997, 1374, 1375.
[524] *Hoffmann*, BB 1996, 1051, 1055; siehe ausführlich: *Hönle*, BB 1993, 252, 252; a. A.: *Küspert*, BB 1997, 877, 879.
[525] *Watermeyer*, GmbHR 1998, 1061, 1065; ähnlich auch: *Kropff*, ZGR 1997, 115, 127, der sogar eine „nach außen dokumentierte Erklärung der Mutter" genügen lassen will, welche höher als der Gewinnverwendungsvorschlag ist, um eine Aktivierung auch bei einer mitbestimmten Aktiengesellschaft zu ermöglichen; wohl auch: *Schulze-Osterloh*, ZGR 1977, 104, 105.
[526] Ebenso, aber wohl nicht allein auf eine Aktiengesellschaft bezogen: *Forster*, AG 1996, 417, 419.
[527] *Watermeyer*, GmbHR 1998, 1061, 1065 f.
[528] BGH, Urteil vom 24.01.1957, BGHZ, 23, 150, 150, 152.

Weiter muss gefragt werden, ob allein die Feststellung des Jahresabschlusses schon zu einer Konkretisierung ausreicht.[529] Dies muss verneint werden. Mit ihr verbunden ist nicht stets auch eine Aussage über die Gewinnverwendung. Damit sagt sie an sich noch nichts hinsichtlich der Höhe des Dividendenanspruchs aus. Weiter muss beachtet werden, dass die Konkretisierung bei der phasenkongruenten Dividendenaktivierung bereits durch das Abstellen auf die Fassung des Gewinnverwendungsbeschlusses weit nach vorne verlagert ist. Erst hierdurch entstehen der rechtliche Anspruch und damit auch die Sicherheit der Vereinnahmung. Dem Vorsichtsprinzip wird durch das Abstellen auf den Gewinnverwendungsbeschluss stärker Rechnung getragen als bei einem Abstellen auf die Feststellung des Jahresabschlusses. Auch ergibt sich kein tatsächlicher praktischer Vorteil durch das Abstellen allein auf die Feststellung. Meist erfolgen die Feststellung des Jahresabschlusses und die Fassung des Gewinnverwendungsbeschlusses in einer Gesellschafterversammlung. Ein ‚Weniger' an Vorsicht, nur um ein paar Einzelfälle zu erfassen, erscheint nicht geboten.

Kellner will sogar so weit gehen, auf die Feststellung des Jahresabschlusses zu verzichten.[530] Es solle ausreichen, wenn ein Jahresabschluss aufgestellt ist. Ein Mehrheitsgesellschafter habe es in der Hand, schon die Aufstellung durch die Geschäftsführung insoweit zu beeinflussen, dass dieser dem auszuschüttenden Betrag entspricht. Dies gelte allerdings nur bei einer GmbH als Tochtergesellschaft. In diesem Fall solle stets ein Aktivierungswahlrecht bestehen. In diese Richtung scheint auch der BFH in BFHE 164, 34[531] zu weisen. Hier wird – wenn auch höchst widersprüchlich – auf die Feststellung des Jahresabschlusses als Voraussetzung der phasenkongruenten Dividendenaktivierung verzichtet.[532] Hoffmann kritisiert dieses BFH-Urteil vehement, da seiner Ansicht nach die vom BGH aufgestellten Voraussetzungen für eine phasenkongruente Dividendenaktivierung durch das Urteil „weggewischt" wurden.[533] Rein praktisch sei in diesem Fall mangels Buchungsbeleg eine Buchung ausgeschlossen.[534] Neben der praktischen Voraussetzung des Buchungsbelegs scheint auch eine Aktivierung allein nach Aufstellung des Jahresabschlusses daran zu scheitern, dass die Aufstellung des Jahresabschlusses ein laufender Prozess ist. Einen Zeitpunkt der ‚Aufstellung' gibt es nicht. Vielmehr könnte man behaupten, dass diese erst mit Feststellung des Jahresabschlusses abgeschlossen wird. Insofern haftet diesem Kriterium eine tatsächliche Unsicherheit an, die kaum einer Konkretisierung dienen dürfte. Auch gegen eine Zulassung der phasenkongruenten Dividendenaktivierung allein bei der Aufstellung des Jahresabschlusses der GmbH spricht, dass es zu einem noch größeren Flickenteppich komme, wenn nun

---

[529] So offenbar *Pasdika*, AG 1977, 159, 160; *Lempenau*, StbJb 1978/79, 149, 162, verlangt nicht einmal eine Feststellung.
[530] *Kellner*, WM 2000, 229, 234 f.
[531] BFH, Urteil vom 19.02.1991, BFHE, 164, 34 ff.
[532] Siehe hierzu ausführlich: C.II.2.e).
[533] *Hoffmann*, BB 1991, 1301, 1302.
[534] *Ders.*, DStR 1993, 558, 559; *ders.*, BB 1991, 1301, 1302.

sogar GmbH und AG unterschiedlich behandelt werden. Dies kann nicht gewollt sein. Das Urteil des BFH[535] sollte dahingehend verstanden werden, dass hier einem Missbrauch durch das faktische Wahlrecht und die damit einhergehende Gestaltbarkeit entgegengewirkt werden sollte. Der richtige und konsequente Weg, um dieses faktische Wahlrecht zu verhindern, war die Änderung der BFH-Rechtsprechung durch die Entscheidung des Großen Senats.[536]

Gegen das Erfordernis eines Gewinnverwendungsbeschlusses bis zur Feststellung des Jahresabschlusses der Muttergesellschaft wendet sich Kessler. Seiner Ansicht nach werde durch dieses Kriterium nun doch die rechtliche Entstehung der Forderung verlangt.[537] Ob er sogar auf die Feststellung bzw. Aufstellung des Jahresabschlusses als Voraussetzung verzichten will, bleibt offen, muss allerdings unterstellt werden. Diese Ansicht kann nur dadurch erklärt werden, dass auf eine wertaufhellende Tatsache verzichtet wird. Offen bleibt, woher sodann der Wert des Dividendenanspruchs genommen wird.

Insofern muss festgehalten werden, dass ein Gewinnverwendungsbeschluss verlangt werden muss.

b) Zeitpunkt des Vorliegens

Kritisiert wird auch oft der Zeitpunkt, den der BGH zum Vorliegen des Gewinnverwendungsbeschlusses gewählt hat. Das Ende der Abschlussprüfung bei der Muttergesellschaft sei ein gegriffener Zeitpunkt, der Teilen der Literatur zu weit und anderen nicht weit genug gehe. Auch wird kritisiert, dass das Datum nicht planbar sei.[538] Insbesondere seien auch noch Änderungen des Jahresabschlusses nach dem Datum des Bestätigungsvermerks möglich, sofern diese keine weiteren Prüfungshandlungen mehr erfordern.[539] Als Alternative wird hier teilweise auf das Ende der Aufstellung[540] oder die Feststellung[541] des Jahresabschlusses der Muttergesellschaft abgestellt.

Letztlich haftet allen diskutierten Zeitpunkten die Kritik an, dass diese ebenso wenig (oder gut) planbar sind wie das Ende der Abschlussprüfung bei der Muttergesellschaft. Gleichfalls handelt es sich auch hier jeweils um gegriffene Zeitpunkte.

---

[535] BFH, Urteil vom 19.02.1991, BFHE, 164, 34 ff.
[536] BFH, Urteil vom 07.08.2000, BFHE, 192, 339 ff.
[537] *Kessler*, DB 1997, 1, 5.
[538] *Henssler*, JZ 1998, 701, 705.
[539] *Schüppen*, NZG 1999, 352, 352 f.
[540] *Henssler*, JZ 1998, 701, 705; *Kessler*, StuB 1999, 257, 258; *Saure*, StBp 1998, 131, 132; *Schüppen*, NZG 1999, 352, 352 f.
[541] *Kropff*, ZGR 1997, 115, 125; *Küspert*, BB 1997, 877, 883.

Gegen den Zeitpunkt der Aufstellung des Jahresabschlusses der Muttergesellschaft spricht, dass dieser nicht klar bestimmbar ist.[542] In der Praxis werden im Rahmen der Abschlussprüfung in Abstimmung mit dem Abschlussprüfer oft noch Änderungen am Jahresabschluss vorgenommen. Ob damit sodann überhaupt ein Unterschied zum Ende der Abschlussprüfung besteht, kann in Frage gestellt werden. Für den Zeitpunkt der Aufstellung des Jahresabschlusses der Muttergesellschaft spricht allerdings die Dogmatik. In § 252 Abs. 1 Nr. 4 HGB ist von der Aufstellung des Jahresabschlusses die Rede. Mit dem Ende der Aufstellung endet auch der Wertaufhellungszeitraum. Spätere Ereignisse können nicht mehr berücksichtigt werden.[543]

Die Wahl der Feststellung des Jahresabschlusses als relevanter Zeitpunkt birgt das Problem in sich, dass es dem Abschlussprüfer grundsätzlich nicht möglich ist, einen unbeschränkten Bestätigungsvermerk abzugeben, wenn die Voraussetzungen für die Zulässigkeit einer Bilanzierungsfrage erst nach Abschluss der Abschlussprüfung erfolgt. Hier wie Kropff[544] auf die Möglichkeit einer Nachtragsprüfung zu verweisen, scheint wenig praktikabel.

Diskutiert wird auch, ob die Aufstellungsfristen für den Jahresabschluss eine phasenkongruente Dividendenaktivierung verhindern.[545] § 264 Abs. 1 S. 2 HGB schafft aber keine Grenze.[546]

Insofern sollte am Zeitpunkt des Endes der Abschlussprüfung festgehalten werden.[547] Im Fall, dass keine Abschlussprüfung durchgeführt wird, bietet sich hingegen der Zeitpunkt der Feststellung des Jahresabschlusses der Muttergesellschaft an.

4. Deckungsgleiche Geschäftsjahre

Voraussetzung der Rechtsprechung ist stets, dass zwischen Mutter- und Tochtergesellschaft deckungsgleiche Geschäftsjahre bestehen. Es stellt sich die Frage, ob eine phasenkongruente Dividendenaktivierung auch möglich ist, sofern sich die Geschäftsjahre nicht vollständig, aber teilweise decken. Hier gilt es zunächst danach zu differenzieren, wessen Geschäftsjahr vor dem der anderen Gesellschaft endet.

---

[542] Siehe: C.VI.3.a).
[543] *Kessler*, StuB 1999, 257, 258 f.; *Saure*, StBp 1998, 131, 132.
[544] *Kropff*, ZGR 1997, 115, 125.
[545] *Hoffmann*, in: Herzig, Europäisierung des Bilanzrechts, 1997, 1, 21 f.
[546] *Ders.*, in: Herzig, Europäisierung des Bilanzrechts, 1997, 1, 21 f.; a. A.: *Weber-Grellet*, in: Herzig, Europäisierung des Bilanzrechts, 1997, 95, 101, der durch die Aufstellungsfristen den Wertaufhellungszeitraum begrenzen will.
[547] *IDW/HFA*, Wpg 1998, 427, 428.

a) Geschäftsjahr der Muttergesellschaft endet vor dem Geschäftsjahr der Tochtergesellschaft

Eindeutig dürfte der Fall sein, wenn das Geschäftsjahr der Muttergesellschaft vor dem der Tochtergesellschaft endet.[548] In diesem Fall kommt eine phasenkongruente Dividendenaktivierung unter keinen rechtlichen Gesichtspunkten mangels hinreichender Konkretisierung des Dividendenanspruchs in Betracht.[549]

b) Geschäftsjahr der Tochtergesellschaft endet vor dem Geschäftsjahr der Muttergesellschaft

Sollte das Geschäftsjahr der Tochtergesellschaft vor dem der Muttergesellschaft enden, muss weiter danach differenziert werden, wann der Gewinnfeststellungsbeschluss der Tochtergesellschaft vorliegt.[550]

aa) Gewinnfeststellungsbeschluss der Tochtergesellschaft liegt schon zum Bilanzstichtag der Muttergesellschaft vor

Auch eindeutig dürfte der Fall sein, wenn das Geschäftsjahr der Muttergesellschaft nach dem der Tochtergesellschaft endet und zum Bilanzstichtag der Muttergesellschaft bereits ein Gewinnverwendungsbeschluss über den Dividendenanspruch vorliegt. Ein Anspruch ist hier dann zum maßgeblichen Zeitpunkt auch schon rechtlich entstanden. Eine Aktivierung hat zu erfolgen.

bb) Gewinnfeststellungsbeschluss der Tochtergesellschaft liegt erst nach dem Stichtag der Muttergesellschaft, aber vor Abschluss der Abschlussprüfung bei der Muttergesellschaft vor

Zu diskutieren ist allein der Fall, in dem das Geschäftsjahr der Muttergesellschaft nach dem der Tochtergesellschaft endet und zum Stichtag des Jahresabschlusses der Muttergesellschaft noch kein Gewinnverwendungsbeschluss über den Dividendenanspruch gegen die Tochtergesellschaft vorliegt. Eine Aktivierung wird in diesem Fall von der Literatur weitestgehend bejaht.[551] Hier dürfte ein Erst-recht-Schluss

---

[548] *Gelhausen/Gelhausen*, Wpg 1996, 573, 579; *Herzig/Rieck*, IStR 1998, 309, 313; *Küspert*, BB 1997, 877, 578; *Langholz*, DStR 1994, 1244, 1244; *Schulze-Osterloh*, ZGR 1977, 104, 113; *ders.*, ZGR 1995, 171, 183.

[549] *Kropff*, ZGR 1997, 115, 124; *Lempenau*, StbJb 1978/79, 149, 161; *Neu*, BB 1995, 399, 404; Überspitzt konstatiert *Hoffmann*, dass dies nach der BGH-Rechtsprechung (BGH, Vorlagebeschluss vom 21.07.1994, BB 1994, 1673 ff.) möglich sein müsste, *Hoffmann*, in: Herzig, Europäisierung des Bilanzrechts, 1997, 1, 22 f.

[550] Undifferenziert bejahend: *Gelhausen/Gelhausen*, Wpg 1996, 573, 580; *Herzig/Rieck*, IStR 1998, 309, 313; *Lempenau*, StbJb 1978/79, 149, 161.

[551] *Forster*, AG 1996, 417, 419; *Herzig*, DB 1996, 1400, 1402; *Kropff*, ZGR 1997, 115, 124.

naheliegen: Wenn schon eine Dividendenaktivierung bei phasenkongruenten Geschäftsjahren erfolgt, dann erst recht, wenn das Geschäftsjahr der Muttergesellschaft erst nach dem der Tochtergesellschaft endet. Das Stützen der Argumentation auf einen Erst-recht-Schluss ist allerdings nur dann folgerichtig, wenn auch die weiteren Voraussetzungen der Rechtsprechung für eine phasenkongruente Dividendenaktivierung vorliegen.[552]

Fraglich bleibt dann noch der Fall, in dem die weiteren Voraussetzungen gerade nicht gegeben sind. Hier gilt es jedes Merkmal einzeln zu betrachten.

Liegt zum Zeitpunkt des Endes der Abschlussprüfung bei der Muttergesellschaft noch kein Gewinnverwendungsbeschluss der Tochtergesellschaft vor, wird eine phasenkongruente Dividendenaktivierung ausscheiden müssen. Zwar wird in der Literatur der Zeitpunkt, zu welchem der Gewinnverwendungsbeschluss vorliegen muss, stark diskutiert und auch kritisiert,[553] letztlich handelt es sich jedoch so oder so um einen gegriffenen Zeitpunkt, für den sich die Rechtsprechung nun mal entschieden hat. Das Vorliegen des Gewinnverwendungsbeschlusses der Tochtergesellschaft ist relevant für die hinreichende Konkretisierung des Dividendenanspruchs und damit unabdingbar für die Aktivierung. Das vorherige Ende des Geschäftsjahres der Tochtergesellschaft mag das Fehlen des Gewinnverwendungsbeschlusses im Hinblick auf die Konkretisierung nicht ausgleichen. Dies insbesondere aufgrund der bei der Tochtergesellschaft üblicherweise bestehenden Bilanzierungswahlrechte.

Fehlt es an einer Konzernzugehörigkeit, mag eine Aktivierung – folgt man einem Teil der Literatur, die die Voraussetzung der Konzernzugehörigkeit auch bei deckungsgleichen Geschäftsjahren ablehnt,[554] – möglich sein. Geht man hingegen davon aus, dass die Konzernzugehörigkeit eine zwingende Voraussetzung der phasenkongruenten Dividendenaktivierung darstellt, dürfte es schwer werden, auch bei nicht deckungsgleichen Geschäftsjahren ohne Vorliegen einer Konzernzugehörigkeit eine Dividendenaktivierung zuzulassen. Die sodann mangelnde Einflussmöglichkeit wird durch das Geschäftsjahr nicht berührt. Gleiches gilt für die Höhe der Beteiligung.

Daraus muss geschlussfolgert werden, dass in diesem Fall kein Unterschied hinsichtlich des Erfordernisses der weiteren Voraussetzungen der phasenkongruenten Dividendenaktivierung zu komplett deckungsgleichen Geschäftsjahren besteht.

---

[552] *Neu*, BB 1995, 399, 404; so ist wohl auch der IDW zu verstehen: *IDW/HFA*, Wpg 1998, 427 ff.

[553] Siehe hierzu: C.VI.3.

[554] Siehe hierzu: C.VI.2.

5. Tatsächliches Bild der Vermögens- und Ertragslage

Fragen warf das Kriterium des EuGH auf, dass ein Gericht sich von einem tatsächlichen Bild der Vermögens- und Ertragslage der Tochtergesellschaft vergewissern müsse.[555] Die Literatur geht davon aus, dass dies nicht zu bedeuten habe, dass ein Gericht den Jahresabschluss prüfen müsse.[556] Wenn eines dies tue, dann sollen auch keine strengeren Anforderungen als bei den Prüfungen durch andere Organe gelten. Zumeist wird das Kriterium dahingehend verstanden, dass der Jahresabschluss der Tochtergesellschaft den rechtlichen Anforderungen an einen solchen entsprechen müsse.[557] Adressat der Voraussetzungen sei damit der Abschlussprüfer der Muttergesellschaft.[558] Aufgrund der einschränkenden Auslegung hält damit ein Teil der Literatur dieses Kriterium für vollkommen obsolet.[559]

Auf Unverständnis ist ebenso der Umstand gestoßen, dass lediglich der Jahresabschluss der Tochtergesellschaft ein den tatsächlichen Verhältnissen der Vermögens- und Ertragslage entsprechendes Bild darstellen muss und dieses Erfordernis nicht auch auf den Jahresabschluss der Muttergesellschaft bezogen ist.[560] Richtigerweise müssen grundsätzlich alle Kapitalgesellschaften gem. § 264 Abs. 2 S. 1 HGB sich an den Grundsatz halten und mit ihm übereinstimmen.

6. Rechtsform

Die Urteile des BGH ergingen zum einen zu einer AG und zum anderen zu einer GmbH als Tochter- bzw. Muttergesellschaften. Zwar kamen über die Jahre und insbesondere kurz nach den Entscheidungen Stimmen in der Literatur auf, die die Rechtsprechung jeweils nur auf die jeweilige Kapitalgesellschaftsrechtsform beschränken wollten.[561] Diese haben sich jedoch nicht durchgesetzt. Es ist allgemein anerkannt, dass die Rechtsprechung jedenfalls auf sämtliche Kapitalgesellschaften Anwendung findet.[562] Im Folgenden soll geprüft werden, ob auch eine Übertragung auf andere Rechtsformen möglich ist.

---

[555] Vgl. etwa: *Schulze-Osterloh*, ZIP 1996, 1453, 1454.

[556] *Herzig/Rieck*, IStR 1998, 309, 313; *Theile*, IStR 1996, 395, 399.

[557] *IDW/HFA*, Wpg 1998, 427 428; *Herzig/Rieck*, IStR 1998, 309, 313; *Küspert*, BB 1997, 877, 881; *Kropff*, ZGR 1997, 115, 125; *Thömmes*, IWB 1996, 627, 632.

[558] *Thömmes*, IWB 1996, 627, 632.

[559] *Gelhausen/Gelhausen*, Wpg 1996, 573, 578.

[560] *Hoffmann*, BB 1996, 1492, 1494; a. A.: *Gelhausen/Gelhausen*, Wpg 1996, 573, 578, die den Einschub „vor der Prüfung des Jahresabschlusses der Muttergesellschaft" nicht im Sinne der Abschlussprüfung, sondern der Prüfung nach der Darstellung eines den tatsächlichen Verhältnissen entsprechenden Bildes sehen.

[561] *Wassermeyer*, in: FS Döllerer, 1988, 705, 712.

[562] *Neu*, BB 1995, 399, 404; speziell zur Mehrheitsbeteiligung: *Kropff*, ZGR 1997, 115, 123.

a) Rechtsform der Muttergesellschaft

Ist die Muttergesellschaft eine Personenhandelsgesellschaft, so stellt sich auch für sie die Frage nach der phasenkongruenten Dividendenaktivierung im Hinblick auf Dividenden aus einer Kapitalgesellschaftsbeteiligung.[563] Die Argumente, die für eine Aktivierung bei einer Mutterkapitalgesellschaft sprechen, gelten hier ebenso: Auch hier kann es ansonsten zu dem vielbeschworenen Fall kommen, dass Erträge, die auf unterster Konzernebene erwirtschaftet werden, Jahre brauchen, um oben an der Konzernspitze aufzutauchen. Geht man wie die Rechtsprechung davon aus, dass die phasenkongruente Dividendenaktivierung mit dem Realisationsprinzip vereinbar ist, dürfte auch bei der Personenhandelsgesellschaft, für die das Realisationsprinzip als Kaufmann gem. § 252 Abs. 1 Nr. 4 HGB ebenso gilt, eine phasenkongruente Dividendenaktivierung möglich sein.[564] Zu einem anderen Ergebnis könnte man dann kommen, wenn man die Meinung vertritt, dass die phasenkongruente Dividendenaktivierung nur durch die Modifikation des Realisationsprinzips durch den true and fair view-Grundsatz möglich ist. Dieser gilt entsprechend seiner Position im HGB in den Vorschriften für Kapitalgesellschaften in § 264 Abs. 2 HGB nur für jene. Teilweise wird in der Literatur vertreten, dass der true and fair view-Grundsatz für die Auslegung des § 243 HGB bedeutsam sei und somit mittelbar auch auf Personenhandelsgesellschaften durchschlage.[565] Nachdem der true and fair view-Grundsatz allerdings nicht die ausschlaggebende Bedeutung auf die phasenkongruente Dividendenaktivierung hat, wie teilweise angenommen,[566] erscheint eine solche Differenzierung nicht sachgerecht. Insofern muss auch bei anderen Rechtsformen die phasenkongruente Dividendenaktivierung unter den Voraussetzungen der Tomberger-Entscheidungen zulässig sein.

In diesem Zusammenhang stellt sich auch die Frage nach der Entscheidungskompetenz des EuGH über das Handelsrecht von Personenhandelsgesellschaften. Die Vierte EG-Richtlinie gilt allein für Kapitalgesellschaften. Dennoch wird von der Literatur teilweise auch eine Entscheidungskompetenz des EuGH hinsichtlich der Rechnungslegung bei Personenhandelsgesellschaften bejaht.[567] Die §§ 242 ff. HGB beruhen ebenfalls zum Teil auf der Vierten EG-Richtlinie. Aufgrund des Erfordernisses einer einheitlichen Auslegung gelten somit auch hier die Auslegungen des

---

[563] Ohne nähere Begründung bejahend: *Hoffmann*, GmbHR 1996, 841, 842; *Theile*, IStR 1996, 395, 398; verneinend: *Neu*, Die bilanzsteuerliche Behandlung des Finanzvermögens, 1994, 249.

[564] *Neu*, BB 1995, 399, 404; *Kropff*, ZGR 1997, 115, 128; *de Weerth*, IStR 1997, 539, 543, der dies mit EuGH, Urteil vom 17.07.1997, IStR 1997, 539 ff. begründet; *Müller*, in: Herzig, Europäisierung des Bilanzrechts, 1997, 87, 92 f., der von einer einheitlichen Auslegung ausgeht.

[565] *Weber-Grellet*, in: Herzig, Europäisierung des Bilanzrechts, 1997, 95, 98.

[566] Siehe hierzu ausführlich: C.IV.3.

[567] *Groh*, DStR 1996, 1206, 1206, 1208; *Herlinghaus*, IStR 1997, 529, 537; *Herzig/Rieck*, IStR 1998, 309, 315; a. A.: *Hennrichs*, ZGR 1997, 66, 82 ff.

EuGH für alle Kaufmänner und somit auch für Personenhandelsgesellschaften.[568] Beisse beschreibt diese Wirkung bildlich als „offene Flanke" des Bilanzrechts.[569] Gleiches muss bei jedem sonstigen Kaufmann als ‚Muttergesellschaft' gelten.

b) Rechtsform der Tochtergesellschaft

Die h. M. geht davon aus, dass eine phasenkongruente Dividendenaktivierung aus einer Beteiligung an einer Personengesellschaft als Tochtergesellschaft unter den gleichen Grundsätzen möglich sein soll wie die phasenkongruente Dividendenaktivierung aus einer Beteiligung an einer Kapitalgesellschaft.[570] Da bei Personenhandelsgesellschaften die ‚Ausschüttung' des Gewinns viel näher liegen soll als bei Kapitalgesellschaften,[571] folgt aus einem Erst-recht-Schluss, dass auch hier entsprechend den zu Kapitalgesellschaften aufgestellten Kriterien eine phasenkongruente Dividendenaktivierung möglich sein müsse.[572]

Die Voraussetzungen bedürften allerdings einer gewissen Anpassung: Zur Gewinnverwendung bei einer Personenhandelsgesellschaft bedarf es keines Gewinnverwendungsbeschlusses; erforderlich ist jedoch die Feststellung des Jahresabschlusses.[573] Fraglich ist, ob es genügt, die Voraussetzung des Vorliegens eines Gewinnverwendungsbeschlusses mit der des Vorliegens eines festgestellten Jahresabschlusses auszutauschen. Zu bedenken ist hierbei, dass ein Gewinnverwendungsbeschluss bei einer Kapitalgesellschaft stets einen festgestellten Jahresabschluss erfordert und somit das Kriterium des Vorliegens eines festgestellten Jah-

---

[568] *Beisse*, in: FS Döllerer, 1988, 25, 32; *ders.*, StVj 1989, 295, 305; *ders.*, BB 1990, 2007, 2009, 2011; *Groh*, DStR 1996, 1206, 1208; *Herlinghaus*, IStR 1997, 529, 537; *Kropff*, in: FS Baetge, 1997, 65, 79; *Schulze-Osterloh*, DStZ 1997, 281, 284 ff., der allerdings keine Vorlagepflicht an den EuGH bei Fragen der Bilanzierung von Personenhandelsgesellschaften annehmen will; a. A.: *Hennrichs*, ZGR 1997, 66, 76 ff., 82, der die Anwendung jedenfalls für „nicht zwingend geboten" hält.

[569] *Beisse*, StVj 1989, 295, 305.

[570] *Herrmann*, Wpg 1991, 461, 467; *Weber*, Grundsätze ordnungsmäßiger Bilanzierung für Beteiligungen, 1980, 105, 111, 114; *Zwirner/Künkele*, BC 2012, 418 ff.; MüKoHGB/*Ballwieser*, 4. Aufl. 2020, § 246 HGB Rn. 66; Beck Bil-Komm/*Störk/Kliem/Meyer*, 12. Aufl. 2020, § 272 HGB Rn. 315.

[571] Siehe zu Auswirkungen von vertraglichen Regelungen: *Herrmann*, Wpg 1991, 505 ff.

[572] *Ders.*, Wpg 1991, 461, 467.

[573] *Adler/Düring/Schmaltz*, Rechnungslegung und Prüfung der Unternehmen, 6. Aufl. 1997, § 246 Rn. 226; *Flechtheim*, Bankarchiv 1926, 8, 10; *Geßler*, Wpg 1978, 93, 96; *Hoffmann*, BB 1996, 1051, 1055; *Herrmann*, Wpg 1991, 461, 465, 468; *Kaminski*, in: FS Strobel, 2001, 91, 112; *Müller/Kreipl/Lange*, Schnelleinstieg BilRUG, 1. Aufl. 2016, 198; wohl auch *Theile*, IStR 1996, 395, 398; *Zwirner/Künkele*, BC 2012, 418, 419; Beck Bil-Komm/*Schmidt/Kliem*, 12. Aufl. 2020, § 275 HGB Rn. 177; MüKoHGB/*Ballwieser*, 4. Aufl. 2020, § 246 HGB Rn. 66; *Neu*, Die bilanzsteuerliche Behandlung des Finanzvermögens, 1994, 246.

resabschlusses kein neues ist.[574] Es fehlt allerdings gerade an der Festlegung des auszuschüttenden Gewinns, der sodann bilanziert werden sollte.

Andere hingegen wollen stets eine phasenkongruente Dividendenaktivierung bei Personenhandelsgesellschaften als Tochtergesellschaften annehmen.[575] Dies hängt offenbar mit der steuerrechtlichen Spiegelbildmethode zusammen. Aufgrund des im Steuerrecht geltenden Transparenzgebots werden in der Steuerbilanz Beteiligungen an einer Personenhandelsgesellschaft stets spiegelbildlich dargestellt.[576] Reiß stellt deshalb die These auf, dass Beteiligungen an Personengesellschaften in der Praxis tatsächlich at equity bewertet werden.[577] Insofern bedürfe es einer phasenkongruenten Dividendenaktivierung nicht mehr, da der im Geschäftsjahr erwirtschaftete Gewinn ohnehin im Jahresabschluss der Muttergesellschaft widergespiegelt werde.[578]

Unabhängig von der Existenzberechtigung der Spiegelbildmethode, die auf steuerrechtlichen Besonderheiten beruht, bedarf es keiner Differenzierung zwischen der handelsrechtlichen Darstellung des Dividendenanspruchs aus der Beteiligung an einer Kapital- und einer Personenhandelsgesellschaft. Bei beiden ist für die rechtliche Entstehung des Gewinnanspruchs ein weiterer Akt im folgenden Geschäftsjahr erforderlich. Bei beiden sind die Grundsätze ordnungsmäßiger Buchführung anwendbar. Inwiefern man bei dieser Vergleichbarkeit zu unterschiedlichen Ergebnissen kommen sollte, erscheint mir willkürlich.

VII. Zwischenergebnis

Die Zulässigkeit der phasenkongruenten Dividendenaktivierung ist damit handelsrechtlich undurchsichtig, in vielen Punkten fragwürdig und dadurch höchst unbefriedigend.[579]

M. E. verstößt die phasenkongruente Dividendenaktivierung grundsätzlich gegen das Realisationsprinzip. Auch das Wertaufhellungsprinzip kann hierüber mangels

---

[574] Siehe zu der weiteren Voraussetzung der Feststellung des Jahresabschlusses für einen Gewinnverwendungsbeschluss: C.VI.3.

[575] *Kropff*, ZGR 1997, 115, 119; ohne nähere Begründung auch *Hoffmann*, GmbHR 1996, 841, 842; *Adler/Düring/Schmaltz*, Rechnungslegung und Prüfung der Unternehmen, 6. Aufl. 1997, § 246 Rn. 224, die aber in Rn. 226 sodann eine Feststellung innerhalb des Aufhellungszeitraums verlangen; vollkommen gegensätzlich: *Knobbe-Keuk*, AG 1979, 293, 304, die den Zufluss der Dividende zur Aktivierung verlangt.

[576] *Zwirner/Künkele*, BC 2012, 418, 418.

[577] *Reiß*, in: Herzig, Europäisierung des Bilanzrechts, 1997, 117, 120.

[578] Wohl auch *Adler/Düring/Schmaltz*, Rechnungslegung und Prüfung der Unternehmen, 6. Aufl. 1997 § 275 Rn. 151.

[579] *Küting*, in: Herzig, Europäisierung des Bilanzrechts, 1997, 51, 55, der hier sogar den Charakter eines case law unterstellt.

VII. Zwischenergebnis

eines tauglichen Anknüpfungspunktes im vergangenen Geschäftsjahr nicht hinweghelfen. Eine Anknüpfung an die innere Einstellung eines Gesellschafters scheitert insbesondere am Objektivierungsgebot. Dieser Verstoß kann nicht durch den true and fair view-Grundsatz gerechtfertigt werden. Weder handelt es sich bei diesem um ein sog. overriding principle, noch gebietet der true and fair view-Grundsatz eine phasenkongruente Dividendenaktivierung. Ferner verstößt das Abstellen der herrschenden Meinung und der Rechtsprechung auf die zeitliche Abfolge zwischen dem Gewinnverwendungsbeschluss bei der Tochtergesellschaft und dem Ende des Bilanzaufstellungszeitraums bei der Muttergesellschaft gegen das Stichtagsprinzip. Die Annahme eines Wahlrechts zur phasenkongruenten Dividendenaktivierung bei Mehrheitsgesellschaftern verstößt schließlich gegen das Vollständigkeitsgebot. Insofern entsteht weder handelsrechtlich ein Vermögensgegenstand noch steuerrechtlich ein Wirtschaftsgut, welcher/welches aktiviert werden könnte. Sachliche Gründe für eine Differenzierung zwischen Handels- und Steuerrecht sind nicht ersichtlich. Die von der herrschenden Meinung und der Rechtsprechung vorgenommene unterschiedliche Behandlung verstößt gegen den Maßgeblichkeitsgrundsatz.

Folgt man allerdings der herrschenden Meinung und Rechtsprechung und hält eine phasenkongruente Dividendenaktivierung für zulässig, so erscheint auch bei den folgenden Voraussetzungen eine Aktivierung geboten:

– Sollten zum Bilanzstichtag der Gesellschafter oder die Gesellschafter, die in dem nach der Satzung oder dem Gesetz erforderlichen Maß über eine Dividendenausschüttung entscheiden können, die Absicht haben, eine Ausschüttung vorzunehmen, so hat bei sämtlichen Gesellschaftern eine phasenkongruente Dividendenaktivierung zu erfolgen. Es ist nicht zu rechtfertigen, dass die Dividendenansprüche unterschiedlich behandelt werden können.

– Eine phasenkongruente Dividendenaktivierung muss dann ausscheiden, wenn die Gesellschafter auf deren innere Einstellung es ankommt, zwischen Bilanzstichtag und der Fassung des Gewinnverwendungsbeschlusses wechseln.

– Das Vorliegen einer Konzernzugehörigkeit ist nicht erforderlich.

– Bis zum Abschluss des Bilanzaufstellungszeitraums der Muttergesellschaft muss ein Gewinnverwendungsbeschluss bei der Tochtergesellschaft vorliegen.

– Das Geschäftsjahr der Muttergesellschaft darf jedenfalls nicht vor dem der Tochtergesellschaft enden.

– Die Zulässigkeit besteht unabhängig von der Rechtsform der Mutter- und Tochtergesellschaft.

D. Die Auswirkungen des BilRUG auf die phasenkongruente Dividendenaktivierung

Im Rahmen des BilRUG wurde das Thema der phasenkongruenten Dividendenaktivierung im Zusammenhang mit dem Einfügen der Ausschüttungssperre des § 272 Abs. 5 HGB wieder in der Fachwelt diskutiert.[1] Die Diskussionen gingen im Wesentlichen um einen etwaigen Anwendungsbereich der Ausschüttungssperre des § 272 Abs. 5 HGB. Tatsächlich wurde bisher, soweit ersichtlich, nicht untersucht, ob sich hierdurch nicht ggf. sogar an den Grundsätzen der phasenkongruenten Dividendenaktivierung etwas ändert. Dieser Untersuchung soll sich das folgende Kapitel widmen.

I. Das BilRUG und das Einfügen der Ausschüttungssperre des § 272 Abs. 5 HGB

Die Ausschüttungssperre des § 272 Abs. 5 HGB hat sich erst relativ spät in den Gesetzgebungsprozess des BilRUG eingefunden.[2] Dies erstaunt, da sie schon in Art. 9 Abs. 7 lit. c) der Richtlinie 2013/34/EU mit fast identischem Wortlaut zu finden war. Das späte Einfügen zeugt davon, wie wenig der Gesetzgeber und die Fachliteratur, die den Gesetzgebungsprozess des BilRUG stetig verfolgt und bereitwillig kommentiert hat, mit dieser Ausschüttungssperre anfangen konnten.

Das BilRUG sollte in erster Linie der Umsetzung des Richtlinie 2013/34/EU dienen.[3] Des Weiteren sollten die Erleichterungen für Kleinstkapitalgesellschaften, die durch das MicroBilG in das HGB Einzug gefunden haben, nun auch für kleine Genossenschaften Anwendung finden.[4] Ansonsten sollte das deutsche Bilanzrecht weitestgehend von Änderungen verschont bleiben, zumal es bereits durch das Bil-

---

[1] *Dies.*, StuB 2015, 691 ff.; Kritisch: *ders.*, StuB 2015, 201 ff.; *ders.*, BB 2014, 2731, 2733; *ders.*, BB 2015, 876, 876; *ders.*, DB 2015, 510 ff.; *ders.*, DB 2015, 1545, 1546; *dies.*, DB 2015, Beilage 5 zu Heft Nr. 36, 20, 21 f.; *ders.*, in: Hachmeister/Kahle/Mock/Schüppen, Bilanzrecht, 2. Aufl. 2020, § 272 HGB, Rn. 236; *ders.*, Stellungnahme 06.03.2015, 2; *ders.*, BC 2015, 126, 129; *ders.*, BC 2016, 264, 268; BeckOKHGB/*ders.*, 31. Aufl. 2021, § 272 HGB, Rn. 55 f.; *dies.*, DB 2015, 197, 199 f.; *dies.*, BilRUG in der Praxis, 2016, § 272 Rn. 83; *ders.*, IRZ 2015, 99, 100; *dies.*, Schnelleinstieg BilRUG, 1. Aufl. 2016, 202; *ders.*, in: Haufe Bilanz Kommentar, 9. Aufl. 2018, § 272 HGB Rn. 216.
[2] Vgl. ausführlich zum Gesetzgebungsverfahren: *Zwirner*, DStR 2015, 1640, 1640.
[3] BT-Drs. 18/5256, 1.
[4] BT-Drs. 18/5256, 1 f.

MoG 2009 zu einer grundlegenden Reformierung gekommen war.[5] Ob das BilRUG nicht doch zu weitergehenden Änderungen, als zunächst gewollt, führte, wird in der Literatur offen diskutiert[6] und kann m. E. insbesondere im Hinblick auf die Ausschüttungssperre des § 272 Abs. 5 HGB nicht ausgeschlossen werden.

Um die Diskussionen rund um das Einfügen des § 272 Abs. 5 HGB und insbesondere den gesetzlichen Willen hinter dem Einfügen zu verstehen, bietet es sich an, die Entwicklung des BilRUG in dessen unterschiedlichen Phasen zu betrachten.

1. Die Richtlinie 2013/34/EU

Ausgangspunkt für das BilRUG und somit auch für § 272 Abs. 5 HGB ist die Richtlinie 2013/34/EU. Ziel der Richtlinie 2013/34/EU ist u. a. die Entlastung von kleineren und mittleren Unternehmen,[7] die Schaffung von größerer Transparenz bzgl. Unternehmen, die in der mineralgewinnenden Industrie oder im Holzeinschlag in Primärwäldern tätig sind,[8] sowie die „Koordinierung" der einzelstaatlichen Vorschriften zur Gliederung und zum Inhalt des Abschlusses und des Lageberichts, die heranzuziehenden Bewertungsgrundlagen und die Offenlegung dieser Informationen.[9] Die Richtlinie 2013/34/EU musste gem. Art. 53 (1) der Richtlinie 2013/34/EU bis zum 20.07.2015 in nationales Recht umgesetzt werden.

In der Begründung der Richtlinie wird insbesondere auf das Vorsichtsprinzip und den true and fair view-Grundsatz abgestellt. Es heißt:

„Der Jahresabschluss sollte unter Beachtung des Vorsichtsprinzips erstellt werden und ein den tatsächlichen Verhältnissen entsprechendes Bild der Vermögens-, Finanz- und Er-

---

[5] Vgl.: *Haaker*, DB 2014, Heft Nr. 43, M5, M5; *Lüdenbach/Freiberg*, BB 2015, 363, 363; *Reitmeier/Rimmelspacher*, DB 2015, Beilage zu Heft 36, 1, 3; *Riepolt*, Das Bilanzrichtlinie-Umsetzungsgesetz (BilRUG), 2015, 2; *Theile*, GmbHR 2015, 281, 287.

[6] Vgl.: *Müller/Kreipl/Lange*, Schnelleinstieg BilRUG, 1. Aufl. 2016, 19; *Zwirner*, DStR 2015, 375, 375; *ders.*, StuB 2015, 123, 123, 131, für den das BilRUG „mehr als nur eine Rechnungslegungsreform" darstellt.

[7] Richtlinie 2013/34/EU des Europäischen Parlaments und des Rates vom 26 Juni 2013 über den Jahresabschluss, den konsolidierten Abschluss und damit verbundene Berichte von Unternehmen bestimmter Rechtsformen und zur Änderung der Richtlinie 2006/43/EG des Europäischen Parlaments und des Rates und zur Aufhebung der Richtlinien 78/660/EWG und 83/349/EWG des Rates, ABl., L182/19, L182/19.

[8] Richtlinie 2013/34/EU des Europäischen Parlaments und des Rates vom 26 Juni 2013 über den Jahresabschluss, den konsolidierten Abschluss und damit verbundene Berichte von Unternehmen bestimmter Rechtsformen und zur Änderung der Richtlinie 2006/43/EG des Europäischen Parlaments und des Rates und zur Aufhebung der Richtlinien 78/660/EWG und 83/349/EWG des Rates, ABl., L182/19, L182/24.

[9] Richtlinie 2013/34/EU des Europäischen Parlaments und des Rates vom 26 Juni 2013 über den Jahresabschluss, den konsolidierten Abschluss und damit verbundene Berichte von Unternehmen bestimmter Rechtsformen und zur Änderung der Richtlinie 2006/43/EG des Europäischen Parlaments und des Rates und zur Aufhebung der Richtlinien 78/660/EWG und 83/349/EWG des Rates, ABl., L182/19, L182/19 f.

tragslage eines Unternehmens vermitteln. Es ist in Ausnahmefällen möglich, dass ein Jahresabschluss kein solches, den tatsächlichen Verhältnissen entsprechendes Bild vermittelt, wenn Bestimmungen dieser Richtlinie zur Anwendung kommen. In diesen Fällen sollte das Unternehmen von diesen Bestimmungen abweichen, um ein den tatsächlichen Verhältnissen entsprechendes Bild zu vermitteln. Es sollte den Mitgliedstaaten gestattet sein, solche Ausnahmefälle zu definieren und die einschlägigen Ausnahmeregelungen für derartige Fälle festzulegen. Diese Ausnahmen sollten nur für äußerst ungewöhnliche Geschäfte und ungewöhnliche Umstände gelten und sollten beispielsweise nicht bestimmte Wirtschaftszweige insgesamt betreffen."[10]

Die Richtlinie 2013/34/EU ist in Deutschland gem. Art. 1 (1) a) i. V. m. Anhang I der Richtlinie 2013/34/EU grundsätzlich nur auf Unternehmen in Rechtsform der AG, der KGaA und der GmbH anwendbar. Ferner ist die Richtlinie 2013/34/EU gem. Art. 1 (1) b) i. V. m. Anhang II auf Unternehmen in Rechtsform der OHG und der KG anwendbar, wenn bei diesen alle unmittelbaren oder mittelbaren Gesellschafter mit ansonsten unbeschränkter Haftung tatsächlich nur beschränkt haftbar sind, weil diese Gesellschafter Unternehmen in Rechtsform der AG, KGaA oder der GmbH sind oder über eine andere Rechtsform verfügen, die einer der in Anhang I der Richtlinie 2013/34/EU genannten vergleichbar ist.

In Kap. 3 „Bilanz und Gewinn- und Verlustrechnung", Art. 9 „Allgemeine Vorschriften für die Bilanz und die Gewinn- und Verlustrechnung" der Richtlinie 2013/34/EU heißt es in Abs. 7:

„In Bezug auf die Behandlung von Beteiligungen in Jahresabschlüssen gilt Folgendes:

a) Die Mitgliedstaaten können gestatten oder vorschreiben, dass Beteiligungen unter Zugrundelegung der Equity-Methode gemäß Artikel 27 bilanziert werden, wobei den wesentlichen Anpassungen Rechnung zu tragen ist, die sich aus den Besonderheiten des Jahresabschlusses im Vergleich zum konsolidierten Abschluss ergeben;

b) Die Mitgliedstaaten können gestatten oder vorschreiben, dass der auf Beteiligungen entfallende Teil des Ergebnisses in der Gewinn- und Verlustrechnung nur ausgewiesen wird, soweit er Dividenden entspricht, die bereits eingegangen sind oder auf deren Zahlung ein Anspruch besteht; und

c) Übersteigt der auf die Beteiligung anfallende Teil des Ergebnisses in der Gewinn- und Verlustrechnung die Beträge, die als Dividenden bereits eingegangen sind oder auf deren Zahlung ein Anspruch besteht, so ist der Unterschied in eine Rücklage einzustellen, die nicht an die Aktionäre ausgeschüttet werden darf."

---

[10] Richtlinie 2013/34/EU des Europäischen Parlaments und des Rates vom 26 Juni 2013 über den Jahresabschluss, den konsolidierten Abschluss und damit verbundene Berichte von Unternehmen bestimmter Rechtsformen und zur Änderung der Richtlinie 2006/43/EG des Europäischen Parlaments und des Rates und zur Aufhebung der Richtlinien 78/660/EWG und 83/349/EWG des Rates, ABl., L182/19, L182/20.

I. Das BilRUG und das Einfügen der Ausschüttungssperre des § 272 Abs. 5 HGB 119

2. Der Referentenentwurf

Der Referentenentwurf zum BilRUG wurde vom BMJV am 27.07.2014 veröffentlicht und sorgte für große Resonanz innerhalb der Fachöffentlichkeit.[11] Im Referentenentwurf selbst war die Ausschüttungssperre des § 272 Abs. 5 HGB noch nicht enthalten.

Auf diesen Umstand machte der Arbeitskreis Bilanzrecht Hochschullehrer Rechtswissenschaft die Fachöffentlichkeit aufmerksam.[12] Nach Ansicht des Arbeitskreis Bilanzrecht Hochschullehrer Rechtswissenschaft bestätigte die Richtlinie 2013/34/EU „implizit" die Tomberger-Entscheidungen des EuGH.[13] Sie regten an, „aus Gründen der Rechtssicherheit und zur Vermeidung von Problemen bei der Gewinnverwendung und für den Geschäftsleiter (§ 93 Abs. 3 Nr. 2 AktG, § 43 Abs. 2 GmbHG)" die Rücklage in das HGB aufzunehmen.[14] Der Arbeitskreis Bilanzrecht Hochschullehrer Rechtswissenschaft positionierte sich in seiner Stellungnahme zum Referentenentwurf aber nicht dahingehend, ob die nach den Grundsätzen der Tomberger-Entscheidungen zulässige phasenkongruente Dividendenaktivierung in den Anwendungsbereich der Ausschüttungssperre fällt.

3. Der Regierungsentwurf

Im Regierungsentwurf wurde die Anregung des Arbeitskreis Bilanzrecht Hochschullehrer Rechtswissenschaft aufgenommen. Es wurde der neue § 272 Abs. 5 S. 1 HGB-E geschaffen, der Art. 9 Abs. 7 lit. c) der Richtlinie 2013/34/EU fast wortgleich wiedergibt:

> „Übersteigt der auf eine Beteiligung entfallende Teil des Jahresüberschusses in der Gewinn- und Verlustrechnung die Beträge, die als Dividende oder Gewinnanteil eingegangen sind oder auf deren Zahlung die Kapitalgesellschaft einen Anspruch hat, ist der Unterschiedsbetrag in eine Rücklage einzustellen, die nicht ausgeschüttet werden darf."[15]

Zur Begründung wird ausgeführt, dass das Einfügen erfolgt, um Art. 9 Abs. 7 lit. c der Richtlinie 2013/34/EU umzusetzen. Aus Art. 9 Abs. 7 lit. b und c der Richtlinie 2013/34/EU ergäbe sich, „dass eine phasengleiche Gewinnausschüttung bei der

---

[11] Vgl.: *Arbeitskreis Bilanzrecht der Hochschullehrer Rechtswissenschaft*, BB 2014, 2731 ff.; *Haaker*, DB 2014, Heft Nr. 43, M5, M5; *Institut der Wirtschaftsprüfer in Deutschland e.V.*, Stellungnahme 10.10.2014; *Deutsches Rechnungslegungs Standards Comittee e.V.*, Stellungnahme 06.10.2014; *Oser/Orth/Wirtz*, DB 2014, 1877 ff.; *Lüdenbach/Freiberg*, BB 2014, 2219 ff.

[12] Vgl.: *Arbeitskreis Bilanzrecht der Hochschullehrer Rechtswissenschaft*, BB 2014, 2731, 2733; *Institut der Wirtschaftsprüfer in Deutschland e.V.*, Stellungnahme 10.10.2014, 3.

[13] *Arbeitskreis Bilanzrecht der Hochschullehrer Rechtswissenschaft*, BB 2014, 2731, 2733.

[14] *Ders.*, BB 2014, 2731, 2733.

[15] BT-Drs. 18/4050, 10.

Beteiligung und dem beteiligten Unternehmen (insbesondere im Mutter-Tochter-Verhältnis) möglich ist."[16] Es heißt weiter:

„Von der diese Möglichkeit einschränkenden Mitgliedstaatenoption in Artikel 9 Absatz 7 Buchstabe b, den Ausweis der Erträge bis auf die bereits gezahlten oder als Forderungen entstandenen Dividenden und Gewinnanteile zu beschränken, wird bisher kein Gebrauch gemacht. Daher ist nach Artikel 9 Absatz 7 Buchstabe c der Richtlinie 2013/34/EU der Unterschiedsbetrag, um den der Gewinnanteil aus der Beteiligung die bereits eingegangenen Zahlungen und entstandene Forderungen auf Gewinnausschüttung übersteigt, in eine Rücklage einzustellen und die Ausschüttung zu versagen."[17]

Der Bundesrat hat in seiner Stellungnahme das Einfügen des § 272 Abs. 5 HGB-E nicht thematisiert.[18] Allerdings ließen die Kritiker nicht lange auf sich warten: Haaker proklamierte, dass die Ausschüttungssperre bei phasenkongruenter Dividendenaktivierung „ins Leere läuft"[19]. Der Arbeitskreis Bilanzrecht Hochschullehrer Rechtswissenschaft konterte kurz darauf mit einer Begründung dafür, warum die Ausschüttungssperre gerade doch einen Anwendungsbereich bei der phasenkongruenten Dividendenaktivierung hätte.[20] Mit diesen beiden Ansichten hat sich sodann der BT-Ausschuss für Recht und Verbraucherschutz unter anderem in der 51 Sitzung in einer öffentlichen Anhörung zum Regierungsentwurf des BilRUG auseinandergesetzt.[21]

In der Beschlussempfehlung des Ausschusses für Recht und Verbraucherschutz (6 Ausschuss) wurde die Annahme des Regierungsentwurfs in geänderter Fassung empfohlen.[22] U. a. wurden „mit Blick auf die phasengleiche Gewinnvereinnahmung" Erläuterungen zur Ausschüttungssperre noch nicht vereinnahmter Beteiligungserträge eingefügt.[23] Konkret hat der Ausschuss dem im Regierungsentwurf vorgesehenen § 272 Abs. 5 HGB-E noch den folgenden Satz 2 hinzugefügt:

„Die Rücklage ist aufzulösen, soweit die Kapitalgesellschaft die Beträge vereinnahmt oder einen Anspruch auf ihre Zahlung erwirbt."[24]

In der Begründung des Ausschusses für Recht und Verbraucherschutz heißt es:

„Im Hinblick auf die in § 272 Absatz 5 HGB-E vorgesehene Bildung einer ausschüttungsgesperrten Rücklage für noch nicht an die Kapitalgesellschaft ausgeschüttete Betei-

---

[16] BT-Drs. 18/4050, 63.
[17] BT-Drs. 18/4050, 63.
[18] BT-Drs. 18/4351, 1 f.
[19] *Haaker*, DB 2015, 510, 510.
[20] *Ders.*, BB 2015, 876, 876.
[21] Vgl.: *Haaker*, KoR 2015, 277, 277: „Geht es nach der Mehrheit der Sachverständigen, ist die Ausschüttungssperre nach § 272 Abs. 5 HGB-E wieder zu tilgen oder läuft in der Rechtsanwendung ins Leere."
[22] BT-Drs. 18/5256, 2.
[23] BT-Drs. 18/5256, 2.
[24] BT-Drs. 18/5256, 12.

ligungserträge ist Kritik geäußert worden. In der Anhörung wurden hierzu unterschiedliche Auffassungen vertreten. Der Ausschuss hat ausführlich erwogen, ob die Regelung notwendig ist, und dabei das Ergebnis der Anhörung erörtert. Für den Gesetzentwurf spricht, dass Artikel 9 Absatz 7 Buchstabe c der Richtlinie 2013/34/EU ausdrücklich eine Ausschüttungssperre verlangt und der Gesetzesentwurf diese Vorgabe 1:1 umsetzt. Eine Nichtumsetzung führt zum Risiko der Vertragsverletzung. Es sollte daher am Gesetzesentwurf festgehalten werden. Klargestellt werden muss allerdings, dass die Rücklage wieder aufgelöst werden kann, sobald der Beteiligungsertrag ausgeschüttet oder durch Entstehung eines Anspruchs der Kapitalgesellschaft auf Ausschüttung dieser zugeordnet worden ist. Im Übrigen ist darauf hinzuweisen, dass es für die Entstehung eines Anspruchs der Kapitalgesellschaft im Sinne des § 272 Absatz 5 HGB-E genügt, dass die Kapitalgesellschaft den Beteiligungsertrag so gut wie sicher vereinnahmen wird, auch wenn ein Beschluss des Beteiligungsunternehmens zur Gewinnverwendung noch aussteht. Das dürfte in der Regel anzunehmen sein, wenn die Kapitalgesellschaft Erträge aus dem Tochterunternehmen vereinnahmt. Auf einen Anspruch im Rechtssinne kommt es dabei nach Auffassung des Ausschusses nicht an."[25]

4. Das BilRUG

Am 17.07.2015 wurde das BilRUG beschlossen, wobei das Einfügen des § 272 Abs. 5 HGB in der geänderten Form des Ausschusses für Recht und Verbraucherschutz erfolgt ist. Das Gesetz trat am 23.07.2015 am Tag nach seiner Verkündung in Kraft. Der Wortlaut der neu eingeführten Ausschüttungssperre des § 272 Abs. 5 HGB lautet:

„Übersteigt der auf eine Beteiligung entfallende Teil des Jahresüberschusses in der Gewinn- und Verlustrechnung die Beträge, die als Dividende oder Gewinnanteil eingegangen sind oder auf deren Zahlung die Kapitalgesellschaft einen Anspruch hat, ist der Unterschiedsbetrag in eine Rücklage einzustellen, die nicht ausgeschüttet werden darf. Die Rücklage ist aufzulösen, soweit die Kapitalgesellschaft die Beträge vereinnahmt oder einen Anspruch auf ihre Zahlung erwirbt."

II. Exkurs: Andere Ausschüttungssperren

Im Gesellschaftsrecht sind etliche Vorschriften enthalten, die wie § 272 Abs. 5 HGB aus Gläubigerschutzgründen eine Ausschüttung an die Gesellschafter verhindern sollen (sog. Kapitalschutzkonzepte).[26] Die meisten davon beruhen auf rechtsformspezifischen Besonderheiten (bspw. § 5a GmbHG, §§ 30, 31 GmbHG, § 150 AktG), deren Anwendung insbesondere nicht von der Aktivierung spezieller Vermögensgegenstände abhängt. Andere beziehen sich auf Kapitalherabsetzungen (§§ 232, 233, 237 Abs. 5 AktG, §§ 58c, 58d GmbHG), Kapitalerhöhungen (§ 218

---

[25] BT-Drs. 18/5256, 81 f.
[26] Vgl. ausführlich: *Mylich*, ZHR, 181 (2017), 87, 88 f.

AktG) oder Nachschüsse der Gesellschafter (§ 42 Abs. 2 S. 3 GmbHG) und somit auf gesellschaftsrechtliche Maßnahmen, bei denen die Vergleichbarkeit auch zu fehlen scheint. Bis auf den Sinn und Zweck und teilweise die Rechtsfolge (Rücklagenbildung) bestehen hier keine ersichtlichen Anhaltspunkte, die zwecks Interpretation des § 272 Abs. 5 HGB eine nähere Betrachtung gebieten.

Anders scheint es bei den Ausschüttungssperren des § 268 Abs. 8 HGB, § 253 Abs. 6 HGB und § 272 Abs. 4 HGB. Hier ist jedenfalls partiell eine Vergleichbarkeit gegeben, sodass es nicht ausgeschlossen erscheint, dass jene für die Auslegung des § 272 Abs. 5 HGB herangezogen werden könnten. In diesem Sinne sollen diese Ausschüttungssperren vorab betrachtet werden, um später auf einzelne Gesichtspunkte zurückgreifen zu können.

1. Die Ausschüttungssperre des § 268 Abs. 8 HGB

Ein Großteil der Literatur wirft die Frage auf, warum die Ausschüttungssperre des § 272 Abs. 5 HGB nicht bei § 268 Abs. 8 HGB angesiedelt wurde.[27] Dabei geht es der Literatur vermutlich weniger um die Positionierung der Ausschüttungssperre an sich, sondern vielmehr auch um die fehlende Übernahme der Funktionsweise des § 268 Abs. 8 HGB.

Bei § 268 Abs. 8 HGB handelt es sich um eine außerbilanzielle Ausschüttungssperre, die dem Kapital- und Gläubigerschutz dient und eine gesellschaftsrechtliche Regelung darstellt.[28] Sie wurde in das HGB im Rahmen des BilMoG im Jahr 2009 eingefügt. Hintergrund war eine erweiterte Aktivierungsmöglichkeit für selbstgeschaffene immaterielle Vermögensgegenstände, latente Steuern und Vermögensgegenstände, die dem Zugriff aller übrigen Gläubiger entzogen sind und ausschließlich der Erfüllung von Schulden aus Altersversorgungsverpflichtungen oder vergleichbaren langfristig fälligen Verpflichtungen dienen. Die erweiterte Aktivierungsmöglichkeit erfolgte, um den Informationsgehalt des Jahresabschlusses zu erhöhen und somit letztlich aufgrund des true and fair view-Grundsatzes. Um gleichwohl dem Vorsichtsprinzip gerecht zu werden, wurde parallel die Ausschüttungssperre des § 268 Abs. 8 HGB mit folgendem Wortlaut eingefügt:[29]

---

[27] BeckOKHGB/*Regierer*, 31. Aufl. 2021, § 272 HGB Rn. 56.1; *Lüdenbach/Freiberg*, BB 2015, 363, 365; *Deutsches Rechnungslegungs Standards Comittee e. V.*, Stellungnahme 24. 02. 2015, 4; *Oser/Orth/Wirtz*, DB 2015, 197, 199 f.; siehe ausführlich zum Standort: *Mylich*, ZHR, 181 (2017), 87, 105 ff.; der Vorschlag zum Einfügen als neuer § 272 Abs. 5 HGB kam letztlich vom *Arbeitskreis Bilanzrecht der Hochschullehrer Rechtswissenschaft*, BB 2014, 2731, 2733.

[28] *Link*, Die Ausschüttungssperre des § 268 Abs. 8 HGB, 2014, 38; teilweise wird sie gar als „Generalnorm" der außerbilanziellen Ausschüttungssperren bezeichnet: *Lanfermann/Röhricht*, DStR 2009, 1216, 1216.

[29] *Hüttemann/Meyer*, in: Staub, HGB, 5. Aufl. 2014, § 268 HGB Rn. 39; Baetge/Kirsch/Thiele/*Marx/Dallmann*, 96 Lieferung 2021, § 268 HGB Rn. 111; EBJS/*Böcking/Gros/Wallek*, 4. Aufl. 2020, § 268 HGB Rn. 25.

„Werden selbst geschaffene immaterielle Vermögensgegenstände des Anlagevermögens in der Bilanz ausgewiesen, so dürfen Gewinne nur ausgeschüttet werden, wenn die nach der Ausschüttung verbleibenden frei verfügbaren Rücklagen zuzüglich eines Gewinnvortrags und abzüglich eines Verlustvortrags mindestens den insgesamt angesetzten Beträgen abzüglich der hierfür gebildeten passiven latenten Steuern entsprechen. Werden aktive latente Steuern in der Bilanz ausgewiesen, ist Satz 1 auf den Betrag anzuwenden, um den die aktiven latenten Steuern die passiven latenten Steuern übersteigen. Bei Vermögensgegenständen im Sinn des § 246 Abs. 2 Satz 2 ist Satz 1 auf den Betrag abzüglich der hierfür gebildeten passiven latenten Steuern anzuwenden, der die Anschaffungskosten übersteigt."

Die Ausschüttungssperre findet damit Anwendung auf selbst geschaffene immaterielle Vermögensgegenstände, angesetzte aktive latente Steuern und Vermögensgegenstände, die dem Zugriff aller übrigen Gläubiger entzogen sind und ausschließlich der Erfüllung von Schulden aus Altersversorgungsverpflichtungen oder vergleichbaren langfristig fälligen Verpflichtungen dienen, jeweils abzüglich passiver latenter Steuern.[30] Irrelevant ist dabei, ob eine erfolgswirksame Buchung erfolgte. Hintergrund ist, dass nach Ansicht des Gesetzgebers in diesen Fällen eine „objektiv nicht sicher bewertbare Position" Einzug in die Bilanz findet, die dem Gläubigerschutz nur gerecht wird, wenn auf dieser Grundlage keine Ausschüttung zulässig ist.[31] Es handelt sich dabei um den Ausweis „realisierbarer, aber noch nicht realisierter Erträge".[32] Das Einfügen der Ausschüttungssperre stellt damit einen „gesetzgeberischen Kompromiss" dar.[33]

Außerbilanziell ist die Ausschüttungssperre, da für sie keine Rücklage gebildet wird. Vielmehr findet folgende außerbilanzielle Rechnung statt:

---

[30] Zum Problem der Doppelberücksichtigung passiver latenter Steuern vgl.: *Link*, Die Ausschüttungssperre des § 268 Abs. 8 HGB, 2014, 129 ff.
[31] *Arbeitskreis Bilanzrecht der Hochschullehrer Rechtswissenschaft*, BB 2008, 152, 154; *Gelhausen/Althoff*, Wpg 2009, 584, 586; BeckOKHGB/*Poll*, 31. Aufl. 2021, § 268 HGB Rn. 23; Baetge/Kirsch/Thiele/*Marx/Dallmann*, 96 Lieferung 2021, § 268 HGB Rn. 112; EBJS/ *Böcking/Gros/Wallek*, 4. Aufl. 2020, § 268 HGB Rn. 25; MüKoHGB/*Reiner*, 4. Aufl. 2020, § 268 HGB Rn. 28.
[32] MüKoBilanzR/*Suchan*, 2013, § 268 HGB Rn. 79.
[33] *Hüttemann/Meyer*, in: Staub, HGB, 5. Aufl. 2014, § 268 HGB Rn. 39; ähnlich: *Arbeitskreis Bilanzrecht der Hochschullehrer Rechtswissenschaft*, BB 2008, 152, 157; *Simon*, NZG 2009, 1081, 1087.

	Frei verfügbare Rücklagen
+/./.	Gewinnvortrag/Verlustvortrag
+/./.	Jahresüberschuss/Jahresfehlbetrag
./.	Einstellung in gesetzliche oder satzungsmäßige Rücklagen
=	**Ausschüttungsfähiger Betrag vor § 268 HGB**
./.	Saldo zwischen selbst geschaffenen immateriellen Vermögensgegenständen des Anlagevermögens und hierfür gebildeten latenten Steuern
./.	Saldo zwischen aktiven latenten Steuern und passiven latenten Steuern
./.	Saldo zwischen Buchwert der Vermögensgegenstände i. S. d. § 246 Abs. 2 S. 2 HGB und den hierfür gebildeten passiven latenten Steuern
=	**Ausschüttungsfähiger Betrag nach § 268 Abs. 8 HGB**

Abbildung 6: Funktionsweise der Ausschüttungssperre des § 268 Abs. 8 HGB[34]

Frei verfügbare Rücklagen können dabei sowohl Kapital- als auch Gewinnrücklagen sein.[35] Die Berechnung des ausschüttungsfähigen Betrags nach § 268 Abs. 8 HGB ist anhand der aktuellen Werte jährlich aufs Neue fortzuführen. Irrelevant ist dabei, ob in dem jeweiligen Geschäftsjahr eine Aktivierung neu stattgefunden hat.[36] Erst wenn die entsprechend bilanzierten Vermögensgegenstände, welche zur Anwendung der Ausschüttungssperre geführt haben, abgehen, ist keine Berechnung mehr vorzunehmen.[37]

Sollte der ausschüttungsfähige Betrag nach § 268 Abs. 8 HGB gleich null sein oder negativ ausfallen, ist keine Ausschüttung zulässig. Es besteht allerdings auch keine Pflicht, den Negativbetrag in eine Rücklage einzustellen.[38] Dies ist gerade die Besonderheit einer außerbilanziellen Ausschüttungssperre.

Im Anhang ist gem. § 285 Nr. 28 HGB der Gesamtbetrag i. S. d. § 268 Abs. 8 HGB, aufgegliedert in Beträge aus der Aktivierung selbst geschaffener immaterieller

---

[34] Vgl.: Baetge/Kirsch/Thiele/*Marx/Dallmann*, 96 Lieferung 2021, § 268 HGB Rn. 115; Beck Bil-Komm/*Grottel/Waubke*, 12. Aufl. 2020, § 268 HGB Rn. 72.

[35] BeckOKHGB/*Poll*, 31. Aufl. 2021, § 268 HGB Rn. 23; *Küting/Lorson/Eichenlaub/Toebe*, GmbHR 2011, 1, 6; *Gelhausen/Althoff*, Wpg 2009, 584, 586; Heidel/Schall/*Kuhn*, 2. Aufl. 2015, § 268 HGB Rn. 43; *Hüttemann/Meyer*, in: Staub, HGB, 5. Aufl. 2014, § 268 HGB Rn. 42; *Mock*, in: Hachmeister/Kahle/Mock/Schüppen, Bilanzrecht, 2. Aufl. 2020, § 268 HGB Rn. 95; Baetge/Kirsch/Thiele/*Marx/Dallmann*, 96 Lieferung 2021, § 268 HGB Rn. 114; Beck Bil-Komm/*Grottel/Waubke*, 12. Aufl. 2020, § 268 HGB Rn. 73; *Lanfermann/Röhricht*, DStR 2009, 1216, 1217; *Simon*, NZG 2009, 1081, 1084.

[36] Heidel/Schall/*Kuhn*, 2. Aufl. 2015, § 268 HGB Rn. 42; *Hüttemann/Meyer*, in: Staub, HGB, 5. Aufl. 2014, § 268 HGB Rn. 42; Baetge/Kirsch/Thiele/*Marx/Dallmann*, 96 Lieferung 2021, § 268 HGB Rn. 114; *Lanfermann/Röhricht*, DStR 2009, 1216, 1218.

[37] *Gelhausen/Althoff*, Wpg 2009, 584, 586; MüKoHGB/*Reiner*, 4. Aufl. 2020, § 268 HGB Rn. 29.

[38] Heidel/Schall/*Kuhn*, 2. Aufl. 2015, § 268 HGB Rn. 44; *Hüttemann/Meyer*, in: Staub, HGB, 5. Aufl. 2014, § 268 HGB Rn. 42.

II. Exkurs: Andere Ausschüttungssperren

Vermögensgegenstände des Anlagevermögens, Beträge aus der Aktivierung latenter Steuern und aus der Aktivierung von Vermögensgegenständen, die dem Zugriff aller übrigen Gläubiger entzogen sind und ausschließlich der Erfüllung von Schulden aus Altersversorgungsverpflichtungen oder vergleichbaren langfristig fälligen Verpflichtungen dienen, zum beizulegenden Zeitwert anzugeben.

In § 301 S. 1 AktG ist ferner festgelegt, dass auch bei Bestehen eines Ergebnisabführungsvertrags eine Abführung nur im Rahmen des ausschüttungsfähigen Betrags nach § 268 Abs. 8 HGB möglich ist.[39]

Strittig ist, ob die Ausschüttungssperre des § 268 Abs. 8 HGB auf Personenhandelsgesellschaften i. S. d. § 264a HGB (sog. kapitalistische Personenhandelsgesellschaften) Anwendung findet. Zwar ist § 268 Abs. 8 HGB im zweiten Abschnitt des dritten Buchs des HGB platziert, sodass grundsätzlich eine Anwendung auf kapitalistische Personenhandelsgesellschaften gegeben sein müsste. Gleichwohl schließt die h. M. eine Anwendung auf kapitalistische Personenhandelsgesellschaften unter Hinweis auf die unterschiedlichen Haftungsverfassungen von Kapitalgesellschaften und Personengesellschaften aus.[40] Hintergrund ist, dass bei Personengesellschaften der Kapitalschutz grundsätzlich nicht durch eine Beschränkung der Entnahmefähigkeiten bewirkt wird, sondern die persönliche Haftung der Gesellschafter diesen Zweck erfüllt.[41]

Bei der Ausschüttungssperre des § 268 Abs. 8 HGB besteht mit § 172 Abs. 4 S. 3 HGB ein System, das die Außenhaftung des Kommanditisten erweitert.[42] § 172 Abs. 4 S. 3 HGB besagt insofern, dass bei der Berechnung des Kapitalanteils im Rahmen der Kommanditistenhaftung die Beträge i. S. d. § 268 Abs. 8 HGB wegen Rückzahlung der Einlage bzw. Überentnahme des Gewinnanteils nicht zu berücksichtigen sind.[43] Zu beachten ist allerdings, dass die Erweiterung der Außenhaftung des Kommanditisten in § 172 Abs. 4 S. 3 HGB nicht nur bei kapitalistischen Per-

---

[39] Siehe ausführlich zu § 301 AktG: *Gelhausen/Althoff*, Wpg 2009, 629 ff.
[40] BT-Drs. 16/10067, 46; Heidel/Schall/*Kuhn*, 2. Aufl. 2015, § 268 HGB Rn. 45; *Hüttemann/Meyer*, in: Staub, HGB, 5. Aufl. 2014, § 268 HGB Rn. 41; BeckOKHGB/*Poll*, 31. Aufl. 2021, § 268 HGB Rn. 25; EBJS/*Böcking/Gros/Wallek*, 4. Aufl. 2020, § 268 HGB Rn. 26; Baumbach/Hopt/*Merkt*, 40. Aufl. 2021, § 268 HGB Rn. 9; *Mylich*, ZHR, 182 (2018), 414, 434 ff.; *Althoff*, DStR 2012, 868, 868; *Marx/Dallmann*, StBg 2010, 453, 454 f.; *Zwirner/Froschhammer*, StuB 2012, 139, 140 ff.; *Zwirner*, in: Petersen/Zwirner, BilMoG, 2009, § 268 HGB, 473; a. A.: *Küting/Lorson/Eichenlaub/Toebe*, GmbHR 2011, 1, 2; *Mock*, in: Hachmeister/Kahle/Mock/Schüppen, Bilanzrecht, 2. Aufl. 2020, § 268 HGB Rn. 85; MüKoBilanzR/*Suchan*, 2013, § 268 HGB Rn. 86; MüKoHGB/*Reiner*, 4. Aufl. 2020, § 268 HGB Rn. 40; *Lanfermann/Röhricht*, DStR 2009, 1216, 1216; *Simon*, NZG 2009, 1081, 1082.
[41] Siehe zum Haftungskonzept der KG ausführlich: *Mylich*, ZHR, 182 (2018), 414, 423 ff.
[42] Siehe für das Erfordernis des § 172 Abs. 4 S. 3 HGB schon: *Arbeitskreis Bilanzrecht der Hochschullehrer Rechtswissenschaft*, BB 2008, 152, 155; Hennrichs, DB 2008, 537, 541 f.
[43] Siehe zum Sinn und Zweck des § 172 Abs. 4 HGB: Henssler/Strohn GesR/*Gummert*, 5. Aufl. 2021, § 172 HGB Rn. 56; MüKoHGB/*Schmidt*, 4. Aufl. 2019, § 172 HGB Rn. 81; Baumbach/Hopt/*Roth*, 40. Aufl. 2021, § 172 HGB Rn. 8a; EBJS/*Strohn*, 4. Aufl. 2020, § 172 HGB Rn. 45; *Mylich*, ZHR, 182 (2018), 414, 415.

sonenhandelsgesellschaften Anwendung findet, sondern auch bei solchen, die nicht in den Anwendungsbereich des § 264a HGB fallen. Die h. M. findet dies aber im Hinblick auf die grundsätzliche Kapitalbindung von Kommanditisten unbedenklich.[44] Eine Ausweitung der Haftung der Komplementäre, auf Gesellschafter einer kapitalistischen OHG sowie auf Gesellschafter von Personenunternehmen, die dem PublG unterfallen, wird nicht für erforderlich gehalten, da diese ohnehin jeweils grundsätzlich unbeschränkt haften.[45]

2. Die Ausschüttungssperre des § 253 Abs. 6 HGB

§ 253 Abs. 6 HGB besagt:

„Im Falle von Rückstellungen für Altersversorgungsverpflichtungen ist der Unterschiedsbetrag zwischen dem Ansatz der Rückstellungen nach Maßgabe des entsprechenden durchschnittlichen Marktzinssatzes aus den vergangenen zehn Geschäftsjahren und dem Ansatz der Rückstellungen nach Maßgabe des entsprechenden durchschnittlichen Marktzinssatzes aus den vergangenen sieben Geschäftsjahren in jedem Geschäftsjahr zu ermitteln. Gewinne dürfen nur ausgeschüttet werden, wenn die nach der Ausschüttung verbleibenden frei verfügbaren Rücklagen zuzüglich eines Gewinnvortrags und abzüglich eines Verlustvortrags mindestens dem Unterschiedsbetrag nach Satz 1 entsprechen. Der Unterschiedsbetrag nach Satz 1 ist in jedem Geschäftsjahr im Anhang oder unter der Bilanz darzustellen."

Die Norm wurde im Rahmen des Gesetzes zur Umsetzung der Wohnimmobilienkreditrichtlinie und zur Änderung handelsrechtlicher Vorschriften vom 16.03. 2016[46] eingefügt. Ziel war, die Auswirkungen der Niedrigzinsphase auf Unternehmen abzumildern, indem der maßgebliche Zeitraum zur Ermittlung des durchschnittlichen Marktzinssatzes von sieben auf zehn Jahre erhöht wurde.[47] Unternehmen sollten jedenfalls bilanziell entlastet werden, indem sie vermeintlich einen geringeren Betrag in die Rückstellungen einstellen müssen. Gleichwohl sollte ein etwaiger Unterschiedsbetrag, der sich ggf. aus den unterschiedlichen Betrach-

---

[44] *Hüttemann/Meyer*, in: Staub, HGB, 5. Aufl. 2014, § 268 HGB Rn. 41; a. A.: *ders.*, in: Hachmeister/Kahle/Mock/Schüppen, Bilanzrecht, 2. Aufl. 2020, § 268 HGB Rn. 85; wohl auch: *Wehrheim/Rupp*, DB 2009, 356, 358.
[45] *Dies.*, in: Staub, HGB, 5. Aufl. 2014, § 268 HGB Rn. 41; a. A.: MüKoHGB/*Reiner*, 4. Aufl. 2020, § 268 HGB Rn. 42.
[46] Gesetz zur Umsetzung der Wohnimmobilienkreditrichtlinie und zur Änderung handelsrechtlicher Vorschriften, BGBl I 2016, 396 ff.
[47] Baumbach/Hopt/*Merkt*, 40. Aufl. 2021, § 253 HGB Rn. 33; *Marx*, in: Hachmeister/Kahle/Mock/Schüppen, Bilanzrecht, 2. Aufl. 2020, § 253 HGB Rn. 218; *Hainz*, BB 2017, 178, 178; *Kessler/Egelhof*, DStR 2017, 998, 998; *Pohl*, NWB 2017, 2290, 2291; *Thaut*, DB 2016, 2185, 2185.

tungszeiträumen ergibt, zum Schutz der Altersversorgungsverpflichtungen das Unternehmen nicht verlassen, weshalb die Ausschüttungssperre eingefügt wurde.[48]

Die Regelung ist im ersten Abschnitt des dritten Buchs des HGB „Vorschriften für alle Kaufleute" enthalten. Gleichwohl geht die h. M. davon aus, dass § 253 Abs. 6 HGB aufgrund der unterschiedlichen Haftungsverfassungen von Kapitalgesellschaften und Personengesellschaften nur bei Kapitalgesellschaften Anwendung findet.[49] Zu beachten ist allerdings, dass anders als bei § 268 Abs. 8 HGB in § 172 Abs. 4 S. 3 HGB kein Verweis auf die Ausschüttungssperre des § 253 Abs. 6 HGB vorgesehen ist. Diskutiert wird vor diesem Hintergrund, ob eine analoge Anwendung des § 172 Abs. 4 S. 3 HGB geboten ist.[50]

Bei dem Einfügen des § 253 Abs. 6 HGB wurde sich insofern an § 268 Abs. 8 HGB orientiert, als dessen Technik übernommen wurde: Auch hier ist keine Rücklage zu bilden; es handelt sich allein um eine außerbilanzielle Ausschüttungssperre.[51]

Lange Zeit wurde vor diesem Hintergrund diskutiert, ob § 301 S. 1 AktG analog auch auf die Ausschüttungssperre des § 253 Abs. 6 HGB Anwendung finden könne, da deren Beachtung in § 301 S. 1 AktG nicht angeordnet wurde. Folge wäre gewesen, dass neben der Ausschüttungssperre auch eine sog. Abführungssperre bestehen würde.[52] Diesen Diskussionen wurde allerdings mit dem BMF-Schreiben vom 23. 12. 2016[53] ein Ende gesetzt. Hier wird eine analoge Anwendung ausgeschlossen. Im Schrifttum wird diese Ansicht weitestgehend akzeptiert.[54] Die analoge Anwendung scheitere an einer planwidrigen Regelungslücke.[55] Auch eine sog. „Ausschüttungssperre 2 Grades" oder eine „mittelbare Ausschüttungssperre" bei der Obergesellschaft wird von der h. M. abgelehnt.[56]

---

[48] BT-Drs. 18/7584, 149; Koller/Kindler/Roth/Drüen/*Morck/Drüen*, 9. Aufl. 2019, § 253 HGB Rn. 13; *Marx*, in: Hachmeister/Kahle/Mock/Schüppen, Bilanzrecht, 2. Aufl. 2020, § 253 HGB Rn. 218; Baumbach/Hopt/*Merkt*, 40. Aufl. 2021, § 253 HGB Rn. 33.

[49] Beck Bil-Komm/*Schubert/Andrejewski*, 12. Aufl. 2020, § 253 HGB Rn. 711; *Oser/Wirtz*, DB 2017, 261, 262; die Argumente sind hier ähnlich wie bei § 268 Abs. 8 HGB; siehe hierzu deshalb ausführlich: D.II.1; a. A.: *Pohl*, NWB 2017, 2290, 2292 f.

[50] Für eine analoge Anwendung: Beck Bil-Komm/*Schubert/Andrejewski*, 12. Aufl. 2020, § 253 HGB Rn. 711; *Zwirner*, StuB 2016, 207, 210.

[51] BeckOKHGB/*Poll*, 31. Aufl. 2021, § 253 HGB Rn. 93; Vgl. zu der Funktionsweise ausführlich: D.II.1.

[52] Siehe zur Diskussion: *Zwirner*, BC 2016, 372 ff.

[53] BMF-Schreiben vom 23. 12. 2016 – IV C 2-S 2770/16/10002, BStBl I 2017, 41.

[54] *Marx*, in: Hachmeister/Kahle/Mock/Schüppen, Bilanzrecht, 2. Aufl. 2020, § 253 HGB Rn. 220; Koller/Kindler/Roth/Drüen/*Morck/Drüen*, 9. Aufl. 2019, § 253 HGB Rn. 13; Baumbach/Hopt/*Merkt*, 40. Aufl. 2021, § 253 HGB Rn. 33; Beck Bil-Komm/*Schubert/Andrejewski*, 12. Aufl. 2020, § 253 HGB Rn. 714; *Hainz*, BB 2017, 178, 178; *Kessler/Egelhof*, DStR 2017, 998, 1000; *Freiberg*, StuB 2016, 257, 257; *Fuhrmann*, NWB 2017, 1003, 1004 f.

[55] *Kessler/Egelhof*, DStR 2017, 998, 1000; *Freiberg*, StuB 2016, 257, 258.

[56] *Henckel*, StuB 2017, 345 ff.; *Pohl*, NWB 2017, 2290, 2295 f.

128 D. Auswirkungen des BilRUG auf die phasenkongruente Dividendenaktivierung

Ob dieses Ergebnis der Finanzverwaltung und der sich anschließenden Literatur zwingend ist, erscheint allerdings fraglich.

Richtig ist sicherlich, dass zwischen Ausschüttungs- und Abführungssperre zu differenzieren ist bzw. der Gesetzgeber entsprechend differenziert.[57] Dies zeigt schon der ausdrückliche Verweis in § 301 S. 1 AktG auf § 268 Abs. 8 HGB. Eine Ausschüttungssperre führt damit nicht automatisch zu einer Abführungssperre.

Richtig ist auch, dass der Gesetzgeber es unterlassen hat, für Beträge, die nach § 253 Abs. 6 HGB ausschüttungsgesperrt sind, eine Abführungssperre ausdrücklich anzuordnen. Ob dies auf eine bewusste Entscheidung des Gesetzgebers zurückzuführen ist und als Folge eine analoge Anwendung mangels des Vorliegens einer planwidrigen Regelungslücke ausscheidet, vermag ich nicht abschließend zu beurteilen. Die Mehrheit der Literatur geht jedenfalls davon aus, dass der Gesetzgeber bewusst auf das Einfügen einer Abführungssperre verzichtet habe.[58] Gleichwohl ist aus den Gesetzesmaterialien nicht zu erkennen, dass sich der Gesetzgeber mit der Frage ausdrücklich auseinandergesetzt hat.[59]

Teleologisch lässt sich m.E. nicht begründen, warum im vorliegenden Fall lediglich eine Ausschüttungssperre und keine Abführungssperre gelten sollte.[60] Sinn und Zweck der Ausschüttungssperre ist ausweislich der Gesetzesbegründung, dass die entsprechenden Beträge das Unternehmen nicht verlassen.[61] Inwiefern sodann ein Unterschied zwischen einer Ausschüttung und einer Abführung besteht, erschließt sich nicht. Auch bei einer Abführung verlassen die Beträge das Unternehmen.[62] Ob dies nun – wie von Kessler/Egelhof vorgebracht[63] – auf gesellschafts-

---

[57] *Kessler/Egelhof*, DStR 2017, 998, 999.

[58] *Kuhn/Moser*, Wpg 2016, 381, 385; *Henckel*, StuB 2017, 345, 346; *Freiberg*, StuB 2016, 257, 258; jeweils im Hinblick auf den Aufsatz von *Oser/Wirtz*, DB 2016, 247, 248; *Pohl*, NWB 2017, 2290, 2295, im Hinblick auf das Plenarprotokoll 18/155, S. 15341; *Kessler/Egelhof*, DStR 2017, 998, 1000, im Hinblick auf *Institut der Wirtschaftsprüfer in Deutschland e. V.*, Stellungnahme 04.03.2016, S. 1 und *Oser/Wirtz*, DB 2016, 247, 248; a.A.: *Hageböke/Hennrichs*, DB 2017, 18, 21; *Hennrichs/Riedel*, NZG 2017, 375, 377; *Oser/Wirtz*, DB 2017, 261, 262; *Zwirner*, StuB 2016, 207, 210, die jeweils von einer Rechtsunsicherheit sprechen.

[59] Vgl. Beschlussempfehlung und Bericht des Ausschusses für Recht und Verbraucherschutz des Deutschen Bundestags, BT-Drs. 18/7584, S. 148 ff. und das Plenarprotokoll 18/155, S. 15300 ff. Zwar wird in einer Erklärung nach § 31 GO der Abgeordneten Fritz Güntzler und Philipp Graf Lerchenfeld (beide CDU/CSU) zu dem Gesetzentwurf (siehe Plenarprotokoll 18/155, S. 15341) im Hinblick auf eine fehlende Abführungssperre kritisch Stellung genommen. Daraus zu schlussfolgern, dass der Gesetzgeber im Rechtsausschuss über dieses Thema diskutiert hat, liegt nahe, kann aber nicht abschließend festgestellt werden. In der Debatte wird dieses Thema jedenfalls nicht diskutiert.

[60] Siehe auch *Hageböke/Hennrichs*, DB 2017, 18, 21; *Hennrichs/Riedel*, NZG 2017, 375, 377, die für eine analoge Anwendung des § 301 S. 1 AktG plädieren.

[61] BT-Drs. 18/7584, 149; vgl. auch Koller/Kindler/Roth/Drüen/*dies.*, 9. Aufl. 2019, § 253 HGB Rn. 13; *ders.*, in: Hachmeister/Kahle/Mock/Schüppen, Bilanzrecht, 2. Aufl. 2020, § 253 HGB Rn. 218; Baumbach/Hopt/*Merkt*, 40. Aufl. 2021, § 253 HGB Rn. 33.

[62] Ähnlich auch *Henckel*, StuB 2017, 345, 346; *Hageböke/Hennrichs*, DB 2017, 18, 21; *Zwirner*, StuB 2016, 207, 210.

rechtlicher oder auf schuldrechtlicher Grundlage erfolgt, kann m. E. keinen Unterschied machen. Auch die von Kessler/Egelhof vorgenommene Differenzierung zwischen den Zwecken der einzelnen Sperren überzeugt nicht:[64] Nach Kessler/Egelhof dient eine Ausschüttungssperre dem Gläubigerschutz und eine Abführungssperre dem (Minderheits-)aktionärsschutz. Hintergrund ist, dass aus Gläubigerschutzgesichtspunkten eine Abführungssperre nicht notwendig sei, da die Muttergesellschaft gem. § 302 Abs. 1 AktG ohnehin zum Verlustausgleich bei der Tochtergesellschaft verpflichtet sei.[65] Dies greift m. E. zu kurz. Bei der Muttergesellschaft selbst besteht keine Vorschrift, nach welcher sie die entsprechenden Beträge nicht ausschütten darf (sog. Ausschüttungssperre 2 Grades), sodass sie selbst die Beträge an ihre Gesellschafter ausschütten kann. Wenn die Beträge insofern ausgeschüttet sind, ist jedenfalls nicht hinreichend sichergestellt, dass der Verlustausgleichsanspruch nicht wirtschaftlich wertlos ist. Auch hier besteht ein Bedürfnis nach Gläubigerschutz.

Vereinzelt wurde in Teilen der Literatur diskutiert, ob nicht eine Ausschüttungssperre 2 Grades bei der Muttergesellschaft gelten müsste.[66] Hintergrund ist auch hier, dem fehlenden Gläubigerschutz entgegenzuwirken und insofern die Gelder im Unternehmensverbund zu halten. Es handelt sich damit um ein neues Konstrukt, welches allerdings den gleichen Sinn und Zweck wie eine Abführungssperre verfolgt. Sollte man eine Abführungssperre bejahen, so bedarf es keiner Ausschüttungssperre 2 Grades und umgekehrt. Es erschließt sich nicht, warum man nun ein dem Gesetz bisher unbekanntes Konstrukt kreieren sollte (Ausschüttungssperre 2 Grades), wenn man doch bereits über ein sinnhaftes, funktionierendes und bewährtes Konstrukt (Abführungssperre) verfügt.

Zusammenfassend bedarf es m. E auch im Zusammenhang mit § 253 Abs. 6 HGB einer Abführungssperre, sodass eine Analogie zu § 301 S. 1 AktG interessengerecht wäre. Geht man also davon aus, dass eine Analogie zu § 301 S. 1 AktG mangels des Vorliegens einer planwidrigen Regelungslücke nicht möglich sei, sollte der Gesetzgeber zu einer Gesetzesänderung angeregt werden, um die Schutzlücke zu schließen.[67]

3. Die Ausschüttungssperre des § 272 Abs. 4 HGB

Im Rahmen des BilMoG im Jahr 2009 wurde auch die Regelung des § 272 Abs. 4 HGB angepasst. Während nach § 272 Abs. 4 HGB a. F. eine Rücklage für eigene Anteile und Anteile an einem herrschenden oder mit Mehrheit beteiligten Unter-

---

[63] *Dies.*, DStR 2017, 998, 999.
[64] *Dies.*, DStR 2017, 998, 999.
[65] *Kessler/Egelhof*, DStR 2017, 998, 999.
[66] Siehe nur *Henckel*, StuB 2017, 345, 346.
[67] Siehe auch *Hennrichs/Riedel*, NZG 2017, 375, 377.

nehmen zu bilden war, bezieht sich § 272 Abs. 4 HGB n. F. nur noch auf Anteile an einem herrschenden oder mit Mehrheit beteiligten Unternehmen. Für diese ist bei der Tochtergesellschaft[68] ein Betrag in eine Rücklage einzustellen, die dem auf der Aktivseite der Bilanz für die Anteile an dem herrschenden oder mit Mehrheit beteiligten Unternehmen angesetzten Betrag entspricht. Dabei darf die Rücklage aus freien Rücklagen gebildet werden. Sollten die freien Rücklagen und der Jahresüberschuss für die Rücklagenbildung nicht ausreichen, muss die Rücklage zulasten eines Bilanzverlusts gebildet werden.[69] Aufzulösen ist die Rücklage, soweit die Anteile an dem herrschenden oder mit Mehrheit beteiligten Unternehmen veräußert, ausgegeben oder eingezogen werden oder auf der Aktivseite ein niedrigerer Betrag angesetzt wird.

Bei der Rücklage nach § 272 Abs. 4 HGB handelt es sich ausweislich § 266 Abs. 3 A. III. Nr. 2 HGB um eine Gewinnrücklage. Sie ist damit gem. § 272 Abs. 3, 4 S. 3 HGB bei der Aufstellung der Bilanz aus dem Gewinn der Gesellschaft zu bilden.

Sinn und Zweck der Ausschüttungssperre ist der Gesellschafter- und Gläubigerschutz.[70] Es soll eine Rückzahlung der Einlage verhindert werden.[71]

Eine Anwendung bzw. Nichtanwendung des § 272 Abs. 4 HGB bei kapitalistischen Personenhandelsgesellschaften wird, soweit ersichtlich, anders als bei den Ausschüttungssperren des § 268 Abs. 8 HGB und des § 253 Abs. 6 HGB, nicht diskutiert. Dies mag darin begründet sein, dass bei kapitalistischen Personenhandelsgesellschaften schon gem. § 264c Abs. 2 S. 1, 8 HGB lediglich solche Beträge als Rücklagen auszuweisen sind, die aufgrund einer gesellschaftsrechtlichen Vereinbarung gebildet wurden. Zudem ist in § 264c Abs. 4 HGB eine Sonderregelung für die Bilanzierung von Anteilen an der eigenen Komplementärin enthalten. Auf nicht kapitalistische Personenhandelsgesellschaften ist § 272 Abs. 4 HGB schon durch seinen Standort im zweiten Abschnitt des dritten Buchs des HGB nicht anwendbar. Ferner sei auf § 172 Abs. 6 S. 1 HGB hingewiesen.

Was allerdings gilt, wenn eine Kommanditgesellschaft Anteile an einem ihrer Kommanditisten hält, erscheint nicht abschließend geklärt. Teilweise wird eine

---

[68] h. M.: MüKoBilanzR/*Kropff*, 2013, § 272 HGB Rn. 208; BeckOKHGB/*Regierer*, 31. Aufl. 2021, § 272 HGB Rn. 49; MüKoHGB/*Reiner*, 4. Aufl. 2020, § 272 HGB Rn. 118; a. A.: Merkt/Probst/Fink/*Mylich*, 2017, § 272 HGB Rn. 94 f.

[69] *Gelhausen/Althoff*, Wpg 2009, 584, 589; Merkt/Probst/Fink/*Mylich*, 2017, § 272 HGB Rn. 102; EBJS/*Böcking/Gros*, 4. Aufl. 2020, § 272 HGB Rn. 33; MüKoHGB/*Reiner*, 4. Aufl. 2020, § 272 HGB Rn. 124.

[70] Beck Bil-Komm/*Störk/Kliem/Meyer*, 12. Aufl. 2020, § 272 HGB Rn. 301; MüKoHGB/ *Reiner*, 4. Aufl. 2020, § 272 HGB Rn. 117; EBJS/*Böcking/Gros*, 4. Aufl. 2020, § 272 HGB Rn. 32.

[71] MüKoBilanzR/*Kropff*, 2013, § 272 HGB Rn. 206; MüKoHGB/*ders.*, 4. Aufl. 2020, § 272 HGB Rn. 117; EBJS/*Böcking/Gros*, 4. Aufl. 2020, § 272 HGB Rn. 32; Koller/Kindler/ Roth/Drüen/*Morck/Drüen*, 9. Aufl. 2019, § 272 HGB Rn. 10; Beck Bil-Komm/*Störk/Kliem/ Meyer*, 12. Aufl. 2020, § 272 HGB Rn. 301.

analoge Anwendung des § 264c Abs. 4 HGB in Erwägung gezogen.[72] M.E. kommt aber auch die Annahme einer Einlagenrückgewähr nach § 172 Abs. 4 HGB in Betracht, was zu einer Erweiterung der Kommanditistenhaftung führen würde. Jedenfalls scheint eine analoge Anwendung des § 172 Abs. 4 S. 3 HGB nicht erforderlich zu sein.

Die Rücklage nach § 272 Abs. 4 HGB ist nicht in § 301 AktG erwähnt. Gleichwohl geht die h.M. davon aus, dass Beträge, welche in die Rücklage nach § 272 Abs. 4 HGB zu stellen sind, nicht abgeführt werden müssen.[73] Dogmatisch wird dies durch eine analoge Anwendung des § 301 S. 1 AktG begründet.[74] Zwingend scheint dies m.E. allerdings nicht, da § 291 Abs. 3 HGB gerade statuiert, dass Leistungen der Gesellschaft bei Bestehen eines Beherrschungs- oder Ergebnisabführungsvertrags nicht als Verstoß gegen die §§ 57, 58 und 60 AktG zu sehen sind. Hierbei handelt es sich im Wesentlichen um Vorschriften, die eine Rückgewähr der Einlagen verhindern sollen und somit die gleiche Zielsetzung wie § 272 Abs. 4 HGB verfolgen. Es erscheint widersprüchlich, dass Abführungen, welche grundsätzlich gegen §§ 57, 58 und 60 AktG sprechen, zulässig sind, wohingegen Abführungen, die gegen die Ausschüttungssperre des § 272 Abs. 4 HGB verstoßen, unzulässig sein sollen. Folge dieser Auffassung wäre allerdings, dass bei Gesellschaften, die zur Ergebnisabführung verpflichtet sind, schon keine Rücklage zu bilden und § 272 Abs. 4 HGB insofern teleologisch zu reduzieren wäre. Ob dies letztlich gewollt sein kann, sei dahingestellt.

III. § 272 Abs. 5 HGB

In der Fachwelt wird § 272 Abs. 5 HGB, nachdem die anfängliche Diskussion über einen etwaigen Anwendungsbereich verebbt ist, kaum betrachtet; die Kommentierungen behandeln § 272 Abs. 5 HGB eher stiefmütterlich.[75] Dies scheinbar deshalb, weil die h.M. davon ausgeht, dass es an einem Anwendungsbereich für § 272 Abs. 5 HGB fehle.[76] Aus einer Praktikerperspektive ist das mehr als verständlich. Wissenschaftlich birgt § 272 Abs. 5 HGB neben der m.E. noch nicht

---

[72] MüKoHGB/*Reiner*, 4. Aufl. 2020, § 264c HGB Rn. 33.

[73] Beck Bil-Komm/*Störk/Kliem/Meyer*, 12. Aufl. 2020, § 272 HGB Rn. 302; *Adler/Düring/Schmaltz*, Rechnungslegung und Prüfung der Unternehmen, 6. Aufl. 1997, § 272 Rn. 200; MüKoHGB/*Reiner*, 4. Aufl. 2020, § 272 HGB Rn. 122; MüKoBilanzR/*Kropff*, 2013, § 272 HGB Rn. 218.

[74] *Adler/Düring/Schmaltz*, Rechnungslegung und Prüfung der Unternehmen, 6. Aufl. 1997, § 272 Rn. 200; MüKoHGB/*Reiner*, 4. Aufl. 2020, § 272 HGB Rn. 122.

[75] Siehe insbesondere, *Herrmann*, in: Heymann, HGB, 3. Aufl. 2019, § 272 HGB, der in seiner Kommentierung Abs. 5 nicht einmal erwähnt.

[76] Siehe nur: *Haaker*, DB 2015, 510 ff.; *ders.*, DB 2015, 879 ff.; *Hermesmeier/Heinz*, DB 2015, Beilage 5 zu Heft Nr. 36, 20, 20; *Lüdenbach/Freiberg*, BB 2015, 1649, 1649; *Drabek*, BC 2015, 120 ff.

abschließend diskutierten Frage nach dem Anwendungsbereich dennoch interessante rechtliche Fragestellungen, die eine nähere Betrachtung verdienen.

1. Persönlicher Anwendungsbereich des § 272 Abs. 5 HGB

a) Gesetzliche Ausgangslage

Der Kreis der Unternehmen, die § 272 Abs. 5 HGB anzuwenden haben, ist begrenzt: § 272 Abs. 5 HGB befindet sich im zweiten Abschnitt des dritten Buchs des HGB, insofern betrifft § 272 Abs. 5 HGB schon der Überschrift des Abschnitts nach nur Kapitalgesellschaften sowie bestimmte Personenhandelsgesellschaften. Diese bestimmten Personenhandelsgesellschaften werden in § 264a Abs. 1 HGB und § 264b HGB konkretisiert (sog. kapitalistische Personenhandelsgesellschaften). Ferner werden aus dem allgemeinen Anwendungsbereich der Kapitalgesellschaften gem. § 264 Abs. 3 HGB bestimmte Kapitalgesellschaften herausgenommen. Gleichzeitig findet § 272 Abs. 5 HGB aber auch auf Genossenschaften (§ 336 Abs. 2 S. 1 Nr. 2 HGB) und auf Unternehmen, die nach dem PublG Rechnung zu legen haben (§ 5 Abs. 1 S. 2 PublG), Anwendung.

b) Anpassung an den persönlichen Anwendungsbereich der Richtlinie 2013/34/EU

Der persönliche Anwendungsbereich des § 272 Abs. 5 HGB unterscheidet sich damit formal von dem Anwendungsbereich der Richtlinie 2013/34/EU. Hermesheimer/Heinz vertreten deshalb die Auffassung, dass der persönliche Anwendungsbereich des § 272 Abs. 5 HGB aufgrund einer richtlinienkonformen Auslegung auf solche Gesellschaften zu beschränken sei, welche auch in den Anwendungsbereich der Richtlinie 2013/34/EU fallen.[77] Diese Ansicht verkennt, dass eine sog. überschießende Umsetzung grundsätzlich nicht durch eine richtlinienkonforme Auslegung rückgängig zu machen ist. Der Gesetzgeber bedient sich der überschießenden Umsetzung dann, wenn er eine einheitliche Rechtslage für ähnliche Sachverhalte, die aber nur teilweise unter eine Richtlinie fallen, wahren will. Diskutiert wird in diesem Zusammenhang allein die Frage, ob sodann auch für diejenigen Fälle, die nicht unter die Richtlinie fallen, eine richtlinienkonforme Auslegung stattzufinden hat oder ob in Kauf genommen wird, dass es zu zwei ggf. divergierenden Auslegungsergebnissen unter der gleichen Rechtsnorm kommt. Grundsätzlich ist in einem solchen Fall eine einheitliche Auslegung aufgrund der Einheit der Rechtsordnung vorzugswürdig. Letztlich muss allerdings im jeweiligen Einzelfall überprüft werden, ob eine einheitliche Auslegung unter Beachtung der richtlinienkonformen Auslegung sach- und interessengerecht ist.

---

[77] *Hermesmeier/Heinz*, DB 2015, Beilage 5 zu Heft Nr. 36, 20, 20; siehe zum persönlichen Anwendungsbereich der Richtlinie 2013/34/EU: D.I.1.

c) Anwendung auf kapitalistische Personenhandelsgesellschaften

Die Rechtsfolgen des § 272 Abs. 5 HGB scheinen gleichwohl nicht für (kapitalistische) Personenhandelsgesellschaften gedacht zu sein. Als Folge des § 272 Abs. 5 HGB ist eine ausschüttungsgesperrte Rücklage zu bilden.[78] Zwar kennen auch Personenhandelsgesellschaften Rücklagen, allerdings nur in einem sehr eingeschränkten Umfang.[79] § 264c Abs. 2 S. 1 HGB besagt etwa, dass im Rahmen des Eigenkapitals lediglich der Posten ‚Rücklagen' auszuweisen sei. Eine Differenzierung zwischen Gewinn- und Kapitalrücklagen bzw. innerhalb der einzelnen Arten von Rücklagen findet nicht statt. Ferner besagt § 264c Abs. 2 S. 8 HGB, dass als Rücklagen nur solche Beträge auszuweisen sind, die aufgrund einer gesellschaftsrechtlichen Vereinbarung gebildet worden sind. Hieraus muss geschlossen werden, dass andere Rücklagen gerade nicht zu bilden sind. Auch die Gewinnverteilungsvorschriften für Personenhandelsgesellschaften (§§ 120 f., 167 f. HGB) sehen im Gegensatz zu den Gewinnverteilungsvorschriften einer Aktiengesellschaft (§ 58 Abs. 4 S. 1 AktG) oder einer GmbH (§ 29 Abs. 1 S. 1 GmbHG) keine Beachtung einer etwaigen von Gesetzes wegen zu bildendenden Rücklage vor.[80]

Ein Blick in die anderen hier zu betrachtenden Ausschüttungssperren zeigt, dass auch diese keine Anwendung auf (kapitalistische) Personenhandelsgesellschaften haben.[81] Insgesamt muss gesagt werden, dass Ausschüttungssperren nicht in das Haftungskonzept von Personengesellschaften passen:[82] Während bei Kapitalgesellschaften dem Gläubigerschutz durch Ausschüttungssperren Genüge getan wird, geschieht dies bei Personengesellschaften durch die grundsätzlich unbeschränkte persönliche Haftung der Gesellschafter. Dieses Auslegungsergebnis wird zudem auch vom Wortlaut des § 272 Abs. 5 HGB und des Art. 9 Abs. 7 lit. c der Richtlinie 2013/34/EU gedeckt, wo allein von Kapitalgesellschaften die Rede ist. Insofern ist der Anwendungsbereich des § 272 Abs. 5 HGB auf Kapitalgesellschaften beschränkt.

Gleichwohl muss beachtet werden, dass auch bei (kapitalistischen) Personengesellschaften ein Gläubigerschutzbedürfnis besteht. Diesem kann nicht allein durch die persönliche Haftung des Komplementärs, bei dem es sich ggf. sogar um eine beschränkt haftende Kapitalgesellschaft handelt, Genüge getan werden. Ansonsten wäre es ohne große Mühen möglich, die Vorschrift des § 272 Abs. 5 HGB durch die Zwischenschaltung von Personengesellschaften zu umgehen.[83] Es muss somit nach alternativen Schutzmöglichkeiten gesucht werden.

---

[78] Siehe ausführlich: D.III.4.

[79] Siehe auch: D.II.1.

[80] Vgl. zum Gewinn der Personenhandelsgesellschaften: *Schulze-Osterloh*, in: FS Karsten Schmidt, 2009, 1447 ff.

[81] Siehe ausführlich: D.II.

[82] *Mylich*, ZHR, 181 (2017), 87, 105 ff.; *Weiser*, in: Russ/Janßen, BilRUG, 2015, § 272 HGB Rn. 34.

[83] *Mylich*, ZHR, 181 (2017), 87, 115.

Dabei fällt auf, dass bei den sonstigen Ausschüttungssperren durch andere Regelungen Schutzmechanismen eingerichtet wurden, die eine ähnliche Wirkung bei Kommanditgesellschaften wie die Ausschüttungssperren bei Kapitalgesellschaften erreichen sollen (vgl. § 172 Abs. 4 S. 3, 6 HGB, § 264c Abs. 4 HGB).[84] Solche fehlen für die Ausschüttungssperre des § 272 Abs. 5 HGB. Mylich schlägt hier insbesondere eine analoge Anwendung des § 172 Abs. 4 S. 3 HGB sowie des § 264c Abs. 4 S. 2 HGB bzw. § 264c Abs. 4 S. 3 HGB a. F. vor.[85] Beide Vorschriften würden jeweils zu einer mittelbaren Anwendung des § 272 Abs. 5 HGB führen.

aa) Analoge Anwendung des § 172 Abs. 4 S. 3 HGB

Folge einer analogen Anwendung des § 172 Abs. 4 S. 3 HGB auf die Ausschüttungssperre des § 272 Abs. 5 HGB wäre, dass die Außenhaftung des Kommanditisten wiederauflebt bzw. sich erweitert, wenn Beträge entnommen werden, die durch die Ausschüttungssperre des § 272 Abs. 5 HGB eigentlich gesperrt sein sollten.

Nun erfordert eine analoge Anwendung eine planwidrige Regelungslücke und eine vergleichbare Interessenlage. Das Vorliegen einer Regelungslücke kann bejaht werden, da die Ausschüttungssperre des § 272 Abs. 5 HGB nicht auf Personengesellschaften Anwendung findet und es zudem keine Regelung über die Verwendbarkeit von grundsätzlich nach § 272 Abs. 5 HGB ausschüttungsgesperrten Beträgen bei Personengesellschaften gibt. Bei dem insgesamt relativ unstimmigen und kurzfristigen Einfügen des § 272 Abs. 5 HGB scheint es auch recht naheliegend, dass diese Regelungslücke planwidrig entstanden ist. Vergleichbar ist die Interessenlage mit der nach § 268 Abs. 8 HGB, für welchen § 172 Abs. 4 S. 3 HGB eingefügt wurde, allemal. Bei beiden Vorschriften werden bestimmte Beträge aufgrund einer weitergehenden Aktivierungsmöglichkeit aus Gläubigerschutzgründen vor der Ausschüttung gesperrt. Irrelevant muss dabei sein, dass unterschiedliche Funktionsweisen gewählt wurden. Sinn und Wirkung sind identisch. Der gleiche Mechanismus ist keine Voraussetzung für eine Analogie.

Gegen eine vergleichbare Interessenlage kann m. E. auch nicht angeführt werden, dass § 172 Abs. 4 S. 3 HGB insofern auch auf nicht kapitalistische Kommanditgesellschaften Anwendungen findet. Zwar ist es korrekt, dass sich § 272 Abs. 5 HGB im zweiten Abschnitt des dritten Buches des HGB befindet. Gleiches gilt allerdings auch für § 268 Abs. 8 HGB. Wesentlich ist jedoch, dass insofern kein Differenzierungsbedarf zwischen kapitalistischen und nicht kapitalistischen Kommanditgesellschaften besteht. Bei beiden Gesellschaftstypen ist eine Aktivierung möglich, die die Tatbestandsvoraussetzungen des § 272 Abs. 5 HGB erfüllen könnte. Der Unterschied zwischen einer kapitalistischen und einer nicht kapitalistischen Kom-

---

[84] Siehe ausführlich: D.II.
[85] Merkt/Probst/Fink/*Mylich*, 2017, § 272 HGB Rn. 123; *ders.*, ZHR, 181 (2017), 87, 106 f.; *ders.*, ZHR, 182 (2018), 414, 434 ff.

manditgesellschaft liegt gerade nicht in der Person des Kommanditisten, sondern in der Person des Komplementärs. Vielmehr rechtfertigt die grundsätzliche kapitalistische Ausrichtung eines Kommanditisten im Gegensatz zu einem Komplementär gerade die analoge Anwendung.

bb) Analoge Anwendung des § 264c Abs. 4 S. 2 HGB bzw. § 264c Abs. 4 S. 3 HGB a. F.

Möchte man bei kapitalistischen Personenhandelsgesellschaften noch einen weitergehenden Kapitalschutz erreichen bzw. hält ihn wegen der Komplementärin mit beschränkter Haftung für notwendig, so sollte über eine Analogie zu § 264c Abs. 4 S. 2 HGB bzw. § 264c Abs. 4 S. 3 HGB a. F. nachgedacht werden.[86]

§ 264c Abs. 4 S. 2 HGB besagt, dass § 272 Abs. 4 HGB bei kapitalistischen Personenhandelsgesellschaften mit der Maßgabe anzuwenden ist, dass für diese Anteile in Höhe des aktivierten Betrags nach dem Posten ‚Eigenkapital' ein Sonderposten unter der Bezeichnung ‚Ausgleichsposten für aktivierte eigene Anteile' zu bilden ist. § 264c Abs. 4 S. 3 HGB a. F. besagt, dass §§ 269, 274 Abs. 2 HGB a. F. mit der Maßgabe anzuwenden sind, dass nach dem Posten ‚Eigenkapital' ein Sonderposten in Höhe der aktivierten Bilanzierungshilfe anzusetzen ist.

Beide Vorschriften machen die gleiche Aussage: Sofern die Voraussetzungen bestimmter Ausschüttungssperren erfüllt sind, soll bei einer Personenhandelsgesellschaft nach dem Posten ‚Eigenkapital' ein entsprechender ‚Sonderposten' in die Bilanz aufgenommen werden.

Fraglich ist, ob auch bei der Ausschüttungssperre des § 272 Abs. 5 HGB eine analoge Anwendung geboten ist. Zu welcher Vorschrift, kann m. E. dahinstehen, da kein wesentlicher Unterschied erkennbar ist. Da es sich bei § 264c Abs. 4 S. 2 HGB um noch geltendes Recht handelt, liegt allerdings m. E. eine Analogie hierzu näher.

Eine planwidrige Regelungslücke kann jedenfalls im Hinblick auf das kurzfristige Einfügen des § 272 Abs. 5 HGB unterstellt werden.[87] Auch eine vergleichbare Interessenlage scheint mir naheliegend: Wie oben schon dargestellt, handelt es sich bei § 272 Abs. 4 HGB um eine Ausschüttungssperre, die der des § 272 Abs. 5 HGB insbesondere im Hinblick auf die Funktionsweise gleicht. Bei beiden Ausschüttungssperren soll aus Gläubigerschutzgesichtspunkten verhindert werden, dass Beträge das Unternehmen verlassen. § 264c Abs. 4 S. 2 HGB birgt die Möglichkeit, die nach § 272 Abs. 5 HGB ausschüttungsgesperrten Beträge auch bei einer Personenhandelsgesellschaft kenntlich zu machen. Daneben wird hierdurch auch eine widerspruchsfreie Führung der Gesellschafterkonten möglich: Mylich plädiert etwa dafür, für diese Zwecke ein weiteres Gesellschaftskonto ‚Ausschüttungsgesperrte

---

[86] *Mylich*, ZHR, 181 (2017), 87, 106 f., der für eine analoge Anwendung des § 264c Abs. 4 S. 2 HGB bzw. § 264c Abs. 4 S. 3 HGB a. F. plädiert.
[87] Siehe zum Gesetzgebungsverfahren D.I.

Beträge' zu bilden.[88] Dem ist zuzustimmen. Diese Beträge haben nichts mit der sonstigen Gewinn- und Verlustverteilung zu tun. Insofern scheint eine strikte Trennung nur folgerichtig.

d) Anwendung auf Kapitalgesellschaften gem. § 264 Abs. 3 HGB

Neben der Anwendbarkeit auf kapitalistische Personengesellschaften stellt sich die Frage, ob der Ausschluss der Anwendbarkeit auf Kapitalgesellschaften gem. § 264 Abs. 3 HGB bzw. auf kapitalistische Personenhandelsgesellschaften gem. § 264b HGB im Hinblick auf § 272 Abs. 5 HGB sachgerecht ist. § 264 Abs. 3 HGB bestimmt, dass Kapitalgesellschaften, die – neben weiteren Voraussetzungen – in den Konzernabschluss der Muttergesellschaft einbezogen sind, die Vorschriften des ersten, dritten und vierten Unterabschnitts des zweiten Abschnitts des dritten Buches des HGB nicht anzuwenden haben. Auch § 272 Abs. 5 HGB befindet sich unter den danach nicht anzuwendenden Vorschriften. § 264b HGB regelt Entsprechendes für kapitalistische Personenhandelsgesellschaft.

Dabei geht es um folgenden Fall: Die A-GmbH ist 100%ige Tochtergesellschaft der B-GmbH[89], die wiederum die 100%ige Tochtergesellschaft der C-AG ist. Die Voraussetzungen des § 264 Abs. 3 HGB im Verhältnis zwischen der B-GmbH und der C-AG sind erfüllt. Für das Jahr 2019 aktiviert die B-GmbH den voraussichtlichen Gewinn aus der Beteiligung an der A-GmbH phasenkongruent. Muss die B-GmbH nun die entsprechenden Beträge in eine ausschüttungsgesperrte Rücklage gem. § 272 Abs. 5 HGB einstellen, wenn man unterstellt, dass die Voraussetzungen zur Bildung einer solchen Rücklage erfüllt sind?

Nach § 264 Abs. 3 HGB wäre die Antwort eindeutig nein, da § 272 Abs. 5 HGB von der B-GmbH nicht zu berücksichtigen wäre. Dies würde allerdings dazu führen, dass der eigentlich ausschüttungsgesperrte Betrag den Einfluss der B-GmbH verlassen würde und damit der Schutzzweck des § 272 Abs. 5 HGB (Gläubigerschutz) grundsätzlich umgangen würde. Es stellt sich die Frage, ob sich diese Umgehung rechtfertigen ließe.

Gem. § 264 Abs. 3 Nr. 2 HGB ist die Anwendbarkeit nur dann ausgeschlossen, wenn die Muttergesellschaft eine Verlustübernahmeverpflichtung gegenüber der Tochtergesellschaft eingegangen ist. Daraus könnte man schließen, dass die Beträge weiterhin „sicher" sind: Die Muttergesellschaft steht dafür ein. Insofern steht hier ähnlich wie bei der Diskussion über die analoge Anwendung des § 301 S. 1 AktG auf § 253 Abs. 6 HGB[90] wieder die Frage im Mittelpunkt, ob eine Verlustübernahmeverpflichtung der Muttergesellschaft ausreicht, um einen hinreichenden Gläubigerschutz zu gewährleisten. Auch hier ist die Frage zu verneinen. Wesentlich ist in-

---

[88] *Mylich*, ZHR, 182 (2018), 414, 434 ff.

[89] Die gleiche Problematik ergibt sich, wenn es sich bei der B-GmbH um eine B-GmbH & Co. KG handelt und die A-AG die einzige Komplementärin der KG ist.

[90] Siehe D.II.2.

sofern, dass die Muttergesellschaft selbst nicht verpflichtet ist, eine Rücklage in entsprechender Höhe zu bilden. Ob die Muttergesellschaft eine ausschüttungsgesperrte Rücklage bilden muss, hängt allein davon ab, ob und wann der Gewinnverwendungsbeschluss auf der Ebene der B-GmbH beschlossen wurde. Sollte hiernach die Bildung einer Rücklage nicht erforderlich sein, können sämtliche Beträge (und somit auch der ‚*weitergeleitete*' Gewinn aus der A-GmbH) ausgeschüttet werden. Es ist damit nicht sichergestellt, dass der Betrag nicht auch den Bereich der Muttergesellschaft verlässt und entsprechend die Verlustübernahmeverpflichtung wirtschaftlich wertlos ist. Die Praxis könnte sodann durch entsprechende Konzernstrukturierung die Anwendung des § 272 Abs. 5 HGB umgehen. Dies gilt es zu verhindern. Insofern ist § 264 Abs. 3 HGB dahingehenden teleologisch zu reduzieren, dass § 272 Abs. 5 weiterhin anwendbar bleibt.

Die gleiche Thematik besteht bei § 264b HGB. Zwar ist § 272 Abs. 5 HGB grundsätzlich nicht auf kapitalistische Personenhandelsgesellschaften anwendbar.[91] Durch § 264b HGB wäre allerdings auch die Anwendung des § 264c Abs. 4 S. 2 HGB[92] ausgeschlossen. Auch hier muss eine Umgehung durch eine teleologische Reduktion verhindert werden.

Eine teleologische Reduktion der § 264 Abs. 3 HGB bzw. § 264b HGB im Hinblick auf § 272 Abs. 5 HGB wird auch noch durch einen anderen Gedanken gestützt: Sinn und Zweck des § 264 Abs. 3 HGB bzw. § 264b HGB ist es, eine Tochtergesellschaft, die in den Konzernabschluss der Muttergesellschaft einbezogen ist, von der Anwendung bestimmter Rechnungslegungsvorschriften zu befreien. Es stellt sich aber die Frage, ob es sich bei § 272 Abs. 5 HGB tatsächlich um eine Rechnungslegungsvorschrift handelt. Es liegt nahe, hier ebenso wie bei § 268 Abs. 8 HGB von einer gesellschaftsrechtlichen Vorschrift auszugehen:[93] Sinn und Zweck des § 272 Abs. 5 HGB ist, die Kapitalerhaltung in einer Kapitalgesellschaft sicherzustellen. Auf gesellschaftsrechtliche Vorschriften findet § 264 Abs. 3 HGB bzw. § 264b HGB allerdings keine Anwendung. Mit den gleichen Argumenten wird auch eine teleologische Reduktion im Hinblick auf § 268 Abs. 8 HGB angenommen.[94]

Damit kann festgehalten werden, dass § 264 Abs. 3 HGB und § 264b HGB insofern teleologisch zu reduzieren sind, als auch bei Erfüllung der jeweiligen Voraussetzungen die Tochtergesellschaften jeweils § 272 Abs. 5 HGB zu beachten haben.

---

[91] Siehe D.III.1.c).
[92] Siehe dazu D.III.1.c)bb).
[93] So auch *Mylich*, ZHR, 181 (2017), 87, 105.
[94] Vgl. *Link*, Die Ausschüttungssperre des § 268 Abs. 8 HGB, 2014, S. 56 f.; *Mock*, in: Hachmeister/Kahle/Mock/Schüppen, Bilanzrecht, 2. Aufl. 2020, § 268 HGB Rn. 84; Beck Bil-Komm/*Störk/Deubert*, 12. Aufl. 2020, § 264 HGB Rn. 108; *Marx/Dallmann*, StBg 2010, 453, 455; *Gelhausen/Fey/Kämpfer*, Rechnungslegung und Prüfung nach dem Bilanzrechtsmodernisierungsgesetz, 2009, Kap. N. Rn. 8.

e) Zwischenergebnis

Zusammenfassend stellt sich der persönliche Anwendungsbereich wie folgt dar:
1. § 272 Abs. 5 HGB ist grundsätzlich nicht unmittelbar auf (kapitalistische) Personenhandelsgesellschaften anwendbar.
2. Durch eine analoge Anwendung der § 172 Abs. 4 HGB und § 264c Abs. 4 S. 2 HGB kommt es allerdings zu einer mittelbaren Anwendung: Im Außenverhältnis erweitert sich ggf. die Kommanditistenhaftung gem. § 272 Abs. 5 HGB und im Innenverhältnis ist ein *„Sonderposten ausschüttungsgesperrter Betrag'* zu bilden.
3. § 264 Abs. 3 HGB und § 264c HGB sind dahingehend teleologisch zu reduzieren, dass § 272 Abs. 5 HGB bzw. § 264c Abs. 4 S. 2 HGB analog weiterhin anwendbar bleiben, auch wenn die jeweiligen Voraussetzungen der § 264 Abs. 3 HGB und § 264c HGB erfüllt sind.

2. Tatbestandsvoraussetzungen des § 272 Abs. 5 HGB

Tatbestandsvoraussetzungen des § 272 Abs. 5 HGB sind, dass ein auf eine (a) Beteiligung (b) entfallender Teil des Jahresüberschusses (c) die Beträge übersteigt, die als Dividende oder Gewinnanteil eingegangen sind oder auf deren Zahlung die Kapitalgesellschaft einen Anspruch hat.

a) Beteiligung

In § 272 Abs. 5 HGB wird die Rechtsform der Tochtergesellschaft nicht näher bezeichnet, vielmehr wird allein von *‚Beteiligung'* gesprochen. Der Begriff der Beteiligung wird in § 271 Abs. 1 S. 1 HGB legaldefiniert:

> „Beteiligung sind Anteile an anderen Unternehmen, die bestimmt sind, dem eigenen Geschäftsbetrieb durch Herstellung einer dauernden Verbindung zu jenen Unternehmen zu dienen."

Es liegt zunächst nahe, die Legaldefinition der Beteiligung des § 271 Abs. 1 S. 1 HGB auch für den Begriff der Beteiligung in § 272 Abs. 5 HGB fruchtbar zu machen.[95] Immerhin befinden sich beide Vorschriften im selben Abschnitt und beruhen gleichermaßen jeweils auf einer Richtlinie. Ferner wird nach Ansicht von Adler/ Düring/Schmaltz durch § 271 Abs. 1 HGB allgemein der Begriff der Beteiligung i. S. d. HGB bestimmt.[96]

---

[95] Merkt/Probst/Fink/*Mylich*, 2017, § 272 HGB Rn. 109.
[96] *Dies.*, Rechnungslegung und Prüfung der Unternehmen, 6. Aufl. 1997, § 271 HGB Rn. 1.

III. § 272 Abs. 5 HGB

aa) Beteiligung i. S. d. § 271 Abs. 1 S. 1 HGB

Der Begriff der Beteiligung des § 271 Abs. 1 S. 1 HGB setzt sich aus drei Komponenten zusammen. Es müssen (1) Anteile an einem (2) Unternehmen bestehen, die (3) bestimmt sind, dem eigenen Geschäftsbetrieb durch Herstellung einer dauernden Verbindung zu jenem Unternehmen zu dienen.

(1) Anteil

Unter Anteil wird grundsätzlich das Innehaben von Mitgliedschaftsrechten verstanden, wobei sowohl Vermögens- als auch Verwaltungsrechte vorausgesetzt werden.[97] Dabei muss eine rechtliche Einflussmöglichkeit auf das andere Unternehmen vermittelt werden.[98] Kommanditanteile an einer Publikumskommanditgesellschaft sollen etwa mangels entsprechender Mitverwaltungsrechte keine Anteile i. S. d. § 271 Abs. 1 HGB darstellen.[99] Schon nach dem Gesetzeswortlaut (§ 271 Abs. 1 S. 2 HGB) ist es dabei irrelevant, ob die Anteile verbrieft sind. Grundsätzlich besteht keine Mindesthöhe der Beteiligung.[100]

(2) Unternehmen

Der Begriff des Unternehmens i. S. d. § 271 Abs. 1 S. 1 HGB umfasst neben zur Buchführung verpflichteten Kaufleuten auch sonstige Unternehmensträger, sofern sie wirtschaftlich tätig sind und nach außen in Erscheinung treten.[101] Kein Unternehmen sind dabei neben einer sog. Innen-GbR solche Rechtssubjekte, die lediglich einen ideellen Zweck verfolgen[102] oder ausschließlich Vermögen verwalten[103].

---

[97] *Adler/Düring/Schmaltz*, Rechnungslegung und Prüfung der Unternehmen, 6. Aufl. 1997, § 271 Rn. 6; EBJS/*Böcking/Gros*, 4. Aufl. 2020, § 271 HGB Rn. 3; MüKoHGB/*Reiner*, 4. Aufl. 2020, § 271 HGB Rn. 7; BeckOKHGB/*Ruppelt*, 31. Aufl. 2021, § 271 HGB Rn. 11.

[98] MüKoBilanzR/*Kropff*, 2013, § 271 HGB Rn. 16; MüKoHGB/*Reiner*, 4. Aufl. 2020, § 271 HGB Rn. 9; a. A. wohl: Beck Bil-Komm/*Grottel/Kreher*, 12. Aufl. 2020, § 271 HGB Rn. 17.

[99] MüKoBilanzR/*Kropff*, 2013, § 271 HGB Rn. 17; MüKoHGB/*ders.*, 4. Aufl. 2020, § 271 HGB Rn. 7.

[100] Baumbach/Hopt/*Merkt*, 40. Aufl. 2021, § 271 HGB Rn. 2; MüKoHGB/*Reiner*, 4. Aufl. 2020, § 271 HGB Rn. 8; BeckOKHGB/*Ruppelt*, 31. Aufl. 2021, § 271 HGB Rn. 17.

[101] Beck Bil-Komm/*Grottel/Kreher*, 12. Aufl. 2020, § 271 HGB Rn. 11; Baumbach/Hopt/*Merkt*, 40. Aufl. 2021, § 271 HGB Rn. 2; MüKoBilanzR/*Kropff*, 2013, § 271 HGB Rn. 14; Koller/Kindler/Roth/Drüen/*Morck/Drüen*, 9. Aufl. 2019, § 271 Rn. 2a; EBJS/*Böcking/Gros*, 4. Aufl. 2020, § 271 HGB Rn. 5; BeckOKHGB/*Ruppelt*, 31. Aufl. 2021, § 271 HGB Rn. 19; *Adler/Düring/Schmaltz*, Rechnungslegung und Prüfung der Unternehmen, 6. Aufl. 1997, § 271 HGB Rn. 11.

[102] *Adler/Düring/Schmaltz*, Rechnungslegung und Prüfung der Unternehmen, 6. Aufl. 1997, § 271 HGB Rn. 12; MüKoBilanzR/*Kropff*, 2013, § 271 HGB Rn. 14; EBJS/*Böcking/Gros*, 4. Aufl. 2020, § 271 HGB Rn. 5; MüKoHGB/*Reiner*, 4. Aufl. 2020, § 271 HGB Rn. 6; BeckOKHGB/*Ruppelt*, 31. Aufl. 2021, § 271 HGB Rn. 16, 19.

Schließlich werden ausdrücklich Genossenschaften gem. § 271 Abs. 1 S. 4 HGB aus dem Anwendungsbereich ausgenommen.

(3) Zweckbestimmung

§ 271 Abs. 1 S. 1 HGB verlangt ferner, dass die Anteile dazu bestimmt sein müssen, dem eigenen Geschäftsbetrieb durch Herstellung einer dauernden Verbindung zu jenem Unternehmen zu dienen. Dabei müssen sowohl subjektive als auch objektive Kriterien erfüllt sein.

Im Hinblick auf die Dauerhaftigkeit muss neben einer zum Zeitpunkt der Bilanzaufstellung vorzuliegenden Daueranlageabsicht des Bilanzierenden[104] das dauerhafte Behalten auch objektiv möglich sein. Das objektive Kriterium soll beispielsweise dann nicht vorliegen, wenn sich eine Veräußerungspflicht aus Rechtsgründen ergibt (bspw. kartellrechtliche Auflagen, wahrscheinliche Ausübung von Optionsrechten Dritter); hingegen wird die Dauerhaftigkeit bejaht, wenn Veräußerungshindernisse bestehen (bspw. Erfordernis der Zustimmung eines Dritten zur Veräußerung, mit welcher nicht zu rechnen ist).[105]

Neben der Dauerhaftigkeit werden weitere qualitative Kriterien verlangt, damit eine Verbindung hergestellt wird, die dem eigenen Geschäftsbetrieb dient.[106] Welche qualitativen Kriterien dies sind, scheint umstritten. Teilweise wird eine Absicht zur unternehmerischen Einflussnahme verlangt.[107] Jedenfalls muss mit der Beteiligung mehr als eine Kapitalanlage bezweckt werden.[108] Adler/Düring/Schmalz haben insofern einen Katalog an Kriterien erstellt, deren Vorliegen kombiniert oder je nach Ausprägung auch einzeln das Erfordernis erfüllen soll.[109]

---

[103] Verneinend: MüKoBilanzR/*ders.*, 2013, § 271 HGB Rn. 14; Koller/Kindler/Roth/Drüen/*Morck/Drüen*, 9. Aufl. 2019, § 271 Rn. 2a; MüKoHGB/*ders.*, 4. Aufl. 2020, § 271 HGB Rn. 6; BeckOKHGB/*Ruppelt*, 31. Aufl. 2021, § 271 HGB Rn. 16, 19; Beck Bil-Komm/*Grottel/Kreher*, 12. Aufl. 2020, § 271 HGB Rn. 12.

[104] MüKoHGB/*Reiner*, 4. Aufl. 2020, § 271 HGB Rn. 10.

[105] MüKoBilanzR/*Kropff*, 2013, § 271 HGB Rn. 22; MüKoHGB/*Reiner*, 4. Aufl. 2020, § 271 HGB Rn. 10; BeckOKHGB/*Ruppelt*, 31. Aufl. 2021, § 271 HGB Rn. 26.

[106] *Adler/Düring/Schmaltz*, Rechnungslegung und Prüfung der Unternehmen, 6. Aufl. 1997, § 271 HGB Rn. 17; Baumbach/Hopt/*Merkt*, 40. Aufl. 2021, § 271 HGB Rn. 3.

[107] MüKoBilanzR/*Kropff*, 2013, § 271 HGB Rn. 16, 25; a.A.: Baumbach/Hopt/*Merkt*, 40. Aufl. 2021, § 271 HGB Rn. 3; Koller/Kindler/Roth/Drüen/*Morck/Drüen*, 9. Aufl. 2019, § 271 Rn. 4b; MüKoHGB/*Reiner*, 4. Aufl. 2020, § 271 HGB Rn. 11.

[108] *Adler/Düring/Schmaltz*, Rechnungslegung und Prüfung der Unternehmen, 6. Aufl. 1997, § 271 HGB Rn. 17; Baumbach/Hopt/*Merkt*, 40. Aufl. 2021, § 271 HGB Rn. 3; MüKoHGB/*Reiner*, 4. Aufl. 2020, § 271 HGB Rn. 11; BeckOKHGB/*Ruppelt*, 31. Aufl. 2021, § 271 HGB Rn. 24 f.; ausführlich: MüKoBilanzR/*Kropff*, 2013, § 271 HGB Rn. 26; Beck Bil-Komm/*Grottel/Kreher*, 12. Aufl. 2020, § 271 HGB Rn. 16.

[109] *Adler/Düring/Schmaltz*, Rechnungslegung und Prüfung der Unternehmen, 6. Aufl. 1997, § 271 HGB Rn. 17; ähnlich: EBJS/*Böcking/Gros*, 4. Aufl. 2020, § 271 HGB Rn. 6; BeckOKHGB/*Ruppelt*, 31. Aufl. 2021, § 271 HGB Rn. 27.

bb) Beteiligung i. S. d. § 272 Abs. 5 HGB

Im Rahmen der Kommentierungen des § 272 Abs. 5 HGB wird sich soweit ersichtlich kaum mit dem Begriff ‚Beteiligung' auseinandergesetzt. Dies mag vermutlich daher rühren, dass der Großteil der Literatur (und der Gesetzgeber) davon ausgeht, dass die Ausschüttungssperre ohnehin keinen Anwendungsbereich hat.[110]

Käme man nun aber zu dem Ergebnis, dass die phasenkongruente Dividendenaktivierung grundsätzlich in den Anwendungsbereich des § 272 Abs. 5 HGB fallen würde, stellt sich die Frage, ob der Begriff der Beteiligung des § 271 Abs. 1 S. 1 HGB nicht zu kurz greifen würde, um dem Sinn und Zweck der Ausschüttungssperre – dem Gläubigerschutz – Genüge zu tun.

Voraussetzung für eine phasenkongruente Dividendenaktivierung ist nicht, dass eine Beteiligung besteht.[111] Die in den Tomberger-Entscheidungen dargelegten Kriterien decken sich nicht mit den Voraussetzungen des § 271 Abs. 1 S. 1 HGB. Insbesondere wird keine entsprechende Zweckbestimmung der Anteile verlangt. Vermutlich mag in den meisten Fällen, in denen eine phasenkongruente Dividendenaktivierung erfolgt, auch eine Beteiligung vorliegen (insb. bei mehrstufigen Konzernen). Dennoch sind Fälle denkbar, in denen bspw. aufgrund einer zum Zeitpunkt der Bilanzaufstellung vorhandenen Veräußerungsabsicht die Voraussetzungen einer Beteiligung nicht bestehen, aber eine phasenkongruente Dividendenaktivierung gleichwohl vorgenommen wird und hier ggf. die Ausschüttungssperre greifen sollte. Folge wäre, dass in diesen Fällen eine Dividendenaktivierung stattfindet, allerdings keine Beträge in die Rücklage eingestellt würden. Dem Gläubigerschutz würde nicht Genüge getan. Dies kann schwerlich beabsichtigt sein.

Zunächst ist denkbar, dass § 272 Abs. 5 HGB von einem anderen, einem weiteren Beteiligungsbegriff ausgeht. Hiergegen spricht die systematische Auslegung. Immerhin stehen beide Vorschriften in unmittelbarem Zusammenhang. Teleologisch ist dies zwar durchaus begründbar, da Sinn und Zweck des § 272 Abs. 5 HGB der Gläubigerschutz ist, während § 271 Abs. 1 S. 1 HGB der Offenlegung von unter Umständen bestehenden Interessenkollisionen dienen will.[112] Allerdings zeigt ein Blick in die Richtlinie 2013/34/EU, dass auch hier ausdrücklich von einer Beteiligung gesprochen wird. Eine abweichende Auslegung zu § 271 Abs. 1 S. 1 HGB, der ebenfalls auf einer Richtlinie beruht, ist damit kaum vertretbar.

Damit ist festzuhalten, dass der Beteiligungsbegriff des § 272 Abs. 5 HGB mit dem des § 271 Abs. 1 S. 1 HGB übereinstimmt.

Insofern könnten die folgenden Schlussfolgerungen aus der Divergenz zwischen dem Beteiligungsbegriff des § 272 Abs. 5 HGB und dem Anwendungsbereich einer

---

[110] Siehe nur: *ders.*, DB 2015, 510 ff.; *ders.*, DB 2015, 879 ff.; *dies.*, DB 2015, Beilage 5 zu Heft Nr. 36, 20, 20; *dies.*, BB 2015, 1649, 1649; *Drabek*, BC 2015, 120 ff.

[111] Siehe im Einzelnen: C.VI.

[112] MüKoHGB/*Reiner*, 4. Aufl. 2020, § 271 HGB Rn. 3; BeckOKHGB/*Ruppelt*, 31. Aufl. 2021, § 271 HGB Rn. 7.

phasenkongruenten Dividendenaktivierung unter den von der h.M. vertretenen Voraussetzungen der Tomberger-Entscheidungen gezogen werden:

1. Denkbar wäre zum einen, dass eine phasenkongruente Dividendenaktivierung nur noch beim Vorliegen einer Beteiligung möglich sein soll und somit die Voraussetzungen für die phasenkongruente Dividendenaktivierung anzupassen sind.
2. Denkbar wäre zum anderen, dass die phasenkongruente Dividendenaktivierung nicht in den Anwendungsbereich des § 272 Abs. 5 HGB fällt.

b) Auf eine Beteiligung entfallender Teil des Jahresüberschusses

Bisher wurde kaum diskutiert, welche Sachverhaltskonstellationen das Tatbestandsmerkmal ‚*auf eine Beteiligung entfallender Teil des Jahresüberschusses*' grundsätzlich erfüllen. Die Diskussion, ob die phasenkongruente Dividendenaktivierung in den Anwendungsbereich der Ausschüttungssperre fällt, wurde im Rahmen des Tatbestandsmerkmals ‚*kein Eingang als Dividenden oder Gewinnanteil bzw. kein Anspruch der Gesellschaft*' geführt. Dies ist sicherlich korrekt, da Dividendenerträge unproblematisch unter das Tatbestandsmerkmal ‚*auf eine Beteiligung entfallender Teil des Jahresüberschusses*' zu fassen sind.

Vertritt man nun aber die Auffassung, dass die phasenkongruente Dividendenaktivierung wegen eines bestehenden Anspruchs letztlich aus dem Anwendungsbereich der Ausschüttungssperre wieder herausfällt, stellt sich die Frage, ob die Ausschüttungssperre auf andere Sachverhaltskonstellationen anwendbar ist, sodass diese entgegen der h.M. nicht leerläuft.[113] Insofern sollte auch das Tatbestandsmerkmal ‚*auf eine Beteiligung entfallender Teil des Jahresüberschusses*' näher betrachtet werden.

aa) Grundsätzliches

Unter das Tatbestandsmerkmal ‚*auf eine Beteiligung entfallender Teil des Jahresüberschusses*' müssen sämtliche Erträge gefasst werden, die ihre Grundlage im Beteiligungsverhältnis haben. Hierzu zählen insbesondere Gewinnausschüttungen (Dividenden) – unabhängig davon, ob phasenkongruent oder phasenverschoben. Mylich sieht einen weiteren Anwendungsbereich bei Wertaufholungen von zuvor vorgenommenen außerplanmäßigen Abschreibungen bei Beteiligungsverhältnis-

---

[113] Siehe nur: *ders.*, DB 2015, 510 ff.; *ders.*, DB 2015, 879 ff.; *Hermesmeier/Heinz*, DB 2015, Beilage 5 zu Heft Nr. 36, 20, 20; *Lüdenbach/Freiberg*, BB 2015, 1649, 1649; *ders.*, BC 2015, 120 ff.

sen.[114] Korrekterweise handelt es sich auch hierbei um Gewinne, die ihre Grundlage im Beteiligungsverhältnis haben.

In Abgrenzung dazu dürften Forderungen aus einem Gesellschafterdarlehen oder aus einer Tätigkeit als Geschäftsführer auf dem Darlehens- bzw. Dienstverhältnis anstatt auf der Beteiligung an sich beruhen, sodass solche schon hier aus dem Anwendungsbereich der Ausschüttungssperre fallen. Anders allerdings bei Erträgen aus beteiligungsähnlichen Darlehen.[115]

Auch nicht in den Anwendungsbereich fällt m.E. ein Veräußerungsgewinn aus einer Beteiligung, da hier die Grundlage nicht die Beteiligung an sich, sondern der Kaufvertrag sein dürfte. Zudem dürfte hier regelmäßig auch ein Anspruch auf den Kaufpreis (sowohl im zivilrechtlichen als auch im bilanziellen Sinne) bestehen.[116]

Diskutiert wird ferner, ob auch Vorabausschüttungen einer GmbH der Ausschüttungssperre des § 272 Abs. 5 HGB unterliegen.[117] Dies wird von der herrschenden Meinung verneint. Eine Vorabausschüttung ist im Jahr der Ausschüttung (Mittelzufluss) nicht erfolgswirksam.[118] Nach herrschender Meinung erfüllt die Zahlung nicht die Anforderungen des Realisationsprinzips.[119] Es handelt sich um einen aufschiebend bedingten Anspruch.[120] Aufschiebende Bedingung ist die Fassung eines Gewinnverwendungsbeschlusses. Zeitgleich zur Buchung des Geldeingangs wird daher ein auflösend bedingter Rückzahlungsanspruch als Verbindlichkeit gebucht.[121] Eine erfolgswirksame Buchung findet daher grundsätzlich nicht statt. Mylich hingegen spricht sich für eine differenzierte Betrachtung aus. Er plädiert dafür, bei Vorliegen der Voraussetzungen der Tomberger-Entscheidungen keinen bedingen Rückzahlungsanspruch zu passivieren.[122] Dies soll auch bei einem Minderheitsgesellschafter gelten, da es bei einer vorangegangenen Vorabausschüttung nur noch auf das Bestehen eines Gewinns und nicht mehr auf die Fassung eines Gewinnverwendungsbeschlusses ankommt. Die Einflussmöglichkeit sei insofern irrelevant.[123] Das ist folgerichtig, wenn man grundsätzlich mit der h.M. davon

---

[114] Merkt/Probst/Fink/*Mylich*, 2017, § 272 HGB Rn. 110; *ders.*, ZHR, 181 (2017), 87, 94; *ders.*, DB 2017, Heft Nr. 29, M26–M27; a.A.: *Haaker*, DB 2017, Heft Nr. 29, M24-M25.

[115] *Müller/Kreipl/Lange*, Schnelleinstieg BilRUG, 1. Aufl. 2016, 197.

[116] *Mylich*, DB 2017, Heft Nr. 29, M26–M27.

[117] BeckOKHGB/*Regierer*, 31. Aufl. 2021, § 272 HGB Rn. 57.1; *Müller/Kreipl/Lange*, Schnelleinstieg BilRUG, 1. Aufl. 2016, 205 f.; *dies.*, DB 2015, 197, 199.

[118] BeckOKHGB/*ders.*, 31. Aufl. 2021, § 272 HGB Rn. 57.1; *Oser/Orth/Wirtz*, DB 2015, 197, 199.

[119] BeckOKHGB/*ders.*, 31. Aufl. 2021, § 272 HGB Rn. 57.1; *dies.*, DB 2015, 197, 199.

[120] BeckOKHGB/*ders.*, 31. Aufl. 2021, § 272 HGB Rn. 57.1; *Oser/Orth/Wirtz*, DB 2015, 197, 199.

[121] BeckOKHGB/*ders.*, 31. Aufl. 2021, § 272 HGB Rn. 57.1; *dies.*, DB 2015, 197, 199.

[122] Merkt/Probst/Fink/*Mylich*, 2017, § 272 HGB Rn. 108.

[123] Merkt/Probst/Fink/*ders.*, 2017, § 272 HGB Rn. 108; ähnlich Beck Bil-Komm/*Schmidt/Kliem*, 12. Aufl. 2020, § 275 HGB Rn. 177; *Zwirner*, in: Zwirner, BilRUG, 2016, § 272 HGB, 459 f.; *Weiser*, in: Russ/Janßen, BilRUG, 2015, § 272 HGB Rn. 44.

ausgeht, dass bei Vorliegen der Voraussetzungen der Tomberger-Entscheidungen eine Aktivierung nicht gegen die Grundsätze ordnungsmäßiger Buchführung verstößt. Entsprechend muss aber auch beachtet werden, dass auf die aktivierte Vorabausschüttung sodann ggf. ein Anspruch besteht bzw. der Betrag eingegangen ist.

bb) Erfordernis eines Jahresüberschusses

Dem Wortlaut nach könnte man zu dem Schluss kommen, dass der Anwendungsbereich des § 272 Abs. 5 HGB nur eröffnet ist, wenn ein Jahresüberschuss vorliegt. Dies ist im Hinblick auf die Konsequenz fraglich, als es bei dem Vorliegen eines hinreichenden Gewinnvortrags auch beim Vorliegen eines Jahresfehlbetrags zu einer Gewinnausschüttung kommen könnte, ohne dass diese durch die Bildung einer Rücklage vermindert werden würde. Ebenso wäre die Folge, dass auch bei einer analogen Anwendung des § 172 Abs. 4 S. 3 HGB die Haftungserweiterung nur eingeschränkt Anwendung finden würde. Diese Differenzierung ist sachlich kaum zu rechtfertigen. Dem kann auch die Funktionsweise des § 272 Abs. 5 HGB nur eingeschränkt entgegengehalten werden. Zwar erscheint es widersprüchlich, dass ohne Vorliegen eines Jahresüberschusses Einstellungen in eine Gewinnrücklage vorgenommen werden. Zieht man allerdings einen Vergleich zu der Ausschüttungssperre des § 272 Abs. 4 HGB, bei welcher eine Gewinnrücklage unabhängig vom Vorliegen eines Jahresüberschusses stets zu bilden ist, selbst wenn dadurch ein Bilanzverlust entsteht,[124] scheint eine Einschränkung kaum vertretbar. Insofern sollte festgehalten werden, dass das Vorliegen eines Jahresüberschusses keine Voraussetzung für die Anwendung des § 272 Abs. 5 HGB ist.[125]

cc) Begrenzung auf Dividenden oder Gewinnanteile?

Im Rahmen der Ausnahme wird in der ersten Alternative allein von ‚Dividenden' oder ‚Gewinnanteilen' gesprochen, welche eingegangen sein sollen. Insofern stellt sich die Frage, ob hieraus geschlossen werden kann und muss, dass der Anwendungsbereich des § 272 Abs. 5 HGB nur auf Dividenden oder Gewinnanteile zu beschränken ist. Folge wäre, dass die nach Mylich in den Anwendungsbereich des § 272 Abs. 5 HGB fallenden Wertaufholungen bei außerplanmäßigen Abschreibungen schließlich doch nicht unter den § 272 Abs. 5 HGB subsumiert werden könnten.[126]

Vom Wortlaut her ist die Einschränkung allein bei der ersten Alternative enthalten, sodass eine entsprechende Auslegung nicht zwingend erscheint.[127] Allerdings

---

[124] EBJS/*dies.*, 4. Aufl. 2020, § 272 HGB Rn. 33; MüKoHGB/*ders.*, 4. Aufl. 2020, § 272 HGB Rn. 124.
[125] Merkt/Probst/Fink/*Mylich*, 2017, § 272 HGB Rn. 112.
[126] Siehe ausführlich: D.III.2.b).
[127] *Mylich*, DB 2017, Heft Nr. 29, M26–M27.

wurden historisch im Gesetzgebungsverfahren lediglich Dividenden oder Gewinnanteile als potentieller Anwendungsbereich diskutiert.[128] Auch die teleologische Auslegung legt eine eingeschränkte Anwendung nahe: Die vermeintlichen Unsicherheiten bei der phasenkongruenten Dividendenaktivierung scheinen bei einer Wertaufholung nach einer außerplanmäßigen Abschreibung geringer zu sein. Vielmehr ist die Wertaufholung nur in den engen Grenzen des § 253 Abs. 5 HGB überhaupt möglich. Reibungspunkte mit dem Realisationsprinzip sind insofern nicht ersichtlich.[129] Zudem ist zu beachten, dass Unternehmen in Rechtsform der AG und der GmbH bereits ein Wahlrecht zur Rücklagenbildung im Fall der Wertaufholung bei außerplanmäßigen Abschreibungen gem. § 29 Abs. 4 GmbHG und § 58 Abs. 2a AktG zustehen.[130] Diese Rücklagen sind freie Gewinnrücklagen und insbesondere nicht ausschüttungsgesperrt.[131] Es erschließt sich nicht, warum dieses Wahlrecht nun durch die Pflicht zur Bildung einer Rücklage durch § 272 Abs. 5 HGB eingeschränkt werden sollte und somit diese freie Rücklage in eine ausschüttungsgesperrte Rücklage gewandelt werden sollte. Eine Differenzierung von Wertaufholungen bei Beteiligungen und von Wertaufholungen bei sonstigen Vermögensgegenständen scheint nicht geboten.[132] Da der unmittelbare persönliche Anwendungsbereich des § 272 Abs. 5 HGB auf Kapitalgesellschaften beschränkt ist,[133] könnte insofern durch § 272 Abs. 5 HGB auch nicht die vermeintliche Regelungslücke im Fall von Wertaufholungen von außerplanmäßigen Abschreibungen von Beteiligungen bei Personengesellschaften geschlossen werden. Zudem scheint der Ausnahmetatbestand (Eingang des Betrags oder Vorliegen eines Anspruchs) nicht zu passen. Auch eine europarechtskonforme Auslegung kommt zu keinem anderen Ergebnis. In Art. 9 Abs. 7 lit. c), welcher durch § 272 Abs. 5 HGB in nationales Recht umgesetzt wurde, ist auch nur von Dividenden die Rede.

Damit ist eine teleologische Reduktion des § 272 Abs. 5 HGB dahingehend geboten, den sachlichen Anwendungsbereich auf Dividenden bzw. Gewinnausschüttungen zu begrenzen. Folge ist, dass keine Wertaufholungen nach vorangegangener außerplanmäßiger Abschreibung von Beteiligungen in den Anwendungsbereich fallen.

---

[128] Siehe ausführlich zum Gesetzgebungsverfahren: D.I.
[129] *Haaker*, DB 2017, Heft Nr. 29, M24-M25; a.A.: *Mylich*, DB 2017, Heft Nr. 29, M26–M27.
[130] MüKoAktG/*Bayer, Walter*, 5. Aufl. 2019, § 58 AktG Rn. 73 ff.; MüKoGmbHG/*Ekkenga*, 3. Aufl. 2018, § 29 GmbHG Rn. 238 ff.
[131] Beck Bil-Komm/*Schubert/Andrejewski*, 12. Aufl. 2020, § 253 HGB Rn. 664.
[132] A.A.: *Mylich*, DB 2017, Heft Nr. 29, M26–M27.
[133] D.III.1.c).

c) Kein Eingang als Dividende oder Gewinnanteil bzw. kein Anspruch der Gesellschaft

Schließlich darf der auf die Beteiligung entfallende Teil des Jahresüberschusses nicht als Dividende oder Gewinnanteil eingegangen sein bzw. die Gesellschaft keinen Anspruch auf den auf eine Beteiligung entfallenden Teil des Jahresüberschusses haben. Hier ist neben dem Begriff ‚Anspruch' insbesondere der Zeitpunkt, zu welchem dieser vorliegen muss bzw. die Dividende oder der Gewinnanteil eingegangen ist, näher zu betrachten.

aa) Anspruch

Allgemein kann gesagt werden, dass sich bei der Definition des Begriffs ‚Anspruch' zwei Ansichten konträr gegenüberstehen: Während ein Teil der Literatur den Begriff des Anspruchs als ‚Anspruch im bilanziellen Sinne' auslegen möchte[134], geht ein anderer Teil der Literatur von einem ‚Anspruch im zivilrechtlichen Sinne' aus[135,136].

Die beiden Bezeichnungen mögen überraschen, da auch ein Anspruch im bilanziellen Sinn letztlich ein bilanz*rechtlicher* ist. Im Prinzip geht es allerdings um die Frage, ob ein (gesellschafts-)rechtlich entstandener und damit grundsätzlich durchsetzbarer Anspruch erforderlich ist (= Anspruch im zivilrechtlichen Sinne) oder ob es vielmehr auf einen nach den Grundsätzen ordnungsmäßiger Buchführung insbesondere dem Realisationsprinzip aktivierbaren Vermögensgegenstand ankommt (= Anspruch im bilanziellen Sinne). Meist besteht ein Anspruch sowohl im zivilrechtlichen als auch im bilanziellen Sinne. Es gibt aber auch Fälle, in denen lediglich ein Anspruch im zivilrechtlichen bzw. im bilanziellen Sinne besteht. Beispielsweise ist ein Anspruch aus einem schwebenden Geschäft, etwa ein Übereignungsanspruch aus einem Kaufvertrag, bei welchem der Kaufpreis noch nicht gezahlt wurde, zwar ein Anspruch im zivilrechtlichen Sinne (er kann Zug um Zug gegen Zahlung des Kaufpreises eingeklagt werden), aber noch kein Anspruch im bilanziellen Sinne, da er nach den Grundsätzen ordnungsmäßiger Buchführung erst nach Zahlung des Kaufpreises rechtlich entsteht. Auf der anderen Seite ist nach der

---

[134] *Ders.*, DB 2015, 510, 511 f.; *ders.*, DB 2015, 1545, 1546; *dies.*, DB 2015, Beilage 5 zu Heft Nr. 36, 20, 21 f.; *Mock*, in: Hachmeister/Kahle/Mock/Schüppen, Bilanzrecht, 2. Aufl. 2020, § 272 HGB Rn. 236; wohl auch *Institut der Wirtschaftsprüfer in Deutschland e. V.*, Stellungnahme 06.03.2015, 2; *ders.*, BC 2015, 126, 129: *ders.*, BC 2016, 264, 268; *Schmidt/Prinz*, BilRUG in der Praxis, 2016, § 272 HGB Rn. 91.

[135] BeckOKHGB/*ders.*, 31. Aufl. 2021, § 272 HGB Rn. 56 f.; *Arbeitskreis Bilanzrecht der Hochschullehrer Rechtswissenschaft*, BB 2015, 876, 876; *Oser/Orth/Wirtz*, DB 2015, 197, 199; wohl auch ursprünglich *ders.*, IRZ 2015, 99, 100, der jedenfalls von Beteiligungserträgen spricht, die über die „eingegangenen oder rechtswirksam beschlossenen Dividenden" hinausgehen.

[136] *Dies.*, Schnelleinstieg BilRUG, 1. Aufl. 2016, 202, sprechen insofern von gesellschaftsrechtlichen oder wirtschaftlichen Gesichtspunkten.

h. M. ein Anspruch auf Dividendenzahlung unter den Grundsätzen der Tomberger-Entscheidungen zwar im Zeitraum zwischen dem Stichtag und vor der Fassung des Gewinnverwendungsbeschlusses ein bilanzieller Anspruch, aber noch kein zivilrechtlicher, welcher erst durch Fassung des Gewinnverwendungsbeschlusses entsteht.

Bemüht man die gängigen Auslegungsregeln, kommt man zu keinem eindeutigen Ergebnis:

(1) Wortlaut

Schon der Wortlaut des § 272 Abs. 5 HGB weist m. E. auf einen Anspruch im zivilrechtlichen Sinne hin. Im Bilanzrecht wird grundsätzlich von ‚*Forderungen*' und nicht von ‚*Ansprüchen*' gesprochen.[137] Der Begriff ‚*Anspruch*' ist dem Bilanzrecht insofern fremd. Warum nun eine bilanzrechtliche Forderung so genannt werden sollte, erschließt sich nicht. Gleichwohl scheint aber auch eine Auslegung des Begriffs ‚*Anspruch*' im bilanziellen Sinne jedenfalls nicht ausgeschlossen.

(2) Historische Auslegung

Im Rahmen der historischen Auslegung findet insbesondere der Wille des Gesetzgebers Beachtung: Der Ausschuss für Recht und Verbraucherschutz verlangt in seiner Begründung zur Beschlussempfehlung ausdrücklich keinen Anspruch im Rechtssinn und damit lediglich einen Anspruch im bilanziellen Sinne, für welchen es genügt, dass die Vereinnahmung so gut wie sicher ist.[138]

(3) Systematische Auslegung

In den sonstigen Vorschriften des dritten Buchs des HGB können keine Anhaltspunkte dafür gefunden werden, wie der Begriff des Anspruchs zu verstehen ist. Die systematische Auslegung führt damit zu keinem Ergebnis.

(4) Teleologische Auslegung

Teleologisch gesehen drängt sich die Auslegung als Anspruch im zivilrechtlichen Sinne auf. Sollte von einem Anspruch im bilanziellen Sinne ausgegangen werden, würde die Ausschüttungssperre soweit ersichtlich ins Leere laufen:[139] Es ist kein Fall

---

[137] *Seidler*, in: Haufe Bilanz Kommentar, 9. Aufl. 2018, § 272 HGB Rn. 218.

[138] Vgl.: C.I.2.c).

[139] *Ders.*, DB 2015, 510, 512; *ders.*, DB 2015, 879, 879 f.; *Hermesmeier/Heinz*, DB 2015, Beilage 5 zu Heft Nr. 36, 20, 20; *Lüdenbach/Freiberg*, BB 2015, 1649, 1649; allerdings allesamt mit der Schlussfolgerung, dass dennoch ein bilanzrechtlicher Anspruch Voraussetzung ist und somit die Ausschüttungssperre ins Leere läuft.

vorstellbar, in dem ein Vermögensgegenstand aktiviert wird, aber kein Anspruch im bilanziellen Sinne besteht. Ein Anwendungsbereich der Ausschüttungssperre würde sodann nicht bestehen bzw. auf etwaige Bilanzierungshilfen begrenzt sein. Sofern der Anwendungsbereich auf Bilanzierungshilfen begrenzt sein sollte, macht die Qualität des Anspruchs allerdings keinen Unterschied, da weder ein Anspruch im bilanziellen noch ein Anspruch im zivilrechtlichen Sinne vorliegen dürfte. Das Einfügen einer Ausschüttungssperre ohne Anwendungsbereich wäre jedenfalls sinnwidrig.[140] Dem kann ggf. entgegengehalten werden, dass auch das HGB jahrelang mit § 278 HGB a. F. eine Vorschrift ohne Anwendungsbereich gekannt hat. Hier liegt der Unterschied darin, dass der Anwendungsbereich des § 278 HGB a. F. schlicht durch eine Gesetzesänderung weggefallen ist und die Streichung des § 278 HGB a. F. wohl vergessen wurde. Letztlich wurde die Streichung aber zwischenzeitlich nachgeholt.

Richtig ist allerdings, dass dem Gläubigerschutz, dem die Ausschüttungssperre dienen soll,[141] auch durch das Abstellen auf einen Anspruch im bilanziellen Sinne Genüge getan werden kann: Immerhin genügt auch ein solcher Anspruch dem Realisationsprinzip, welches eine ureigene Ausprägung des Gläubigerschutzes ist.[142]

(5) Europarechtskonforme Auslegung

Die Ausschüttungssperre beruht auf Art. 9 Abs. 7 lit. c) der Richtlinie 2013/34/EU, sodass auch eine europarechtskonforme Auslegung zu erfolgen hat. Auffällig ist, dass Art. 9 Abs. 7 lit. c) der Richtlinie 2013/34/EU sich fast wortgleich mit § 272 Abs. 5 S. 1 HGB deckt. Dafür dass es sich um eine Vorschrift aus einer Richtlinie handelt, ist dies erstaunlich, da durch eine Richtlinie dem einzelnen Mitgliedstaat im Gegensatz zu einer Verordnung ja gerade Spielräume gelassen werden. Die Bundesrepublik Deutschland hat hier ihren Gestaltungsspielraum nicht genutzt.

Da Art. 9 Abs. 7 lit. c) der Richtlinie 2013/34/EU ebenfalls von einem Anspruch spricht, hat der Arbeitskreis Bilanzrecht Hochschullehrer Rechtswissenschaft insofern einen Vergleich der Richtlinie 2013/34/EU in der deutschen Fassung mit der englischen, italienischen, niederländischen und französischen Fassung vorgenommen.[143] Mangels entsprechender umfassender Sprachkenntnisse erlaube ich mir, mich auf die Ergebnisse dieser kurzen rechtsvergleichenden Untersuchung zu berufen: Der Arbeitskreis Bilanzrecht Hochschullehrer Rechtswissenschaft kommt zu dem Ergebnis, dass die anderen Fassungen jeweils sinngemäß von einem Anspruch ausgehen, der ‚geltend gemacht werden kann' oder ‚einziehbar' (‚einklagbar') ist.

---

[140] BeckOKHGB/*ders.*, 31. Aufl. 2021, § 272 HGB Rn. 56.1.

[141] BeckOKHGB/*Regierer*, 31. Aufl. 2021, § 272 HGB Rn. 56.1; *Arbeitskreis Bilanzrecht der Hochschullehrer Rechtswissenschaft*, BB 2015, 876, 876; *Mock*, in: Hachmeister/Kahle/Mock/Schüppen, Bilanzrecht, 2. Aufl. 2020, § 272 HGB Rn. 236.

[142] Vgl.: C.I.2.c).

[143] *Arbeitskreis Bilanzrecht der Hochschullehrer Rechtswissenschaft*, BB 2015, 876, 876.

Daraus lässt sich nach Ansicht des Arbeitskreis Bilanzrecht Hochschullehrer Rechtswissenschaft folgern, dass im deutschen Recht allein der Anspruch im zivilrechtlichen Sinne gemeint sein kann, da jedenfalls der Anspruch im bilanziellen Sinne noch nicht geltend gemacht, eingezogen bzw. eingeklagt werden kann.[144]

Auch in Art. 9 Abs. 7 lit. b) der Richtlinie 2013/34/EU wird der Begriff ‚Anspruch' verwendet: Der nationale Gesetzgeber erhält die Befugnis, den Ansatz des Teils des Ergebnisses, der auf Beteiligungen entfällt, nur dann zu gestatten, soweit dieser Teil der Dividende entspricht, die bereits eingegangen ist oder auf deren Zahlung ein Anspruch besteht. Diese Befugnis indiziert, dass der Begriff Anspruch hier jedenfalls nicht als Anspruch im bilanziellen Sinne – aus den gleichen teleologischen Gründen wie die Ausschüttungssperre – verstanden werden könne.[145] Sofern noch nicht einmal ein Anspruch im bilanziellen Sinne bestehe, stellt sich die Frage nach der Aktivierung gar nicht. Es bedarf deshalb auch keiner Befugnis des nationalen Gesetzgebers, die Aktivierung zu untersagen. Der Begriff ‚Anspruch' i. S. d. Art. 9 Abs. 7 lit. b) der Richtlinie 2013/34/EU sei damit laut Haaker vermeintlich „zwingend" als Anspruch im zivilrechtlichen Sinne zu verstehen.[146]

Jedoch möchte Haaker dieses Ergebnis der systematischen Auslegung nicht gelten lassen: Das Ergebnis und die Herangehensweise seien „zu einseitig vom deutschen Recht her gedacht".[147] Seiner Ansicht nach besteht keine einheitliche Definition des Begriffs ‚Anspruch' in der Richtlinie. Die Mitgliedstaaten können und müssen den unbestimmten Rechtsbegriff selbst mit Inhalt füllen.[148] Art. 9 Abs. 7 lit. b) und c) der Richtlinie 2013/34/EU sei damit nur für solche Mitgliedstaaten von Relevanz, die auch nach dem Realisationsprinzip nur zivilrechtlich entstandene Ansprüche aktivieren, bei denen somit ein Anspruch im bilanziellen Sinne stets mit einem Anspruch im zivilrechtlichen Sinne gleichzusetzen ist.[149] Haaker muss insofern zugestimmt werden, als nicht sämtliche Regelungen einer Richtlinie für alle Mitgliedstaaten gleichermaßen Einschränkungen bzw. Änderungen mit sich bringen. Dies ist schon allein aufgrund der unterschiedlichen und noch nicht harmonisierten Regelungen des nationalen Bilanzrechts zwingend.

Gleichwohl scheint die Argumentation zu kurz gedacht: Gehen wir davon aus, dass in einem fiktiven Mitgliedstaat auch nach dem Realisationsprinzip stets nur Ansprüche im zivilrechtlichen Sinne aktiviert werden dürfen. Die Regelung des Art. 9 Abs. 7 lit. b) der Richtlinie 2013/34/EU wäre m. E. für solche Mitgliedstaaten irrelevant. In Art. 9 Abs. 7 lit. b) der Richtlinie 2013/34/EU wird dem Mitgliedstaat gestattet, gerade die Aktivierung von noch nicht zivilrechtlich entstandenen Forderungen zu verbieten. Nach der Auslegung des Realisationsprinzips des fiktiven

---

[144] *Ders.*, BB 2015, 876, 876.
[145] *Haaker*, DB 2015, 510, 511; *Weiser*, in: Russ/Janßen, BilRUG, 2015, § 272 HGB Rn. 40.
[146] *Ders.*, DB 2015, 510, 511.
[147] *Ders.*, DB 2015, 510, 511.
[148] *Ders.*, DB 2015, 510, 511.
[149] *Haaker*, DB 2015, 510, 511.

150 D. Auswirkungen des BilRUG auf die phasenkongruente Dividendenaktivierung

Mitgliedstaats ist eine solche Aktivierung allerdings schon gar nicht möglich. Ein Verbot derselben wäre damit unnötig. Zwar könnte dem entgegengehalten werden, dass, sofern ein Verbot gestattet wird, im Umkehrschluss auch ein Gebot möglich sein muss. Dies ist sicherlich korrekt, aber muss differenziert betrachtet werden. Die Richtlinie 2013/34/EU gibt den Mitgliedstaaten kein Recht, ein solches Gebot vorzuschreiben. Sie geht vielmehr davon aus, dass eine Aktivierung schon nach dem Realisationsprinzip möglich ist. Insofern haben die Mitgliedstaaten das Recht, ihr Realisationsprinzip entsprechend vorzuschreiben bzw. auszulegen. Die Möglichkeit bzw. das Gebot der Aktivierung ist insofern schon Voraussetzung für Art. 9 Abs. 7 lit. b) der Richtlinie 2013/34/EU und nicht erst Folge. Für den fiktiven Mitgliedstaat, in dem der Anspruch im bilanziellen Sinne mit dem Anspruch im zivilrechtlichen Sinne gleichzusetzen ist, besteht damit m.E. gerade kein Anwendungsbereich des Art. 9 Abs. 7 lit. b) der Richtlinie 2013/34/EU. Unterstellt man nun, dass der Richtliniengeber keine Regelungen ohne Anwendungsbereich erlassen hat, muss der Anwendungsbereich bei solchen Mitgliedstaaten liegen, bei denen der Anspruch im bilanziellen Sinne nicht mit dem im zivilrechtlichen Sinne gleichzusetzen ist.

(6) Zwischenergebnis

Zusammenfassend ergibt sich folgendes Bild:

- Der Wortlaut legt eine Auslegung des Begriffs ‚Anspruch' im zivilrechtlichen Sinne nahe.
- Die systematische Auslegung ist unergiebig.
- Nach der historischen Auslegung ist der Begriff ‚Anspruch' im bilanziellen Sinne zu verstehen.
- Die teleologische Auslegung ist widersprüchlich:
  - Sollte der Begriff ‚Anspruch' im bilanziellen Sinne verstanden werden, ist zunächst kein Anwendungsbereich für die Ausschüttungssperre des § 272 Abs. 5 HGB ersichtlich, was sinnwidrig wäre.
  - Sollte der Begriff ‚Anspruch' im zivilrechtlichen Sinne verstanden werden, bedürfte es der Einschränkung der Ausschüttungssperre grundsätzlich nicht, da schon durch das Realisationsprinzip dem Gläubigerschutz Genüge getan ist.
- Nach der europarechtskonformen Auslegung ist der Begriff ‚Anspruch' im zivilrechtlichen Sinne gemeint.

M.E. sprechen damit die besseren Gründe dafür, den Anspruch als einen im zivilrechtlichen Sinne zu verstehen. Die europarechtskonforme Auslegung muss hier über den erklärten Willen des Gesetzgebers gestellt werden.[150] Ohnehin scheint mir der Wille des Gesetzgebers in diesem konkreten Fall wenig belastbar und durchdacht. Hintergrund für die Begründung war wohl, dass man verhindern wollte, die

---

[150] A.A.: *Weiser*, in: Russ/Janßen, BilRUG, 2015, § 272 HGB Rn. 41.

phasenkongruente Dividendenaktivierung einzuschränken und aufgrund des nahenden Ablaufs der Umsetzungsfrist eine differenzierte und sachgerechte Lösung nicht mehr umsetzen konnte. Es gilt im Weiteren zu begutachten, ob sich trotz der Auslegung des Begriffs ‚Anspruch' im zivilrechtlichen Sinne Änderungen für die phasenkongruente Dividendenaktivierung ergeben.

bb) Maßgeblicher Zeitpunkt

Unklar ist und diskutiert wird, zu welchem Zeitpunkt der Eingang des Betrags erfolgt sein muss bzw. der Anspruch entstanden sein muss, um eine Bildung der Rücklage zu verhindern. Ein Teil der Literatur stellt hierbei auf den Bilanzstichtag als maßgeblichen Zeitpunkt ab.[151] Andere sehen das Ende des Bilanzaufstellungszeitraums als maßgeblich.[152]

(1) Bilanzstichtag

Dass lediglich solche Eingänge von Beträgen berücksichtigt werden, die bis zum Bilanzstichtag eingegangen sind, bzw. solche Ansprüche, die bis dahin entstanden sind, wird vereinzelt mit Verweis auf § 252 Abs. 1 Nr. 4 Hs. 2 HGB begründet.[153] § 252 Abs. 1 Nr. 4 Hs. 2 HGB regelt das Realisationsprinzip, wonach nur solche Gewinne bei der Bilanzaufstellung Beachtung finden, die schon am Abschlussstichtag realisiert sind. Es handelt sich dabei um einen Grundsatz ordnungsmäßiger Buchführung, der grundsätzlich für die Bestimmung des Vorliegens eines Vermögensgegenstands von Relevanz ist.[154] Bei der Bildung von Rücklagen stellt sich nicht die Frage nach dem Vorliegen eines Vermögensgegenstands; eine bilanzielle Bewertung findet nicht statt.[155] Rücklagen sind Bestandteile des Eigenkapitals, deren Bildung und Auflösung im Gesetz vorgeschrieben oder jedenfalls vorgesehen ist. Dabei geht es nicht um erfolgswirksame Buchungen, sondern vielmehr um eine bilanzielle Umschichtung des Eigenkapitals. Das Realisationsprinzip scheint hier nicht zu passen.

Dies ist auch nicht erforderlich, da schon bei der Aktivierung von Erträgen aus der Beteiligung, die erfolgswirksam in die Bilanz der Muttergesellschaft eingestellt

---

[151] BeckOKHGB/*Regierer*, 31. Aufl. 2021, § 272 HGB Rn. 55; *Oser/Orth/Wirtz*, DB 2015, 197, 199; *dies.*, DB 2015, 1729, 1734; *Weiser*, in: Russ/Janßen, BilRUG, 2015, § 272 HGB Rn. 35.

[152] *Hermesmeier/Heinz*, DB 2015, Beilage 5 zu Heft Nr. 36, 20, 20; *Theile*, GmbHR 2015, 281, 282; wohl auch Beck Bil-Komm/*Störk/Taetzner*, 12. Aufl. 2020, § 270 HGB Rn. 17; *Schmidt/Prinz*, BilRUG in der Praxis, 2016, § 272 HGB Rn. 84.

[153] *Oser/Orth/Wirtz*, DB 2015, 197, 199; BeckOKHGB/*ders.*, 31. Aufl. 2021, § 272 HGB Rn. 55.

[154] Vgl. ausführlich: C.I.2.c).

[155] *Berndt*, in: Hachmeister/Kahle/Mock/Schüppen, Bilanzrecht, 2. Aufl. 2020, § 270 HGB Rn. 2.

werden und insofern überhaupt erst den Anwendungsbereich des § 272 Abs. 5 HGB eröffnen, das Realisationsprinzip beachtet wurde. Dem Gläubigerschutz scheint damit schon Genüge getan.

(2) Ende des Bilanzaufstellungszeitraums

Ein Abstellen auf das Ende des Bilanzaufstellungszeitraums hingegen gebiete nach Ansicht von Hermesheimer und Heinz schon der Sinn und Zweck der Vorschrift: Die Ausschüttungssperre solle den Gläubigerschutz dienen.[156] Ein Schutz der Gläubiger sei aber dann nicht mehr nötig, wenn bis zum Ende des Bilanzaufstellungszeitraums die Zahlung erfolgt bzw. der Anspruch entstanden ist.[157] Dieses Ergebnis decke sich auch mit § 272 Abs. 5 S. 2 HGB: Danach ist die Gewinnrücklage wieder aufzulösen, sobald die Zahlung erfolgt bzw. der Anspruch entstanden ist. Maßgeblicher Zeitpunkt für die Auflösung ist gem. § 270 Abs. 2 HGB die Aufstellung des Jahresabschlusses.[158] Folge dieser Auffassung ist, dass selbst wenn man davon ausgeht, dass für die Einstellung des Betrags in die Rücklage das Vorliegen eines Anspruchs bzw. die erfolgte Zahlung bis zum Bilanzstichtag maßgeblich ist, diese fiktiv gebildete Rücklage gem. § 272 Abs. 5 S. 2 HGB im Rahmen der Aufstellung des Jahresabschlusses wieder aufgelöst werden müsste, sofern bis dahin die Zahlung erfolgt bzw. der Anspruch entstanden ist.

§ 270 Abs. 2 HGB lautet wie folgt:

„Wird die Bilanz unter Berücksichtigung der vollständigen oder teilweisen Verwendung des Jahresergebnisses aufgestellt, so sind Entnahmen aus Gewinnrücklagen sowie Einstellungen in Gewinnrücklagen, die nach Gesetz, Gesellschaftsvertrag oder Satzung vorzunehmen sind oder auf Grund solcher Vorschriften beschlossen worden sind, bereits bei der Aufstellung der Bilanz zu berücksichtigen."

Dabei werden dem § 270 Abs. 2 HGB von der herrschenden Meinung im Wesentlichen zwei Aussagen zugeschrieben:[159] Zum einen soll aus § 270 Abs. 2 HGB folgen, dass für die Entnahmen aus und die Einstellung in Gewinnrücklagen sämtliche Umstände zu berücksichtigen sind, die bis zum Ende des Bilanzaufstellungszeitraums entstehen und aufgrund derer nach Gesetz, Gesellschaftsvertrag bzw. Satzung oder eines Gesellschafterbeschlusses Entnahmen oder Einstellungen in einer Gewinnrücklage vorzunehmen sind.[160] Die Einhaltung der geltenden Fristen

---

[156] Vgl.: D.I.

[157] *Hermesmeier/Heinz*, DB 2015, Beilage 5 zu Heft Nr. 36, 20, 20 f.; *Schmidt/Prinz*, BilRUG in der Praxis, 2016, § 272 HGB Rn. 84.

[158] *Hermesmeier/Heinz*, DB 2015, Beilage 5 zu Heft Nr. 36, 20, 21; siehe auch: *Mylich*, ZHR, 181 (2017), 87, 100.

[159] Bzgl. der Diskussion, ob aus § 270 Abs. 2 HGB auch eine abweichende Kompetenzverteilung folgt, welche für die vorliegende Untersuchung ohne Relevanz sein dürfte, siehe ausführlich: MüKoHGB/*Reiner*, 4. Aufl. 2020, § 270 HGB Rn. 1, m. w. N.

[160] MüKoBilanzR/*Hennrichs*, 2013, § 270 HGB Rn. 9, 17; Beck Bil-Komm/*Störk/Taetzner*, 12. Aufl. 2020, § 270 HGB Rn. 17.

zur Aufstellung der Bilanz sollen dabei irrelevant sein.[161] Zum anderen wird von der h. M. auf die Voraussetzung, dass die Bilanz unter Berücksichtigung der vollständigen oder teilweisen Verwendung des Jahresergebnisses aufgestellt wird, verzichtet bzw. § 268 Abs. 1 HGB derart ausgelegt/beschränkt, dass immer wenn zwingend eine Entnahme aus einer oder eine Einstellung in eine Gewinnrücklage nach dem Gesetz oder dem Gesellschaftsvertrag bzw. der Satzung vorgenommen werden muss, der Jahresabschluss unter vollständiger oder teilweiser Verwendung des Jahresergebnisses aufzustellen ist.[162] Sinn und Zweck des § 270 Abs. 2 HGB ist damit zum einen eine Einschränkung des § 268 Abs. 1 HGB[163] und zum anderen eine verlässliche Auskunft über die zum Ende der Aufstellung des Jahresabschlusses zwingend zu bildenden bzw. aufzulösenden Rücklagen.[164]

Damit § 270 Abs. 2 HGB auf die nach § 272 Abs. 5 HGB zu bildende Rücklage Anwendung findet, müsste es sich bei dieser um eine Gewinnrücklage i. S. d. § 270 HGB handeln. Eine Gewinnrücklage ist eine Rücklage, die aus den selbst erwirtschafteten Mitteln der Gesellschaft gebildet wird (vgl. § 272 Abs. 3 HGB).[165] Abzugrenzen ist die Gewinnrücklage von der Kapitalrücklage, deren Ausgestaltungen abschließend in § 270 Abs. 2 HGB aufgezählt sind: Es handelt sich jeweils um ein Ausweis von Eigenkapital, das aus Kapitaleinzahlungen der Anteilseigner entstanden ist und nicht zum gezeichneten Kapital der Gesellschaft gehört.[166] Die nach der Ausschüttungssperre des § 272 Abs. 5 HGB zu bildende Rücklage setzt sich aus selbst erwirtschafteten Mitteln der Gesellschaft zusammen und erfüllt damit nach der oben dargelegten Abgrenzung die Voraussetzungen einer Gewinnrücklage. Auch Teile der Literatur sprechen – allerdings ohne größeren Eingang auf die vorge-

---

[161] MüKoHGB/*Reiner*, 4. Aufl. 2020, § 270 HGB Rn. 4; MüKoBilanzR/*Hennrichs*, 2013, § 270 HGB Rn. 17.

[162] MüKoHGB/*Reiner*, 4. Aufl. 2020, § 270 HGB Rn. 1, 6; MüKoHGB/*ders.*, 4. Aufl. 2020, § 268 HGB Rn. 7; Beck Bil-Komm/*Grottel/Waubke*, 12. Aufl. 2020, § 268 HGB Rn. 5; BeckOKHGB/*Poll*, 31. Aufl. 2021, § 268 HGB Rn. 2; MüKoBilanzR/*Suchan*, 2013, § 268 HGB Rn. 10, 14; EBJS/*Böcking/Gros/Wallek*, 4. Aufl. 2020, § 268 HGB Rn. 11; *Hüttemann/Meyer*, in: Staub, HGB, 5. Aufl. 2014, § 268 HGB Rn. 3; *Mock*, in: Hachmeister/Kahle/Mock/Schüppen, Bilanzrecht, 2. Aufl. 2020, § 268 HGB Rn. 16; Baetge/Kirsch/Thiele/*Marx/Dallmann*, 96 Lieferung 2021, § 268 HGB Rn. 27 f.; Beck Bil-Komm/*Störk/Taetzner*, 12. Aufl. 2020, § 270 HGB Rn. 16; *Adler/Düring/Schmaltz*, Rechnungslegung und Prüfung der Unternehmen, 6. Aufl. 1997, § 268 Rn. 21, § 270 Rn. 10.

[163] *Hüttemann/Meyer*, in: Staub, HGB, 5. Aufl. 2014, § 270 HGB Rn. 1; MüKoHGB/*Reiner*, 4. Aufl. 2020, § 270 HGB Rn. 1.

[164] Beck Bil-Komm/*Störk/Taetzner*, 12. Aufl. 2020, § 270 HGB Rn. 16; MüKoHGB/*Reiner*, 4. Aufl. 2020, § 268 HGB Rn. 7; MüKoHGB/*ders.*, 4. Aufl. 2020, § 270 HGB Rn. 1.

[165] Merkt/Probst/Fink/*Mylich*, 2017, § 272 HGB Rn. 78; MüKoBilanzR/*Kropff*, 2013, § 272 HGB Rn. 172; MüKoHGB/*Reiner*, 4. Aufl. 2020, § 272 HGB Rn. 105; Beck Bil-Komm/*Störk/Kliem/Meyer*, 12. Aufl. 2020, § 272 HGB Rn. 230; Beck Bil-Komm/*Störk/Taetzner*, 12. Aufl. 2020, § 270 HGB Rn. 15; *Hüttemann/Meyer*, in: Staub, HGB, 5. Aufl. 2014, § 272 HGB Rn. 56; *Mock*, in: Hachmeister/Kahle/Mock/Schüppen, Bilanzrecht, 2. Aufl. 2020, § 272 HGB Rn. 207.

[166] *Adler/Düring/Schmaltz*, Rechnungslegung und Prüfung der Unternehmen, 6. Aufl. 1997, § 272 Rn. 75.

nommene Einordnung – bei der nach § 272 Abs. 5 HGB zu bildenden Rücklage von einer Gewinnrücklage.[167] Gleichfalls ist allerdings auffällig, dass auch in den nach dem Einfügen des § 272 Abs. 5 HGB erschienen Kommentierungen des HGB an den üblichen Stellen, in denen die Gewinnrücklagen (beispielhaft) aufgezählt werden, nie die nach § 272 Abs. 5 HGB zu bildende Rücklage genannt wird.[168] Dies könnte sich allerdings wieder dadurch erklären, dass ein Großteil der Literatur davon ausgeht, dass § 272 Abs. 5 HGB keinen Anwendungsbereich hat und dadurch die ggf. zu bildende Rücklage letztlich nur theoretischer Natur ist.

Stuft man somit die nach § 272 Abs. 5 HGB zu bildende Rücklage als Gewinnrücklage ein, so handelt es sich auch um eine, die nach dem Gesetz vorzunehmen ist, sodass der Anwendungsbereich des § 270 Abs. 2 HGB eröffnet sein sollte und ein Abstellen auf das Ende der Aufstellung des Jahresabschlusses grundsätzlich hiermit begründet werden könnte.

(3) Zwischenergebnis

Richtig ist, dass in § 272 Abs. 5 HGB selbst keine Aussage darüber getroffen wird, welcher Zeitpunkt für das Vorliegen des Anspruchs bzw. den Eingang des Betrags der maßgebliche ist. Die besseren Gründe sprechen m.E. für das Ende des Bilanzaufstellungszeitraums als maßgeblichen Zeitpunkt. Dieser Zeitpunkt lässt sich dogmatisch begründen und genügt gleichfalls dem Sinn und Zweck des § 272 Abs. 5 HGB.

In diesem Zusammenhang ist nochmals auf die teleologische Auslegung des Begriffs ‚Anspruch' zurückzukommen. Dort wurde vorgebracht, dass dem erklärten Ziel der Ausschüttungssperre – dem Gläubigerschutz – auch bei einem Anspruch im bilanziellen Sinne durch das Realisationsprinzip Genüge getan wird und dass deshalb die Auslegung des Begriffs ‚Anspruch' nicht im zivilrechtlichen Sinne erfolgen muss.[169] Wie vorne ausführlich beschrieben entsteht ein Anspruch im bilanziellen Sinne nach dem Realisationsprinzip bereits dann, wenn die (zivil-)rechtliche Entstehung so gut wie sicher ist.[170] Bei der phasenkongruenten Dividendenaktivierung im Speziellen wird eine Realisierung von der h.M. dann angenommen, wenn bis zum Ende der Aufstellung des Jahresabschlusses der Muttergesellschaft ein Gewinnverwendungsbeschluss bei der Tochtergesellschaft gefasst wurde, da sodann auch ein

---

[167] *Riepolt*, Das Bilanzrichtlinie-Umsetzungsgesetz (BilRUG), 2015, 29; *Müller/Kreipl/Lange*, Schnelleinstieg BilRUG, 1. Aufl. 2016, 205; Beck Bil-Komm/*Störk/Taetzner*, 12. Aufl. 2020, § 270 HGB Rn. 17; Beck Bil-Komm/*Grottel/Waubke*, 12. Aufl. 2020, § 268 HGB Rn. 4; *Schmidt/Prinz*, BilRUG in der Praxis, 2016, § 272 HGB Rn. 95.

[168] Vgl.: Beck Bil-Komm/*Störk/Kliem/Meyer*, 12. Aufl. 2020, § 272 HGB Rn. 230 ff.; Beck Bil-Komm/*Störk/Taetzner*, 12. Aufl. 2020, § 270 HGB Rn. 15; vgl. aber: Rn. 17; Merkt/Probst/Fink/*Mylich*, 2017, § 272 HGB Rn. 81.

[169] Vgl. ausführlich: D.III.2.c)aa)(4).

[170] Vgl.: C.I.2.c).

Anspruch im zivilrechtlichen Sinne entstanden ist.[171] Der anzustellende Vergleich scheint mir hier offenkundig, wenngleich er auch – soweit ersichtlich – bisher noch nicht vorgebracht wurde. Versteht man den Begriff ‚Anspruch' im zivilrechtlichen Sinne und betrachtet man gleichfalls das Ende des Aufstellungszeitraums des Jahresabschlusses der Muttergesellschaft als maßgeblichen Zeitpunkt, so stellt die Ausschüttungssperre des § 272 Abs. 5 HGB eine Abbildung des Realisationsprinzips allerdings mit einer geänderten Rechtsfolge dar: Der Betrag, der nach dem Realisationsprinzip mangels des Vorliegens eines Gewinnverwendungsbeschlusses bisher nach der h. M. nicht aktiviert werden durfte und damit nicht in der Bilanz aufgeführt wurde, wird zur Ausschüttung an die Muttergesellschaft gesperrt. Welche Schlüsse hieraus gezogen werden müssen oder können, gilt es später zu bestimmen. Schon jetzt kann allerdings festgehalten werden, dass beide Mechanismen gleichermaßen dem Gläubigerschutz dienen.

Auch dieser Vergleich bestärkt die Einschätzung, dass Ansprüche, die bis zum Abschluss des Aufstellungszeitraums des Jahresabschlusses der Muttergesellschaft entstanden sind, bzw. Zahlungen, die bis dahin eingegangen sind, für die Bildung bzw. gerade die Nichtbildung der Ausschüttungssperre des § 272 Abs. 5 HGB berücksichtigt werden müssen.

d) Zwischenergebnis

Zusammenfassend lässt sich im Hinblick auf die Tatbestandsvoraussetzungen des § 272 Abs. 5 HGB die folgenden Aussagen treffen:

1. Der Begriff ‚Beteiligung' i. S. d. § 272 Abs. 5 HGB stimmt mit dem in § 271 Abs. 1 S. 1 HGB legaldefinierten Begriff ‚Beteiligung' überein.
2. Für die Anwendung des § 272 Abs. 5 HGB ist es keine Voraussetzung, dass ein Jahresüberschuss vorliegt. Auch ein Jahresfehlbetrag führt zur Anwendbarkeit.
3. Der Tatbestand des § 272 Abs. 5 HGB ist teleologisch auf Dividenden oder Gewinnanteile zu reduzieren. Damit fallen insbesondere keine Wertaufholungen von außerplanmäßigen Abschreibungen in den Tatbestand.
4. Der Begriff ‚Anspruch' ist im zivilrechtlichen Sinne zu verstehen.
5. Maßgeblicher Zeitpunkt für das Vorliegen des Anspruchs bzw. den Eingang des Betrags ist das Ende des Bilanzaufstellungszeitraums.

3. Auswirkungen auf die phasenkongruente Dividendenaktivierung

Nur vereinzelt wird bislang die Frage aufgeworfen, ob das Einfügen der Ausschüttungssperre des § 272 Abs. 5 HGB ggf. Auswirkungen auf die Zulässigkeit der

---

[171] Vgl.: C.IV.2.c).

phasenkongruenten Dividendenaktivierung haben könnte. So fragt sich Kirsch, ob nicht bei geringeren Anteilsquoten als 100 % oder bei Abweichungen des tatsächlich getroffenen Gewinnverwendungsbeschlusses von der hypothetischen Entscheidung am Abschlussstichtag wegen erst nach dem Bilanzstichtag eintretender Ereignisse künftig die Ausschüttungssperre anzuwenden sei.[172] Störk, Kliem und Meyer stellen in den Raum, dass, sofern nur ein Wahlrecht zur Aktivierung und kein Aktivierungsgebot bestehe, die Beteiligungserträge unter die Ausschüttungssperre fallen sollen.[173] Auch Mylich konstatiert, dass „§ 272 Abs. 5 HGB bei offenen Fragen heranzuziehen [sei], um eine Lösung über die Gesetzessystematik zu finden."[174] Insofern hält er eine Liberalisierung der phasenkongruenten Dividendenaktivierung für möglich.[175]

Bei den Auswirkungen des Einfügens der Ausschüttungssperre des § 272 Abs. 5 HGB auf die phasenkongruente Dividendenaktivierung muss danach differenziert werden, ob man vor dem BilRUG die phasenkongruente Dividendenaktivierung mit der Rechtsprechung und der h. M. unter den Voraussetzungen der Tomberger-Entscheidungen für zulässig erachtet hat oder nicht.

a) Herrschende Meinung: Handelsrechtliche Zulässigkeit der phasenkongruenten Dividendenaktivierung unter den Voraussetzungen der Tomberger-Entscheidungen

Geht man mit der h. M. davon aus, dass eine phasenkongruente Dividendenaktivierung unter den Voraussetzungen der Tomberger-Entscheidungen mit den Grundsätzen ordnungsmäßiger Buchführung vereinbar ist, könnte das Einfügen des § 272 Abs. 5 HGB entweder dazu geführt haben, dass auf einzelne Voraussetzungen verzichtet werden kann und somit eine phasenkongruente Dividendenaktivierung in einem größeren Umfang zulässig ist, oder dazu, dass die Voraussetzungen noch verschärft wurden.

aa) Verzicht auf einzelne Voraussetzungen der Tomberger-Entscheidungen

Ein Verzicht auf einzelne Voraussetzungen scheint nur dann dogmatisch begründbar, wenn die Voraussetzungen gerade zur Verwirklichung eines hinreichenden Gläubigerschutzes vormals für erforderlich gehalten wurden und dem Gläubigerschutz nunmehr durch die Ausschüttungssperre des § 272 Abs. 5 HGB Genüge getan ist.

Eine solche Verknüpfung ist für mich nicht ersichtlich. Sicherlich ist zwar richtig, dass die Einschränkung der phasenkongruenten Dividendenaktivierung durch die

---

[172] *Kirsch*, BC 2015, 126, 129.
[173] Beck Bil-Komm/*Störk/Kliem/Meyer*, 12. Aufl. 2020, § 272 HGB Rn. 315.
[174] Merkt/Probst/Fink/*Mylich*, 2017, § 272 HGB Rn. 105.
[175] Merkt/Probst/Fink/*ders.*, 2017, § 272 HGB Rn. 118.

Voraussetzungen der Tomberger-Entscheidungen insbesondere mit dem Realisationsprinzip begründet wird, welches Ausfluss des Vorsichtsprinzips ist und somit auch dem Gläubigerschutz dient.[176] Es kann aber kaum eine Voraussetzung ausgemacht werden, die speziell dem Gläubigerschutz dient. Vielmehr soll das Zusammenspiel der einzelnen Voraussetzungen gewährleisten, dass der Anspruch mit an Sicherheit grenzender Wahrscheinlichkeit entsteht.[177] Insofern mag auch die von Kirsch vertretene Auffassung nicht überzeugen, dass bei Abweichungen des tatsächlich getroffenen Gewinnverwendungsbeschlusses von der hypothetischen Entscheidung am Abschlussstichtag der Differenzbetrag in die Rücklage wegen erst nach dem Bilanzstichtag eintretender Ereignisse einzustellen sei.[178] In diesem Fall lässt sich mit dem Realisationsprinzip nicht begründen, warum der Differenzbetrag überhaupt aktiviert werden dürfte. Hier kann auch die Ausschüttungssperre nicht weiterhelfen.

bb) Verschärfung der Voraussetzungen der phasenkongruenten Dividendenaktivierung

In die Richtung einer Verschärfung scheint die Anmerkung von Kirsch zu gehen, dass bei einer geringeren Anteilsquote als 100 % die Ausschüttungssperre anwendbar sein soll,[179] ebenso wie die Anmerkung von Störk, Kliem und Meyer, dass, sofern nur ein Wahlrecht zur Aktivierung und kein Aktivierungsgebot bestehe, die Beteiligungserträge unter die Ausschüttungssperre fallen sollen.[180] Nach der h. M. durfte vor dem BilRUG (1) eine phasenkongruente Dividendenaktivierung auch bei einer Mehrheitsbeteiligung stattfinden und (2) wurde eine Aktivierungspflicht angenommen. Ferner durften die Beträge ausgeschüttet werden. Insofern läge, würde man der Auffassung von *Kirsch* und/oder Störk, Kliem und Meyer folgen, eine Verschärfung der Voraussetzungen vor, da nunmehr die Beträge gesperrt wären.

Dem muss entgegengehalten werden, dass sich eine solche Verschärfung weder aus dem Wortlaut noch aus dem gesetzgeberischen Willen und schließlich auch nicht aus dem Sinn und Zweck der Ausschüttungssperre ergibt. Der Gesetzgeber wollte ausdrücklich keine Verschärfung der phasenkongruenten Dividendenaktivierung: Die bisherige Praxis sollte auch weiterhin zulässig sein.[181] Zudem würde, sollte die phasenkongruente Dividendenaktivierung unter die Ausschüttungssperre fallen, der Sinn und Zweck der phasenkongruenten Dividendenaktivierung (das Geld zeitnah in

---

[176] Siehe zum Realisationsprinzip: C.I.2.c) und C.IV.2.c).
[177] Siehe ausführlich: C.IV.2.c)cc).
[178] *Kirsch*, BC 2015, 126, 129.
[179] *Ders.*, BC 2015, 126, 129.
[180] Beck Bil-Komm/*Störk/Kliem/Meyer*, 12. Aufl. 2020, § 272 HGB Rn. 315.
[181] Siehe ausführlich: D.I.

einem mehrstufigen Konzern nach oben zu bringen) vollständig verfehlt werden.[182] Die Gewinne könnten sodann eben nicht in einem einzigen Jahr schon über mehrere Gesellschaften hinweg nach oben gebracht werden.

cc) Zwischenergebnis

Folgt man der h. M., hat die Ausschüttungssperre des § 272 Abs. 5 HGB damit keine Auswirkungen auf die von der h. M. und Rechtsprechung gestellten Voraussetzungen der phasenkongruenten Dividendenaktivierung.

Nach h. M. muss zusammenfassend gesagt werden, dass die phasenkongruente Dividendenaktivierung nach den Grundsätzen der Tomberger-Entscheidungen nicht in den Anwendungsbereich der Ausschüttungssperre des § 272 Abs. 5 HGB fällt.[183] Durch die Ausschüttungssperre des § 272 Abs. 5 HGB wird die phasenkongruente Dividendenaktivierung weder eingeschränkt noch deren Zulässigkeit aufgehoben.[184] Vielmehr stellt das Einfügen des § 272 Abs. 5 HGB eine Bestätigung der phasenkongruenten Dividendenaktivierung seitens des Gesetzgebers dar, die schon in der Richtlinie 2013/34/EU durch Art. 9 Abs. 7 lit. b und c angelegt ist.[185]

Folgt man der h. M., bleibt die Vermutung bestehen, dass das Einfügen des § 272 Abs. 5 allein deshalb erfolgt ist, um einem vermeintlichen Richtlinienverstoß zu entgehen.[186] Dass Art. 9 Abs. 7 lit. c der Richtlinie 2013/34/EU eine Ausschüttungssperre für den Fall der Zulassung der Equity-Methode vorgesehen hat, kann jedenfalls nicht vollständig von der Hand gewiesen werden.[187] Gleichwohl halte ich dies für zu kurz gedacht. Zum einen spricht dagegen, dass die Ausschüttungssperre im Vergleich zur Vierten EG-Richtlinie nicht mehr allein an die Ausübung der

---

[182] *Haaker*, KoR 2015, 277, 277; *Institut der Wirtschaftsprüfer in Deutschland e. V.*, Stellungnahme 06.03.2015, 2 f.; *Müller/Kreipl/Lange*, Schnelleinstieg BilRUG, 1. Aufl. 2016, 205; *Oser/Orth/Wirtz*, DB 2015, 1729, 1734; Merkt/Probst/Fink/*Mylich*, 2017, § 272 HGB Rn. 115.

[183] *Mock*, in: Hachmeister/Kahle/Mock/Schüppen, Bilanzrecht, 2. Aufl. 2020, § 272 HGB Rn. 236; Beck Bil-Komm/*Störk/Kliem/Meyer*, 12. Aufl. 2020, § 272 HGB Rn. 315; *Zwirner*, in: Zwirner, BilRUG, 2016, § 272 HGB, 459; *Schmidt/Prinz*, BilRUG in der Praxis, 2016, § 272 HGB Rn. 82, 92.

[184] *Hermesmeier/Heinz*, DB 2015, Beilage 5 zu Heft Nr. 36, 20, 20; *Kirsch*, BC 2015, 126, 128; *Reitmeier/Rimmelspacher*, DB 2015, Beilage zu Heft 36, 1, 3; *Sekanina*, MBF-Report 04.2017, Nr. 30, 1, 11; *Zwirner*, BC 2016, 264, 368; *Zwirner/Busch/Boecker*, Der Konzern 2016, 287, 289.

[185] BeckOKHGB/*Regierer*, 31. Aufl. 2021, § 272 HGB Rn. 55; *Hermesmeier/Heinz*, DB 2015, Beilage 5 zu Heft Nr. 36, 20, 22; *Oser/Orth/Wirtz*, DB 2015, 197, 199; *Riepolt*, Das Bilanzrichtlinie-Umsetzungsgesetz (BilRUG), 2015, 29; *Zwirner*, StuB 2015, 123, 126; *ders.*, DStR 2015, 375, 376; Baumbach/Hopt/*Merkt*, 40. Aufl. 2021, § 272 HGB Rn. 12.

[186] *Haaker*, DB 2015, 879, 880; *ders.*, DB 2015, 510, 511; *Müller/Kreipl/Lange*, Schnelleinstieg BilRUG, 1. Aufl. 2016, 206; *Oser/Orth/Wirtz*, DB 2015, 1729, 1734; *Riepolt*, Das Bilanzrichtlinie-Umsetzungsgesetz (BilRUG), 2015, 29.

[187] *Hermesmeier/Heinz*, DB 2015, Beilage 5 zu Heft Nr. 36, 20, 20; Beck Bil-Komm/*dies.*, 12. Aufl. 2020, § 272 HGB Rn. 315.

Equity-Methode gekoppelt ist.[188] Vielmehr erscheint es mir so, dass die Ausschüttungssperre in lit. c solche Beträge vor der Ausschüttung sperren will, deren Aktivierung der nationale Gesetzgeber unabhängig vom Vorliegen eines Vermögensgegenstands bzw. der Erfüllung der Anforderungen des Realisationsprinzips zulässt.[189]

b) Mindermeinung: Verstoß der phasenkongruenten Dividendenaktivierung gegen die Grundsätze ordnungsmäßiger Buchführung

Geht man allerdings korrekterweise davon aus, dass die von der herrschenden Meinung und der Rechtsprechung vor dem Einfügen der Ausschüttungssperre des § 272 Abs. 5 HGB für zulässig erachtete phasenkongruente Dividendenaktivierung gegen die Grundsätze ordnungsmäßiger Buchführung verstößt, gilt es zu überprüfen, ob eine phasenkongruente Dividendenaktivierung nunmehr zulässig ist.

aa) Vorliegen einer Bilanzierungshilfe

Eine Zulässigkeit könnte damit begründet werden, dass durch das Einfügen des § 272 Abs. 5 HGB eine Bilanzierungshilfe für die phasenkongruente Dividendenaktivierung geschaffen wurde.[190] Zwar wird in § 272 Abs. 5 HGB die phasenkongruente Dividendenaktivierung nicht ausdrücklich für zulässig erklärt. Üblicherweise ist dies bei Bilanzierungshilfen der Fall. Der Gesetzgeber hat allerdings im Rahmen des Einfügens des § 272 Abs. 5 HGB erklärt, dass die phasenkongruente Dividendenaktivierung zulässig sein soll, was schon in der Richtlinie 2013/34/EU durch Art. 9 Abs. 7 lit. b und c angelegt war.[191]

Auch systematisch gesehen liegt das Einfügen einer Bilanzierungshilfe nahe: Die Ausschüttungssperre des § 268 Abs. 8 HGB ist auch vor dem Hintergrund geschehen, dass eine weitergehende Aktivierung auf der Aktivseite möglich wurde.[192] Gleiches gilt bei der Ausschüttungssperre des § 253 Abs. 6 HGB.[193] Allerdings hinkt dieser Vergleich, da die Zulässigkeit der weitergehenden Aktivierung jeweils ausdrücklich geregelt wurde. Dennoch kann nicht verkannt werden, dass es einer Ausschüttungssperre immanent ist, im Gegenzug eine weitergehende Aktivierung zuzulassen.

Ferner gebietet die teleologische Auslegung des § 272 Abs. 5 HGB eine Zulässigkeit: Ohne diese hätte § 272 Abs. 5 HGB keinen Anwendungsbereich. Geht man von einer Bilanzierungshilfe aus, so können auch die Verstöße gegen die Grundsätze

---

[188] *Weiser*, in: Russ/Janßen, BilRUG, 2015, § 272 HGB Rn. 32.
[189] Kritisch auch: *Müller/Mühlbauer*, StuB 2015, 691, 695.
[190] A. A.: Beck Bil-Komm/*Störk/Kliem/Meyer*, 12. Aufl. 2020, § 272 HGB Rn. 315.
[191] Siehe ausführlich: D.I.
[192] Siehe ausführlich: D.II.1.
[193] Siehe ausführlich: D.II.2.

ordnungsmäßiger Buchführung dahinstehen. Eine Bilanzierungshilfe dient gerade dazu, ‚*Gegenstände*' zu aktivieren, die keine ‚*Vermögensgegenstände*' sind, da sie den Grundsätzen ordnungsmäßiger Buchführung nicht genügen.[194]

Ebenso kann hierdurch sodann die differenzierte Behandlung von Handels- und Steuerrecht begründet werden: Bilanzierungshilfen sind stets nur im Handelsrecht anwendbar.[195] Da es sich um eine Bilanzierungshilfe handelt, besteht keine Aktivierungspflicht, sondern allein ein Aktivierungswahlrecht.[196] Es liegt damit ganz im Belieben der bilanzierenden Gesellschaft, ob eine Aktivierung stattfindet oder nicht. Ein faktisches Wahlrecht besteht damit weiterhin. Dies ist hinzunehmen.

Auch vor dem BilRUG wurde diskutiert, ob es sich bei der phasenkongruenten Dividendenaktivierung um eine Bilanzierungshilfe handelt.[197] Dieser Ansicht wurde stets entgegengesetzt, dass es sodann einer Ausschüttungssperre bedürfe, da eine solche aus Gläubigerschutzgesichtspunkten üblicherweise bei einer Bilanzierungshilfe bestehen müsse.[198] Nach dem Einfügen des § 272 Abs. 5 HGB kann dieses Argument nicht mehr greifen.

M. E. sprechen die besseren Argumente dafür, dass durch das Einfügen des § 272 Abs. 5 HGB eine Bilanzierungshilfe für die phasenkongruente Dividendenaktivierung geschaffen wurde.

bb) Umfang der phasenkongruenten Dividendenaktivierung

Geht man insofern vom Bestehen einer Bilanzierungshilfe aus, kann ferner auf sämtliche Voraussetzungen für die phasenkongruente Dividendenaktivierung verzichtet werden. Einschränkungen lassen sich sodann nicht mehr rechtfertigen. Sämtliche Beteiligungserträge unabhängig vom Beteiligungsverhältnis, Konzernverhältnis etc. dürfen aktiviert werden. Dem Gläubigerschutz wird dadurch Genüge getan, dass der aktivierte Betrag in eine ausschüttungsgesperrte Rücklage einzustellen ist, sofern bis zum Ende des Aufstellungszeitraums des Jahresabschlusses der Muttergesellschaft kein Anspruch entstanden ist. Ob ein Anspruch im zivilrechtli-

---

[194] *Hottmann*, in: Beck'sches Steuer- und Bilanzrechtslexikon, 54. Aufl. 2021, Bilanzierungshilfen Rn. 1; *Winnefeld*, in: Winnefeld, Bilanz-Handbuch, 5. Aufl. 2015, Kapitel D Rn. 650.

[195] Blümich/*ders.*, 155 Ergänzungslieferung 2020, § 5 EStG Rn. 317; *ders.*, in: Winnefeld, Bilanz-Handbuch, 5. Aufl. 2015, Kapitel D Rn. 652; *Hottmann*, in: Beck'sches Steuer- und Bilanzrechtslexikon, 54. Aufl. 2021, Bilanzierungshilfen Rn. 3; *Crezelius*, ZGR 1987, 1, 7.

[196] *Winnefeld*, in: Winnefeld, Bilanz-Handbuch, 5. Aufl. 2015, Kapitel D Rn. 650; *Hottmann*, in: Beck'sches Steuer- und Bilanzrechtslexikon, 54. Aufl. 2021, Bilanzierungshilfen Rn. 3.

[197] BFH, Urteil vom 07.08.2000, BFHE, 192, 339 349; *dies.*, DB 1996, 1529, 1530 f.; *dies.*, AG 1979, 293, 301; *dies.*, Bilanz- und Unternehmenssteuerrecht, 9. Aufl. 1993, 24, 221; kritisch insofern: *Moxter*, DB 2000, 2333, 2335 f.; *ders.*, DStR 1992, 1677, 1679; *Schulze-Osterloh*, ZGR 2001, 497, 501.

[198] *Winnefeld*, in: Winnefeld, Bilanz-Handbuch, 5. Aufl. 2015, Kapitel D Rn. 652.

chen oder im bilanziellen Sinne entstehen muss, kann dahingestellt bleiben, da beide korrekterweise erst mit dem Gewinnverwendungsbeschluss entstehen.

Eine Differenzierung zwischen den einzelnen Rechtsformen der Mutter- und Tochtergesellschaft ist auch nicht mehr geboten. Während bei Kapitalgesellschaften dem Gläubigerschutz durch die Ausschüttungssperre des § 272 Abs. 5 HGB Genüge getan wird, findet bei Kommanditgesellschaften § 172 Abs. 4 S. 3 HGB und 264c Abs. 4 S. 3 HGB analog Anwendung.[199]

Durch diese Betrachtung lassen sich sämtliche Schwierigkeiten in der Begründung der phasenkongruenten Dividendenaktivierung lösen. Gegen diese Ansicht können weder Verstöße gegen die Grundsätze ordnungsmäßiger Buchführung noch gegen den Maßgeblichkeitsgrundsatz noch die widersprüchliche Differenzierung bei den gefundenen einschränkenden Voraussetzungen angeführt werden. Die einzige Einschränkung dürfte sich durch den Begriff der *Beteiligung* ergeben. Hier wird man sich an dem Beteiligungsbegriff des § 271 Abs. 1 S. 1 HGB orientierten müssen. Diese Orientierung führt allerdings nicht nur dazu, dass nur Erträge aus solchen Beteiligungen in die Ausschüttungssperre zu stellen sind, sondern auch dazu, dass nur beim Bestehen eines Beteiligungsverhältnisses i. S. d. § 271 Abs. 1 S. 1 HGB eine phasenkongruente Dividendenaktivierung möglich ist. Diese Einschränkung ist hinzunehmen.

Es erscheint damit m. E. folgerichtig, anzunehmen, dass durch das Einfügen des § 272 Abs. 5 HGB die phasenkongruente Dividendenaktivierung unter den folgenden Voraussetzungen legitimiert ist:

1. Das Geschäftsjahr der Tochtergesellschaft muss vor oder mit dem Geschäftsjahr der Muttergesellschaft enden.
2. Bei der Beteiligung der Muttergesellschaft an der Tochtergesellschaft muss es sich um eine Beteiligung gem. § 271 Abs. 1 HGB handeln.

Sollten diese Voraussetzungen vorliegen, ist weiter zu fragen, ob zum Ende des Aufstellungszeitraums des Jahresabschlusses der Muttergesellschaft ein Gewinnverwendungsbeschluss der Tochtergesellschaft vorliegt. Ist dies nicht der Fall, ist eine ausschüttungsgesperrte Rücklage zu bilden. Eine Dividendenaktivierung ist gleichwohl – abweichend von der bisherigen Praxis – zulässig. Sollte zu diesem Zeitpunkt ein Gewinnverwendungsbeschluss vorliegen, ist die Bildung einer Rücklage gem. § 272 Abs. 5 S. 2 HGB nicht erforderlich bzw. die fiktiv gebildete Rücklage ist aufzulösen.

Zur Veranschaulichung sei folgendes Beispiel mit Abwandlungen dargestellt:

Ausgangsfall: Die A-GmbH ist 100 %ige Tochtergesellschaft der B-GmbH, die wiederum 100 %ige Tochtergesellschaft der C-AG ist. Die Geschäftsjahre der Gesellschaften enden jeweils am 31.12. In ihrem Jahresabschluss zum 31.12.2019 aktiviert die B-GmbH einen Beteiligungsgewinn aus der A-GmbH. Der Gewinn-

---
[199] Siehe: D.III.1.c)aa).

verwendungsbeschluss der A-GmbH wurde am 31.03.2020 gefasst. Der Jahresabschluss der B-GmbH am 15.04.2020 aufgestellt.

Eine phasenkongruente Dividendenaktivierung ist zulässig. Es ist keine ausschüttungsgesperrte Rücklage zu bilden. Der Gewinn aus der Beteiligung an der A-GmbH darf von der B-GmbH an die C-AG ausgeschüttet werden.

Abwandlung 1a: Das Geschäftsjahr der A-GmbH endet am 31.11.2019.

Es gibt keine Änderungen zum Ausgangsfall.

Abwandlung 1b: Das Geschäftsjahr der A-GmbH endet am 31.01.2020.

Eine phasenkongruente Dividendenaktivierung ist nicht zulässig. Die Frage nach der Bildung einer ausschüttungsgesperrten Rücklage stellt sich erst gar nicht.

Abwandlung 2a: Die B-GmbH ist nur zu 51% an der A-GmbH beteiligt.

Es gibt keine Änderungen zum Ausgangsfall.

Abwandlung 2b: Die B-GmbH ist nur zu 10% an der A-GmbH beteiligt.

Es gibt keine Änderungen zum Ausgangsfall.

Abwandlung 2c: Bei der Beteiligung der B-GmbH an der A-GmbH handelt es sich lediglich um eine sog. Kapitalbeteiligung.

Eine phasenkongruente Dividendenaktivierung ist schon mangels des Vorliegens einer Beteiligung gem. § 271 Abs. 1 HGB nicht zulässig. Die Frage nach der Bildung einer ausschüttungsgesperrten Rücklage stellt sich erst gar nicht.

Abwandlung 3: Der Gewinnverwendungsbeschluss der A-GmbH wird erst am 30.04.2020 gefasst.

Eine phasenkongruente Dividendenaktivierung ist weiter zulässig. Allerdings ist eine ausschüttungsgesperrte Rücklage zu bilden. Eine Ausschüttung des Gewinns an der A-GmbH von der B-GmbH an die C-AG scheidet aus.

cc) Sachlicher Anwendungsbereich der Ausschüttungssperre des § 272 Abs. 5 HGB

Dadurch erhält auch die Ausschüttungssperre des § 272 Abs. 5 HGB ihren Anwendungsbereich: Sollte bis zum Ende des Aufstellungszeitraum kein Anspruch auf die Dividende entstanden sein, ist der aktivierte Betrag bei einer Kapitalgesellschaft in eine ausschüttungsgesperrte Rücklage einzustellen bzw. bei einer Personenhandelsgesellschaft sind Sonderposten gem. § 264c Abs. 4 S. 2 HGB analog zu bilden. Sollte dies nicht geschehen, entstehen bei der Kapitalgesellschaft Ansprüche nach §§ 30, 31 GmbH bzw. § 62 AktG und bei der Kommanditgesellschaft lebt die Haftung des Kommanditisten gem. § 172 Abs. 4 S. 3 HGB analog wieder auf.

4. Rechtsfolge des § 272 Abs. 5 HGB

a) Ausschüttungsgesperrte Rücklage

Rechtsfolge des § 272 Abs. 5 HGB ist, dass die entsprechenden Beträge bei einer Kapitalgesellschaft in eine Rücklage einzustellen sind. Es handelt sich dabei um eine erfolgsunwirksame Abschlussbuchung im Rahmen der Gewinnverwendung.[200]

Ein Teil der Literatur scheint die Rücklage unter den Bilanzposten ‚andere Gewinnrücklagen' fassen zu wollen.[201] Unter den Bilanzposten ‚andere Gewinnrücklagen' gehören allerdings nur solche Rücklagen, deren Bildung weder von der Satzung noch vom Gesetz vorgeschrieben ist.[202] § 272 Abs. 5 HGB schreibt jedoch gerade die Bildung der Rücklage vor, sodass sie schwerlich unter den Bilanzposten ‚andere Gewinnrücklage' gefasst werden kann. Eine Abbildung unter den Bilanzposten ‚gesetzliche Rücklage' scheint zwar gangbar, da es sich auch bei der Rücklage nach § 272 Abs. 5 HGB um eine solche handelt, die aufgrund eines Gesetzes zu bilden ist.[203] Gleichwohl muss beachtet werden, dass die sonstigen Rücklagen, die unter den Bilanzposten ‚gesetzliche Rücklagen' gefasst werden, auch wörtlich in den jeweiligen Bildungsvorschriften als solche benannt werden (vgl. § 150 Abs. 1 AktG, § 5a GmbHG). Dies ist bei der nach § 272 Abs. 5 HGB ausschüttungsgesperrten Rücklage nicht der Fall. Richtig erscheint daher, für die nach § 272 Abs. 5 HGB ausschüttungsgesperrte Rücklage einen eigenen Bilanzposten innerhalb der Gewinnrücklagen, namentlich den Bilanzposten ‚ausschüttungsgesperrte Rücklage', zu schaffen.[204]

Nach der Bildung einer Rücklage ist in den Folgejahren stets zu prüfen, ob diese aufzulösen ist. Das ist der Fall, wenn die Beträge zwischenzeitlich eingegangen sind bzw. der Anspruch entstanden ist (§ 272 Abs. 5 S. 2 HGB).[205]

Damit unterscheidet sich die Ausschüttungssperre des § 272 Abs. 5 HGB maßgeblich von den Funktionsweisen der Ausschüttungssperren der § 268 Abs. 8 HGB und § 253 Abs. 6 HGB, gleicht allerdings der Ausschüttungssperre des § 272 Abs. 4

---

[200] *Zwirner*, DStR 2015, 1640, 1641; *Kirsch*, BC 2015, 126, 130, der jedoch richtigerweise darauf hinweist, dass es sich um keinen zusätzlichen Punkt innerhalb der Gewinnverwendung i. S. d. § 268 HGB handelt; allgemein zur Bildung von Gewinnrücklagen im Rahmen der Ergebnisverwendung: *Hüttemann/Meyer*, in: Staub, HGB, 5. Aufl. 2014, § 272 HGB Rn. 56.

[201] *Riepolt*, Das Bilanzrichtlinie-Umsetzungsgesetz (BilRUG), 2015, 29; *Müller/Kreipl/Lange*, Schnelleinstieg BilRUG, 1. Aufl. 2016, 205; *Kirsch*, BC 2015, 126, 130.

[202] Merkt/Probst/Fink/*Mylich*, 2017, § 272 HGB Rn. 84; MüKoBilanzR/*Kropff*, 2013, § 272 HGBB Rn. 231; MüKoHGB/*Reiner*, 4. Aufl. 2020, § 272 HGB Rn. 115; Beck Bil-Komm/*Störk/Kliem/Meyer*, 12. Aufl. 2020, § 272 HGB Rn. 255; *Hüttemann/Meyer*, in: Staub, HGB, 5. Aufl. 2014, § 272 HGB Rn. 63.

[203] Merkt/Probst/Fink/*Mylich*, 2017, § 272 HGB Rn. 81.

[204] *Mock*, in: Hachmeister/Kahle/Mock/Schüppen, Bilanzrecht, 2. Aufl. 2020, § 272 HGB Rn. 208; *Weiser*, in: Russ/Janßen, BilRUG, 2015, § 272 HGB Rn. 49, 51; *Schmidt/Prinz*, BilRUG in der Praxis, 2016, § 272 HGB Rn. 95.

[205] Vgl. ausführlich zum maßgeblichen Zeitpunkt: D.III.2.c)bb).

HGB. Bei den Ausschüttungssperren der § 268 Abs. 8 HGB und § 253 Abs. 6 HGB handelt es sich um außerbilanzielle Ausschüttungssperren, deren Anwendung nur im Anhang zu erwähnen ist. Diese Differenzierung scheint mir allerdings letztlich unwesentlich, da der Effekt derselbe bleibt:[206] Die entsprechend ausschüttungsgesperrten Beträge dürfen nicht ausgeschüttet werden. Ein wesentlicher Unterschied besteht m. E. auch nicht bei dem Informationserhalt des Jahresabschlusslesers: Während die Ausschüttungssperre des § 272 Abs. 5 HGB direkt aus der Bilanz ersichtlich ist, kann die Ausschüttungssperre des § 268 Abs. 8 HGB aus dem Anhang gelesen werden.[207] Ein Jahresabschlussleser wird wissen, worauf er zu achten hat. Bei Kleinstkapitalgesellschaften und kleinen Kapitalgesellschaften ist weder die Anwendung des § 272 Abs. 5 HGB (§ 266 Abs. 1 S. 4 HGB bzw. § 266 Abs. 1 S. 3 HGB) noch die des § 268 Abs. 8 HGB (§ 264 Abs. 1 S. 5 HGB bzw. § 288 Abs. 1 Nr. 1 HGB i. V. m. § 285 Nr. 28 HGB) ersichtlich, sodass es auch hier nicht zu einer Differenzierung kommt. Etwas anderes ergibt sich auch nicht aus § 265 Abs. 5 HGB. Zwar können danach auch weitere Gliederungspunkte in die Bilanz aufgenommen werden, sodass man darüber nachdenken könnte, ob die Ausschüttungssperre des § 272 Abs. 5 HGB bei kleinen und (Kleinst-)Kapitalgesellschaften nicht zwingend über § 265 Abs. 5 HGB auszuweisen wäre. Sinn und Zweck des § 265 Abs. 5 HGB ist es aber, für branchenspezifische Besonderheiten eine gewisse Flexibilität der Jahresabschlussgestaltung zu gewährleisten. Bei der ausschüttungsgesperrten Rücklage handelt es sich allerdings nicht um eine solche branchenspezifische Besonderheit. Ferner scheint eine Darstellung bei kleinen und (Kleinst-)Kapitalgesellschaften auch nicht erforderlich: Bei der ausschüttungsgesperrten Rücklage des § 272 Abs. 5 HGB steht die Gläubigerschutzfunktion anstelle der Informationsfunktion des Jahresabschlusses im Vordergrund.

Richtig ist allerdings, dass bei bilanziellen Ausschüttungssperren eine größere Fehleranfälligkeit des Jahresabschlusses besteht, welche schließlich im äußersten Fall zu einer Nichtigkeit des Jahresabschlusses führen könnte.[208] Auch besteht bei einer außerbilanziellen Ausschüttungssperre eine größere Flexibilität.[209] Gleichwohl scheinen mir beide Argumente nicht wirklich aussagekräftig, um außerbilanziellen Ausschüttungssperren grundsätzliche Vorzüge zuzusprechen. Relevant sind die unterschiedlichen Mechanismen allerdings bei der Entstehung einer Unterbilanz bzw. einer bilanziellen Überschuldung.[210] Ob es tatsächlich gerechtfertigt ist, durch die Pflicht zur Erstellung der ausschüttungsgesperrten Rücklage eine Unterbilanz bzw. eine bilanzielle Überschuldung zu verursachen, erscheint fraglich.

---

[206] Vgl. ausführlich: *Mylich*, ZHR, 181 (2017), 87 ff.; allgemein auch: *Kessler/Suchan*, in: FS Hommelhoff, 2012, 509, 523 f.

[207] Kritisch: *Mylich*, ZHR, 181 (2017), 87, 100; Merkt/Probst/Fink/*ders.*, 2017, § 272 HGB Rn. 121; *Lanfermann/Röhricht*, DStR 2009, 1216, 1222; *Simon*, NZG 2009, 1081, 1087.

[208] *Mylich*, ZHR, 181 (2017), 87, 99.

[209] *Ders.*, ZHR, 181 (2017), 87, 101.

[210] *Ders.*, ZHR, 181 (2017), 87, 99.

Ferner muss bei der Bildung der Rücklage § 274 HGB beachtet werden. Da die phasenkongruente Dividendenaktivierung im Handelsrecht zulässig und im Steuerrecht unzulässig ist, müssen zwingend passive latente Steuern ausgewiesen werden.[211] Maßgeblich für die Steuerlast dürfte hierbei § 8 Abs. 1, 5 S. 1 KStG sein.[212] Fraglich erscheint allerdings, ob der Ausweis der passiven latenten Steuern zur Bildung der ausschüttungsgesperrten Rücklage betragsmäßig hinzukommt oder ob ein Teil der ausschüttungsgesperrten Rücklage in Höhe der zu erwartenden Steuerlast anstatt in der Rücklage als passive latente Steuer auszuweisen ist. Würde man den betragsmäßigen zusätzlichen Ausweis der passiven latenten Steuern verlangen, käme man zu dem skurrilen Ergebnis, dass letztlich das Ausschüttungspotential der Muttergesellschaft nochmal zusätzlich zu der ausschüttungsgesperrten Rücklage gemindert wird. Dies kann nicht gewollt sein. Insofern muss ein Teil des Betrags, der nach § 272 Abs. 5 HGB eigentliche in die ausschüttungsgesperrte Rücklage einzustellen wäre, entsprechend als passive latente Steuer ausgewiesen werden.[213] Dieses Ergebnis wird auch gestützt von einem Vergleich mit § 268 Abs. 8 HGB. Auch hier werden die bei der Aktivierung von Vermögensgegenständen zu bildenden passiven latenten Steuern bei der Berechnung des ausschüttungsgesperrten Betrags abgezogen.

b) Abführungssperre

Auffällig ist, dass der Gesetzgeber es unterlassen hat, neben der Ausschüttungssperre auch eine Abführungssperre zu normieren. Teile der Literatur kritisieren dies und mahnen den Gesetzgeber an, dies bei nächster Gelegenheit nachzuholen.[214]

Dabei muss zunächst der Unterschied zwischen einer Ausschüttung und einer Abführung herausgearbeitet werden. Während die Ausschüttung zur Erfüllung des mitgliedschaftlichen Gewinnanspruchs führt, wird durch die Abführung ein vertraglicher Anspruch aus dem Ergebnisabführungsvertrag erfüllt. Der Abschluss eines Ergebnisabführungsvertrags modifiziert insofern den mitgliedschaftlichen Gewinnanspruch. Dem Gläubigerschutz wird nach der h.M. durch die Verlustübernahme Genüge getan.[215] Eine Abführungssperre soll und muss damit nur noch dem Schutz der (Minderheits-)Gesellschafter dienen, mit denen kein Ergebnisabfüh-

---

[211] Beck Bil-Komm/*Grottel/Larenz*, 12. Aufl. 2020, § 274 Rn. 27; *Hoffmann*, DStR 2000, 1809, 1814; *Leuering*, NJW-Spezial 2007, 543, 544; *Maute*, BC 2002, 241, 243; *Sandleben*, in: Beck'sches StB-Handbuch 2019/20, 2019, Kap. B. Rn. 411; a. A. *Prinz/Kaeser*, in: Kessler/Kröner/Köhler, Konzernsteuerrecht, 2018, § 10 Rn. 384, die bei der Geltung des § 8b Abs. 1 KStG von einer sog. permanenten Differenz ausgehen.
[212] Vgl. Beck Bil-Komm/*Grottel/Larenz*, 12. Aufl. 2020, § 274 Rn. 27.
[213] Vgl. auch *Mylich*, ZHR, 181 (2017), 87, 108, der eine solche Reduzierung für nicht erforderlich hält: Die Rücklage schütze bereits ausreichend vor einer Ausschüttung.
[214] *Oser/Orth/Wirtz*, DB 2015, 1729, 1734; Merkt/Probst/Fink/*Mylich*, 2017, § 272 HGB Rn. 123; *ders.*, ZHR, 181 (2017), 87, 113.
[215] Siehe ausführlich: *Kessler/Egelhof*, DStR 2017, 998, 999.

rungsvertrag besteht.[216] Zu beachten ist allerdings, dass letztlich trotzdem sowohl bei der Abführung als auch bei der Ausschüttung Beträge das Unternehmen verlassen. Ausschüttungssperren wollen dies gerade verhindern. Eine differenzierte Behandlung scheint nur dann vertretbar, wenn es andere Schutzmechanismen gibt, die sicherstellen, dass die Beträge jedenfalls nicht die Muttergesellschaft verlassen; sonst kann die Verlustübernahmeverpflichtung schwerlich den Gläubigerschutz gewährleisten.[217]

Fraglich ist, ob § 301 S. 1 AktG analog angewendet werden kann. Eine planwidrige Regelungslücke wird noch zu bejahen sein.[218] Ob allerdings eine vergleichbare Interessenlage besteht, scheint offen. Tatsächlich ist in § 301 S. 1 AktG die Ausschüttungssperre des § 268 Abs. 8 HGB neben den gesetzlichen Rücklagen erwähnt.[219] Eine analoge Anwendung des § 301 S. 1 AktG findet für die Ausschüttungssperre des § 272 Abs. 4 HGB statt.[220] Keine analoge Anwendung findet allerdings nach der h. M. für die Ausschüttungssperre des § 253 Abs. 6 HGB statt.[221] Wie bereits oben erwähnt, überzeugt das nicht.[222] Fraglich ist allerdings, ob jeweils eine mit den weiteren Ausschüttungssperren vergleichbare Interessenlage besteht.

aa) Vergleichbarkeit mit der Ausschüttungssperre des § 268 Abs. 8 HGB

Die Ausschüttungssperre des § 272 Abs. 5 HGB und die des § 268 Abs. 8 HGB gleichen sich darin, dass sie beide dann zur Anwendung kommen, wenn jeweils ein bestimmter Vermögensgegenstand aktiviert wird. Bei § 272 Abs. 5 HGB müssen Forderungen gegen verbundene Unternehmen bzw. Forderungen gegen Unternehmen, mit denen ein Beteiligungsverhältnis besteht, aktiviert werden. Bei § 268 Abs. 8 HGB müssen (1) selbst geschaffene immaterielle Vermögensgegenstände, (2) aktive latente Steuern oder (3) Vermögensgegenstände aktiviert werden, die dem Zugriff aller übrigen Gläubiger entzogen sind und ausschließlich der Erfüllung von Schulden aus Altersversorgungsverpflichtungen oder vergleichbaren langfristig fälligen Verpflichtungen dienen. Wie oben (D.II.1) beschrieben, wurde das Einfügen der Ausschüttungssperre des § 268 Abs. 8 HGB damit begründet, dass die Vermögensgegenstände, welche zur Anwendung des § 268 Abs. 8 HGB führen, eine gewisse Unsicherheit im Hinblick auf die Werthaltigkeit aufweisen. Es handelt sich dabei um den Ausweis „realisierbarer, aber noch nicht realisierter Erträge".[223] Hier wird oft angeführt, dass bei der phasenkongruenten Dividendenaktivierung kein

---

[216] Siehe ausführlich: *dies.*, DStR 2017, 998, 999.
[217] Siehe bereits ausführlich: D.II.2 und D.III.1.c)bb).
[218] Siehe zur analogen Anwendung des § 172 Abs. 4 S. 3 HGB: D.III.1.
[219] Siehe ausführlich: D.II.1.
[220] Siehe ausführlich: D.II.3.
[221] Siehe ausführlich: D.II.2.
[222] Siehe ausführlich: D.II.2.
[223] MüKoBilanzR/*ders.*, 2013, § 268 HGB Rn. 79.

ähnlicher Unsicherheitsgrad bestehe, da die Entstehung des Anspruchs so gut wie sicher sei.[224]

Der Vergleich greift m.E. aber zu kurz. Im Rahmen des Einfügens des § 268 Abs. 8 HGB wurde im Wesentlichen ebenfalls die Aktivierung der Vermögensgegenstände zugelassen, die zur Anwendung des § 268 Abs. 8 HGB führen. Es wurden ‚Bilanzierungshilfen' geschaffen, die den Informationsgehalt des Jahresabschlusses stärken sollen. Auf der anderen Seite wurde die Ausschüttungssperre eingeführt, um dem Gläubigerschutz zu entsprechen. Wir befinden uns hier also im gleichen Spannungsverhältnis wie bei der phasenkongruenten Dividendenaktivierung.[225] Dieser Vergleich bestärkt damit nochmals die Auffassung, dass durch das Einfügen des § 272 Abs. 5 HGB eine Bilanzierungshilfe für phasenkongruente Dividendenaktivierung geschaffen wurde.

bb) Vergleichbarkeit mit der Ausschüttungssperre des § 253 Abs. 6 HGB

Die Ausschüttungssperre des § 253 Abs. 6 HGB wurde eingeführt, um die Auswirkungen der Niedrigzinsphase auf Unternehmen abzuschwächen: Der Betrag, der in eine Altersvorsorgerückstellung einzustellen ist, wurde verringert; der sich insofern zur vorherigen Berechnung ergebende Unterschiedsbetrag wurde ausschüttungsgesperrt.[226] Es findet damit eine Verkleinerung der Passivseite und gerade nicht wie bei § 268 Abs. 8 HGB bzw. wie etwa bei § 272 Abs. 5 HGB eine Erweiterung der Aktivseite statt, wenn man im Gegenzug eine erweiterte phasenkongruente Dividendenaktivierung zulässt. Auch scheint § 253 Abs. 6 HGB eine temporäre Regelung zu sein. Sofern die Niedrigzinsphase überstanden ist, ist wieder mit einer Folgeänderung bzw. Rückgängigmachung zu rechnen.

Beide Ausschüttungssperren haben allerdings den gleichen Sinn und Zweck. Es soll verhindert werden, dass Beträge das Unternehmen verlassen. Aus diesem Grund ist schon bei § 253 Abs. 6 HGB eine analoge Anwendung des § 301 S. 1 AktG geboten. Eine analoge Anwendung auf § 272 Abs. 5 HGB erscheint nur folgerichtig.

cc) Vergleichbarkeit mit der Ausschüttungssperre des § 272 Abs. 4 HGB

Die Ausschüttungssperren des § 272 Abs. 4 HGB und des § 272 Abs. 5 HGB gleichen sich insbesondere im Hinblick auf den Mechanismus. Auch finden beide Vorschriften Anwendung, wenn auf der Aktivseite der Bilanz entsprechende Vermögensgegenstände aktiviert werden. Beide Vorschriften dienen im weitesten Sinne dem Gläubigerschutz. Die zu aktivierenden Vermögensgegenstände genügen zwar

---

[224] *Haaker*, DB 2015, 510, 512; *Müller/Kreipl/Lange*, Schnelleinstieg BilRUG, 1. Aufl. 2016, 204.
[225] Vgl. zusammenfassend: C.VII.
[226] Siehe ausführlich: D.II.2.

dem Realisationsprinzip, sind jedoch gleichwohl mit einer gewissen Unsicherheit belastet.

Die analoge Anwendung des § 301 S. 1 AktG auf § 272 Abs. 4 HGB muss insbesondere damit begründet werden, dass, sollte es zu keiner analogen Anwendung kommen, man zu dem skurrilen Ergebnis käme, dass nach der gem. § 14 KStG erforderlichen Abführung des gesamten Jahresüberschusses, abzüglich der in § 301 AktG genannten Positionen, gem. § 272 Abs. 4 HGB noch eine Gewinnrücklage zu bilden wäre, welche schließlich einen Bilanzverlust verursachen würde, welcher wiederum (im Folgejahr?) durch die Muttergesellschaft auszugleichen wäre. Dies kann nicht gewollt sein, weshalb die analoge Anwendung des § 301 AktG auf die Ausschüttungssperre des § 272 Abs. 4 HGB in der Literatur noch nicht einmal diskutiert, sondern schlicht angenommen wurde. Da die Ausschüttungssperre des § 272 Abs. 5 HGB den gleichen Mechanismus verfolgt, käme man auch hier zu dem gleichen nicht tragbaren Ergebnis. Auch hier ist deshalb eine analoge Anwendung angezeigt.

dd) Zwischenergebnis

Die Ausschüttungssperre des § 272 Abs. 5 HGB scheint inhaltlich – abgesehen vom Mechanismus – die weitesten Übereinstimmungen mit der Ausschüttungssperre des § 268 Abs. 8 HGB zu haben. Insofern ist es naheliegend, eine vergleichbare Interessenlage anzunehmen. Folge ist, dass § 301 S. 1 AktG analog anzuwenden ist. Dies wird auch dadurch bestärkt, dass die Gründe, die eine analoge Anwendung des § 301 S. 1 AktG auf die Ausschüttungssperre des § 272 Abs. 4 HGB und des § 253 Abs. 6 HGB rechtfertigen, auch bei der Ausschüttungssperre des § 272 Abs. 5 HGB vorliegen. Damit besteht für nach § 272 Abs. 5 HGB ausschüttungsgesperrte Beträge auch eine Abführungssperre.

E. Alternativen zur phasenkongruenten Dividendenaktivierung

Sinn und Zweck der phasenkongruenten Dividendenaktivierung ist es, dass das Ergebnis der Tochtergesellschaft noch im gleichen Geschäftsjahr im Jahresabschluss der Muttergesellschaft gezeigt wird und hierdurch wiederum an die Gesellschafter der Muttergesellschaft weiterverteilt werden kann. Gerade bei mehrstufigen Konzernen soll hierdurch verhindert werden, dass die Ergebnisse erst Jahre später bei der Konzernspitze ankommen.

In der Literatur werden vor dem Hintergrund der teilweise umstrittenen und undurchsichtigen Voraussetzungen der phasenkongruenten Dividendenaktivierung oftmals Alternativen diskutiert, die zu einem gleichen bzw. jedenfalls ähnlichen Ergebnis kommen. Ob es sich hierbei tatsächlich um Alternativen handelt, soll im Folgenden betrachtet werden.

I. Die Equity-Methode

Als Alternative wird insbesondere die Equity-Methode gesehen, deren Einführung einige Stimmen im Schrifttum fordern.[1] Ein Teil der Literatur geht davon aus, dass die Equity-Methode in Bezug auf Personengesellschaften und die hier angewandte sog. Spiegelbildmethode[2] schon inoffiziell im deutschen Bilanzrecht besteht.[3] Jedenfalls würde eine Bewertung at equity nach dieser Ansicht nicht nur jegliche Probleme rund um die phasenkongruente Dividendenaktivierung zufrie-

---

[1] *Heni*, DStR 1996, 1093; *Hoffmann*, in: Herzig, Europäisierung des Bilanzrechts, 1997, 1, 23 f.; *ders.*, DStR 2000, 1809, 1814; *Küting*, in: Herzig, Europäisierung des Bilanzrechts, 1997, 51, 62; *Oser*, DB 2014, Heft Nr. 21, M1, M1; vgl. zur Equity-Bewertung im Konzernabschluss: *Havermann*, ZfbF 1987, 302 ff.; kritisch hierzu: *Weber*, Grundsätze ordnungsmäßiger Bilanzierung für Beteiligungen, 1980, 88 ff.

[2] Nach der Spiegelbildmethode wird eine Beteiligung an einer Personengesellschaft bei der Muttergesellschaft durch den Ausweis des anteiligen Eigenkapitals der Tochtergesellschaft in der Steuerbilanz dargestellt; vgl. BeckOK EStG/*Schenke*, 9. Aufl. 2021, § 15 EStG, Rn. 2102; *Arnold*, in: ABC der Bilanzierung, 2020, Rn. 1624.

[3] *Havermann*, in: FS Barz, 1974, 387, 390 = *ders.*, Wpg 1975, 233, 235; *Mutze*, AG 1977, 7, 9; *Knobbe-Keuk*, AG 1979, 293, 302; *Weber*, Grundsätze ordnungsmäßiger Bilanzierung für Beteiligungen, 1980, 103.

denstellend lösen.[4] Vorteil der Equity-Methode sei auch die Verhinderung der Entstehung von stillen Reserven.[5]

Bei der Equity-Methode wird eine Beteiligung zunächst mit den Anschaffungskosten angesetzt; in den Folgejahren erfolgt sodann eine Anpassung des Buchwerts entsprechend den anteiligen Eigenkapitalveränderungen in der Tochtergesellschaft.[6]

Nach Mutzke verstoße die Equity-Methode gegen das Anschaffungswertprinzip und das Realisationsprinzip.[7] Dem tritt Busse von Colbe entgegen: Da die Gewinne ohnehin schon bei der Tochtergesellschaft realisiert seien, über welche die Muttergesellschaft frei verfügen könne, sei kein Verstoß gegen das Realisationsprinzip gegeben.[8] Jedenfalls könne durch eine korrespondierende Ausschüttungssperre dem Realisationsprinzip Genüge getan werden.[9] Im Hinblick auf die Ausschüttungssperre gibt hingegen Kaminski zu bedenken, dass sodann die Equity-Methode nicht den gewünschten Effekt erzielt, den Gewinn an die Konzernspitze weiterzureichen. Der Gewinn würde auf der 2 Stufe hängen bleiben.[10] Weber vertritt die Ansicht, dass Angaben im Geschäftsbericht/Anhang ohnehin besser informieren, als eine Bewertung at equity es könne.[11]

Gegen die Einführung der Equity-Methode wird auch der Maßgeblichkeitsgrundsatz vorgebracht.[12] Es würde zu einer weiteren Durchbrechung kommen. Jedenfalls müsste nach Einführung der Equity-Methode der Maßgeblichkeitsgrundsatz überdacht bzw. angepasst werden.[13]

Folge der Equity-Methode wäre jedenfalls keine Zulässigkeit einer phasenkongruenten Dividendenaktivierung.[14] Der Gewinn der Tochtergesellschaft würde sich

---

[4] *Busse von Colbe*, ZfbF 1972, 145, 156 f.; *Heni*, DStR 1996, 1093; *Hoffmann*, in: Herzig, Europäisierung des Bilanzrechts, 1997, 1, 23 f.; insofern kritisch: *Küting*, in: Herzig, Europäisierung des Bilanzrechts, 1997, 51, 59 f., der wegen der in Art. 59 Abs. 6 lit. b) der Vierten EG-Richtlinie enthaltenen Ausschüttungssperre nur eine Vorverlagerung des Problems von einem Aktivierungs- zu einem Ausschüttungsproblem gesehen hat; *Herzig/Rieck*, IStR 1998, 309, 314; *Müller/Kreipl/Lange*, Schnelleinstieg BilRUG, 1. Aufl. 2016, 195.

[5] *Ordelheide*, DBW 1986, 87, 87; *Busse von Colbe*, ZfbF 1972, 145, 156 f.

[6] Beck Bil-Komm/*Störk/Lewe*, 12. Aufl. 2020, § 312 HGB Rn. 1; BeckOKHGB/*Schorse*, 31. Aufl. 2021, § 312 HGB Rn. 5; *Fett/Spiering*, in: Fett/Spiering, Handbuch Joint-Venture, 2. Aufl. 2015, 2 Kapitel Rn. 36; siehe zur Anwendung: *Toebe*, in: Bolin/Dreyer/Schäfer, Handbuch Handelsrechtliche Rechnungslegung, 2013, Kapitel 9 Rn. 31.

[7] *Mutze*, AG 1977, 7, 10.

[8] *Busse von Colbe*, ZfbF 1972, 145, 150 f.; ähnlich wohl auch: *Forster*, in: FS Budde, 1995, 203, 206 f.

[9] *Forster*, in: FS Budde, 1995, 203, 208; *Havermann*, in: FS Barz, 1974, 387 403, 407 = *ders.*, Wpg 1975, 233, 240, 242; *Mutze*, AG 1977, 7, 11; *Knobbe-Keuk*, AG 1979, 293, 303.

[10] *Kaminski*, in: FS Strobel, 2001, 91, 114.

[11] *Weber*, Grundsätze ordnungsmäßiger Bilanzierung für Beteiligungen, 1980, 121.

[12] *Forster*, in: FS Budde, 1995, 203, 208.

[13] *Knobbe-Keuk*, AG 1979, 293, 303.

[14] *Henssler*, JZ 1998, 701, 705.

vielmehr in der Bewertung jener in der Bilanz der Muttergesellschaft wiederfinden. Eine Dividendenforderung wird erst im Jahr des Gewinnverwendungsbeschlusses und damit im Folgejahr ausgewiesen. Hier käme es theoretisch dann zu einem Aktivtausch, da der Wert der Beteiligung anteilig fallen würde.[15]

Unabhängig davon, ob die Equity-Methode die Probleme rund um die phasenkongruente Dividendenaktivierung lösen könnte, muss festgehalten werden, dass sich der Gesetzgeber bisher nicht durchringen konnte, die Equity-Methode bei einem Einzelabschluss zuzulassen. Dabei wurde dem Gesetzgeber insbesondere durch die Richtlinie 2013/34/EU genug Gelegenheit gegeben, hier tätig zu werden. Bis zu einer etwaigen Einführung stellt die Equity-Methode daher keine gangbare Alternative zur phasenkongruenten Dividendenaktivierung dar.

II. Ergebnisabführungsvertrag

Einigkeit herrscht dahingehend, dass das Vorliegen eines Ergebnisabführungsvertrags faktisch zu einer phasenkongruenten Dividendenaktivierung führt.[16] Der Gewinnanspruch entsteht bereits am Bilanzstichtag.

Der Abschluss von Ergebnisabführungsverträgen bringt allerdings weitere gravierende Konsequenzen mit sich. Insbesondere bei einer Fremdbeteiligung oder wegen des hohen Verlustrisikos empfiehlt sich diese Gestaltung selten.[17]

Auch hierin ist deshalb keine wirkliche Alternative zur phasenkongruenten Dividendenaktivierung zu sehen.

III. Vorabgewinnausschüttung

Oftmals wird in der Literatur auch die mögliche Vorabgewinnausschüttung als mögliche Problemlösung angebracht.[18] Im gleichen Zuge muss allerdings eingeräumt werden, dass diese im Hinblick auf § 59 Abs. 1 AktG gerade bei Aktiengesellschaften als Tochtergesellschaften keine Erleichterung mit sich bringt[19] und damit nicht als vollumfängliche Alternative zur phasenkongruenten Dividendenaktivierung dienen kann.

---

[15] *Weber*, Grundsätze ordnungsmäßiger Bilanzierung für Beteiligungen, 1980, 91.
[16] *Hoffmann*, BB 1996, 1051, 1056; *Kellner*, WM 2000, 229, 233; *Kropff*, ZGR 1997, 115, 119; *Jonas*, in: Herzig, Europäisierung des Bilanzrechts, 1997, 41, 47; *Volkeri/Schneider*, BB 1979, 964, 965 f.
[17] *Jonas*, in: Herzig, Europäisierung des Bilanzrechts, 1997, 41, 47.
[18] *Hoffmann*, DStR 2000, 1809, 1815; vgl. ausführlich zu Vorabausschüttung bei der GmbH: *Witt*, in: FS Hommelhoff, 2012, 1363 ff.
[19] *Jonas*, in: Herzig, Europäisierung des Bilanzrechts, 1997, 41, 46 f.

IV. Vorverlagerung des Endes des Geschäftsjahres bei der Tochtergesellschaft

Jonas führt als weitere gangbare Alternative die Vorverlagerung des Endes des Geschäftsjahres der Tochtergesellschaft an. Sofern dieses bis zu drei Monaten vor dem Geschäftsjahr der Muttergesellschaft ende und in diesem Zeitraum sodann der Jahresabschluss der Tochtergesellschaft aufgestellt, festgestellt und ein Gewinnverwendungsbeschluss gefasst wird, sei sowohl eine phasenkongruente Dividendenaktivierung als auch noch ein Einbezug in den Konzernabschluss möglich.[20] Als positive Nebeneffekte bezeichnet er, dass hierdurch auch die Abschlussarbeiten entzerrter, beschleunigter und kostengünstiger durchgeführt werden könnten.[21]

Eine Vorverlagerung des Geschäftsjahres kann allerdings nur in Ausnahmefällen als tatsächliche Alternative betrachtet werden. Am Zeitraum des Geschäftsjahres hängen oftmals viele weitere Konsequenzen. Dieses nur wegen einer zeitnahen Gewinnvereinnahmung zu verschieben, scheint fernliegend, da man insbesondere in einem mehrstufigen Konzern bei Verfolgung dieser Alternative für jede Konzernstufe unterschiedliche Geschäftsjahre festlegen müsste.

V. Zwischenergebnis

Die derzeit zur Verfügung stehenden Alternativen sind jeweils keine vollumfänglichen für die phasenkongruente Dividendenaktivierung. Dass die Equity-Methode hier weiterhelfen könnte, kann nicht vollkommen von der Hand gewiesen werden. Gleichwohl hat sich der Gesetzgeber bereits mehrmals gegen deren Einführung beim Einzelabschluss entschieden. Es ist m. E. nicht davon auszugehen, dass sich dies zeitnah ändert.

---

[20] *Ders.*, in: Herzig, Europäisierung des Bilanzrechts, 1997, 41, 47.
[21] *Ders.*, in: Herzig, Europäisierung des Bilanzrechts, 1997, 41, 47.

F. Abschließende Gesamtbetrachtung

Abschließend lassen sich die folgenden Thesen festhalten:
1. Die phasenkongruente Dividendenaktivierung, wie sie vor dem BilRUG und dem Einfügen des § 272 Abs. 5 HGB entsprechend den Voraussetzungen der Tomberger-Entscheidungen praktiziert wurde, verstößt gegen die Grundsätze ordnungsmäßiger Buchführung.
2. Durch das BilRUG und das Einfügen des § 272 Abs. 5 HGB wurde eine Bilanzierungshilfe für phasenkongruente Dividendenaktivierung in das HGB eingeführt. Danach ist eine phasenkongruente Dividendenaktivierung unabhängig von der Rechtsform, der Beteiligungshöhe und der Konzernzugehörigkeit zulässig, sofern eine Beteiligung i. S. d. § 271 Abs. 1 S. 1 HGB vorliegt und das Geschäftsjahr der Muttergesellschaft nicht vor dem der Tochtergesellschaft endet. Da es sich um eine Bilanzierungshilfe handelt, besteht jeweils ein Wahlrecht zur Bilanzierung.
3. Die Ausschüttungssperre des § 272 Abs. 5 HGB greift immer dann, wenn bis zum Ende des Aufstellungszeitraums des Jahresabschlusses kein Anspruch im zivilrechtlichen Sinne entstanden ist. Sie ist teleologisch dahingehend einzuschränken, dass sie (a) nur bei Kapitalgesellschaften und (b) nur bei Gewinnansprüchen Anwendung findet. Das Vorliegen eines Jahresüberschusses ist keine Voraussetzung. Es ist sodann eine Gewinnrücklage ‚ausschüttungsgesperrte Rücklage' zu bilden.
4. Die phasenkongruente Dividendenaktivierung fällt damit grundsätzlich in den Anwendungsbereich der Ausschüttungssperre des § 272 Abs. 5 HGB, sofern bis zum Ende des Aufstellungszeitraums des Jahresabschlusses bei der Muttergesellschaft kein Gewinnverwendungsbeschluss gefasst wurde.
5. Auf Kommanditgesellschaften findet die Ausschüttungssperre über § 172 Abs. 4 S. 3 HGB und § 264c Abs. 4 S. 2 HGB analog Anwendung. Ebenso besteht neben einer Ausschüttungssperre eine Abführungssperre gem. § 301 S. 1 AktG analog.
6. Da Bilanzierungshilfen im Steuerrecht keine Beachtung finden, bleibt es dabei, dass es hier zu keiner phasenkongruenten Dividendenaktivierung kommt.

In der Praxis dürften sich dadurch nur im Einzelfall Änderungen zu der von der h. M. bisher vertretenen phasenkongruenten Dividendenaktivierung entsprechend den Voraussetzungen der Tomberger-Entscheidungen ergeben. Dies könnte etwa bei Vorliegen einer Minderheitsbeteiligung der Fall sein.

Zu begrüßen wäre es, wenn der Gesetzgeber bei nächster Gelegenheit die Bilanzierungshilfe ausdrücklich in das HGB aufnehmen würde sowie in § 172 Abs. 4 S. 3 HGB, § 264c Abs. 4 S. 2 HGB und § 301 AktG ausdrücklich auf § 272 Abs. 5 HGB verweisen würde.

Literaturverzeichnis

Adler, Hans/*Düring*, Walther/*Schmaltz*, Kurt: Rechnungslegung und Prüfung der Unternehmen – Kommentar zum HGB, AktG, GmbHG, PublG nach den Vorschriften des Bilanzrichtlinien-Gesetzes, Teilband 5, 6. Aufl., Stuttgart 1997.

Adler, Hans/*Düring*, Walther/*Schmaltz*, Kurt: Rechnungslegung und Prüfung der Unternehmen – Kommentar zum HGB, AktG, GmbHG, PublG nach den Vorschriften des Bilanzrichtlinien-Gesetzes, Teilband 6, 6. Aufl., Stuttgart 1998.

Ahmann, Karin-Renate: Die Bilanzrichtlinie und die steuerliche Gewinnermittlung – Eine Zwangsehe? in: Raupach, Arndt/Uelner, Adalbert (Hrsg.), Ertragsbesteuerung – Zurechnung – Ermittlung – Gestaltung, München 1993, S. 269–289.

Alber, Matthias/*Faber*, Stephan/*Fey*, Achim/*Golombek*, Andre/*Haug*, Thilo/*Heß*, Ines/*Hottmann*, Jürgen/*Illing*, Sebastian/*Kremer*, Thomas/*Lahme*, Stefan/*Leicht*, Edgar/*Maier*, Walter/*Melchior*, Jürgen/*Rauh*, Wolfgang/*Scheel*, Thomas/*Vogl*, Elmar/*Wirfler*, Norbert/*Zipfel*, Lars: Beck'sches Steuer- und Bilanzrechtslexikon, 54. Aufl., München 2021.

Alsheimer, Herbert: Das den tatsächlichen Verhältnissen entsprechende Bild der Vermögens-, Finanz- und Ertragslage – Angelsächsische Rechtstradition und deutsches Bilanzrecht, RIW 1992, S. 645–647.

Altenburger, Otto A.: Inwieweit sind die deutschen Rechnungslegungsvorschriften EU-konform?, BFuP 1997, S. 721–736.

Althoff, Frank: Ausschüttungssperre für Steuerlatenzen auch ohne Aktivierung latenter Steuern, DStR 2012, S. 868–872.

Arbeitskreis Bilanzrecht der Hochschullehrer Rechtswissenschaft: Stellungnahme zu dem Entwurf eines BilMoG: Grundkonzept und Aktivierungsfragen, BB 2008, S. 152–158.

Arbeitskreis Bilanzrecht der Hochschullehrer Rechtswissenschaft: Zur Maßgeblichkeit der Handelsbilanz für die steuerliche Gewinnermittlung gem. § 5 Abs. 1 EStG i.d.F. durch das BilMoG – Stellungnahme zum Entwurf des BMF-Schreibens (BMF vom 12.10.2009 – IV C 6 – S 2133/09/10001), DB 2009, S. 2570–2573.

Arbeitskreis Bilanzrecht der Hochschullehrer Rechtswissenschaft: Stellungnahme zum BilRUG-RefE, BB 2014, S. 2731–2735.

Arbeitskreis Bilanzrecht der Hochschullehrer Rechtswissenschaft: Ausschüttungssperre bei phasengleicher Dividendenaktivierung nach BilRUG-RegE, BB 2015, S. 876.

Arnold, Andreas: Wirtschaftsgut/Vermögensgegenstand in: Arnold, Andreas/Geiermann, Holm (Hrsg.), ABC der Bilanzierung, 17. Aufl., Bonn 2020.

Baetge, Jörg/*Kirsch*, Hans-Jürgen/*Thiele*, Stefan: Bilanzen, 14. Aufl., Düsseldorf 2017.

Baetge, Jörg/*Kirsch*, Hans-Jürgen/*Thiele*, Stefan: Bilanzrecht – Handelsrecht mit Steuerrecht und den Regelungen des IASB, 96. Lieferung, Bonn 2021.

Baumbach, Adolf/*Hopt*, Klaus J.: Handelsgesetzbuch – mit GmbH & Co., Handelsklauseln, Bank- und Kapitalmarktrecht, Transportrecht (ohne Seerecht), 40. Aufl., München 2021.

Bayer, Frank/*Ebel*, Tobias: Anmerkung zu BFH, Urteil vom 07.02.2007 – I R 15/06 (FG Münster) – BGH: Phasengleiche Aktivierung von Dividendenansprüchen durch beherrschende Gesellschafter – Voraussetzungen einer Billigkeitsentscheidung nach § 163 AO, FD-MA 2007, S. 238779.

Beisse, Heinrich: Handelsbilanzrecht in der Rechtsprechung des Bundesfinanzhofs – Implikationen des Maßgeblichkeitsgrundsatzes, BB 1980, S. 637–646.

Beisse, Heinrich: Gewinnrealisierung – Ein systematischer Überblick über Rechtsgrundlagen, Grundtatbestände und grundsätzliche Streitfragen in: Ruppe, Hans Georg (Hrsg.), Gewinnrealisierung im Steuerrecht – Theorie und Praxis der Gewinnverwirklichung durch Umsatzakt und durch Steuerentstrickung sowie des Besteuerungsaufschubs, Köln 1981, S. 13–43.

Beisse, Heinrich: Die Generalnorm des neuen Bilanzrechts in: Knobbe-Keuk, Brigitte/Klein, Franz/Moxter, Adolf (Hrsg.), Handelsrecht und Steuerrecht – Festschrift für Dr. Dr. h.c. Georg Döllerer, Düsseldorf 1988, S. 25–44.

Beisse, Heinrich: Die steuerrechtliche Bedeutung der neuen deutschen Bilanzgesetzgebung, StVj 1989, S. 295–310.

Beisse, Heinrich: Grundsatzfragen der Auslegung des neuen Bilanzrechts, BB 1990, S. 2007–2012.

Beisse, Heinrich: Gläubigerschutz – Grundprinzipien des deutschen Bilanzrechts in: Beisse, Heinrich/Lutter, Marcus/Närger, Heribald (Hrsg.), Festschrift für Karl Beusch zum 68. Geburtstag am 31. Oktober 1993, Berlin, New York 1993, S. 77–97.

Beisse, Heinrich: Zum neuen Bild des Bilanzrechtssystems in: Ballwieser, Wolfgang/Böcking, Hans-Joachim u.a. (Hrsg.), Bilanzrecht und Kapitalmarkt – Festschrift zum 65. Geburtstag von Professor Dr. Dr. h.c. Dr. h.c. Adolf Moxter, Düsseldorf 1994, S. 3–31.

Beisse, Heinrich: Zehn Jahre „True and fair view" in: Ballwieser, Wolfgang/Moxter, Adolf/Nonnenmacher, Rolf (Hrsg.), Rechnungslegung – Warum und Wie – Festschrift für Hermann Clemm zum 70. Geburtstag, München 1996, S. 27–58.

Beisse, Heinrich: Wandlungen der Grundsätze ordnungsmäßiger Bilanzierung – Hundert Jahre „GoB" in: Schön, Wolfgang (Hrsg.), Gedächtnisschrift für Brigitte Knobbe-Keuk, Köln 1997, S. 385–409.

Beisse, Heinrich: „True and fair view" in der Steuerbilanz? – Keine Anwendung des EuGH in steuerbilanzrechtlichen Fragen, DStZ 1998, S. 310–317.

Beisse, Heinrich: Die paradigmatischen GoB in: Hommelhoff, Peter/Zätzsch, Roger/Erle, Bernd (Hrsg.), Gesellschaftsrecht Rechnungslegung Steuerrecht – Festschrift für Welf Müller zum 65. Geburtstag, München 2001, S. 731–753.

Bertram, Klaus/*Brinkmann*, Ralph/*Kessler*, Harald/*Müller*, Stefan: Haufe HGB Bilanz Kommentar, 9. Aufl., Freiburg u.a. 2018.

Biener, Herbert: Die Rechnungslegung der GmbH nach dem Regierungsentwurf eines Bilanzrichtlinien-Gesetzes (I), GmbHR 1982, S. 53–64.

Biener, Herbert: Die Rechnungslegung der GmbH nach dem Regierungsentwurf eines Bilanzrichtlinien-Gesetzes (II), GmbHR 1982, S. 77–82.

Biener, Herbert: Bilanzierung im Spannungsfeld von Europa-, Umwandlungs- und Steuerrecht, StbJb 1995/96, S. 29–52.

Biener, Herbert: Können die IAS als GoB in das deutsche Recht eingeführt werden? in: Baetge, Jörg/Börner, Dietrich u. a. (Hrsg.), Rechnungslegung Prüfung und Beratung – Herausforderungen für den Wirtschaftsprüfer, Düsseldorf 1996, S. 85–115.

Biener, Herbert: Rechtspolitische Überlegungen zur EuGH-Entscheidung in: Herzig, Norbert (Hrsg.), Europäisierung des Bilanzrechts – Konsequenzen der Tomberger-Entscheidung des EuGH für die handelsrechtliche Rechnungslegung und die steuerliche Gewinnermittlung, Köln 1997, S. 63–74.

Bleckmann, Albert: Gemeinschaftsrechtliche Probleme des Entwurfs des Bilanzrichtlinie-Gesetzes, BB 1984, S. 1525–1526.

Böcking, Hans-Joachim: Betriebswirtschaftslehre und wirtschaftliche Betrachtungsweise im Bilanzrecht in: Budde, Wolfgang Dieter/Moxter, Adolf/Offerhaus, Klaus (Hrsg.), Handelsbilanzen und Steuerbilanzen – Festschrift zum 70. Geburtstag von Prof. Dr. h. c. Heinrich Beisse, Düsseldorf 1997, S. 85–103.

Bohl, Werner: Der Jahresabschluß nach neuem Recht, Wpg 1986, S. 29–36.

Bolin, Manfred/*Dreyer*, Heinrich/*Schäfer*, Andreas: Handbuch Handelsrechtlicher Rechnungslegung – Jahres- und Konzernabschluss mit Steuerbilanz, IFRS und branchenspezifischer Bilanzierung, Berlin 2013.

Bravidor, Marcus/*Mehnert*, Christian: Bedeutung der Bilanzwahrheit in der Rechtsprechung des EuGH: Implikationen für die HGB-Rechnungslegung – Folgerungen aus dem EuGH-Urteil vom 3.10.2013 – C-322/12, StuB 2014, S. 596–602.

Brezing, Klaus: „True and fair view", Vollständigkeitsgebot und Ausweis des „vollen Gewinns", DB 1981, S. 701–703.

Budde, Wolfgang Dieter/*Steuber*, Elgin: Rechnungslegung im Spannungsfeld zwischen Gläubigerschutz und Information der Gesellschafter, AG 1996, S. 542–550.

Busse von Colbe, Walther: Zum Bilanzansatz von Beteiligungen, ZfbF 1972, S. 145–156.

Busse von Colbe, Walther: Die neuen Rechnungslegungsvorschriften aus betriebswirtschaftlicher Sicht, Wpg 1987, S. 117–126.

Canaris, Wilhelm/*Habersack*, Mathias/*Schäfer*, Carsten: Handelsgesetzbuch – Großkommentar Bd. 5, 5. Aufl., Hawthorne 2014.

Ciric, Dejan: Grundsätze ordnungsmäßiger Wertaufhellung, Düsseldorf 1995.

Claussen, Carsten P.: Zum Stellenwert des § 264 Abs. 2 HGB in: Havermann, Hans (Hrsg.), Bilanz- und Konzernrecht – Festschrift zum 65. Geburtstag von Dr. Dr. h. c. Reinhard Goerdeler, Düsseldorf 1987, S. 79–92.

Claussen, Carsten P.: Zum Stellenwert des Rechnungslegungsrechts in: Forster, Karl-Heinz/Grunewald, Barbara u. a. (Hrsg.), Festschrift für Bruno Kropff – Aktien- und Bilanzrecht, Düsseldorf 1997, S. 432–444.

Claussen, Carsten P./*Scherrer*, Gerhard/*Altenburger*, Otto: Kölner Kommentar zum Rechnungslegungsrecht – §§ 238–342e HGB, Köln 2010.

Clemm, Hermann: Bilanzpolitik und Ehrlichkeits- („true and fair view"-) Gebot, Wpg 1989, S. 357–366.

Clemm, Hermann: Jahresbilanzen – ein Gemisch von Wahrheit und Dichtung – Betrachtung nach 30 Jahren Wirtschaftsprüfer-Tätigkeit, DStR 1990, S. 780–782.

Clemm, Hermann: Zur Problematik einer wahren Rechnungslegung in: Crezelius, Georg/Hirte, Heribert/Vieweg, Klaus (Hrsg.), Festschrift für Volker Röhricht zum 65. Geburtstag – Gesellschaftsrecht Rechnungslegung Sportrecht, Köln 2005, S. 767–785.

Costede, Jürgen: Die Aktivierung von Wirtschaftsgütern im Einkommensteuerrecht, StuW 1995, S. 115–123.

Crezelius, Georg: Das Handelsbilanzrecht in der Rechtsprechung des Bundesfinanzhofs, ZGR 1987, S. 1–45.

Crezelius, Georg: Kurzkommentar zu BGH, Beschluss vom 21.07.1994 – II ZR 82/93, EWiR 1994, S. 891–892.

Crezelius, Georg: Maßgeblichkeitsgrundsatz in Liquidation?, DB 1994, S. 689–691.

Crezelius, Georg: Jahresabschlußpublizität bei deutscher Kapitalgesellschaft – Besprechung der Entscheidung DB 1997, 2598 – „Daihatsu", ZGR 1999, S. 252–263.

Dautzenberg, Norbert: Anmerkung zu EuGH, Urteil vom 17.07.1997 – C-28/95, FR 1997, S. 685–692.

Deutsches Rechnungslegungs Standards Comittee e.V.: Stellungnahme vom 06.10.2014, Referentenentwurf des BMJV – Entwurf eines Gesetzes zur Umsetzung der Bilanzrichtlinie 2013/34/EU (Bilanzrichtlinie-Umsetzungsgesetz – BilRUG), https://www.drsc.de/app/uploads/2017/03/141006_DRSC_BilRUG-E_SN.pdf (geprüft am 30.04.2021).

Deutsches Rechnungslegungs Standards Comittee e.V.: Stellungnahme vom 24.02.2015, Regierungsentwurf des BMJV – Entwurf eines Gesetzes zur Umsetzung der Bilanzrichtlinie 2013/34/EU (Bilanzrichtlinie-Umsetzungsgesetz – BilRUG), https://www.drsc.de/app/uploads/2017/03/150224_DRSC_BilRUG-RegE_SN.pdf (geprüft am 30.04.2021).

Döllerer, Georg: Zur Bilanzierung des schwebenden Vertrags, BB 1974, S. 1541–1548.

Drabek, Michael: Buchführungspraxis – aktuell – Die Bilanzierung von Erträgen aus Beteiligungen (mit Berücksichtigung der geplanten BilRUG-Änderungen), BC 2015, S. 120–122.

Dziadkowski, Dieter: Anmerkung zu EuGH, Urteil vom 7.01.2003 – C-306/99, IStR 2003, S. 95–101.

Ebenroth, Carsten Thomas/*Boujong*, Karlheinz/*Joost*, Detlev/*Strohn*, Lutz: Handelsgesetzbuch Bd. 1, 4. Aufl., München 2020.

Eggert, Andreas: Auswirkung des Prinzips „true and fair view" in den Bilanzrichtlinien der EU auf das Recht der Mitgliedstaaten, IWB 2014, S. 112–116.

Eilers, Stephan/*Heinemann*, Klaus: Urteil des EuGH zur phasengleichen Aktivierung von Gewinnansprüchen – Anmerkungen aus der Sicht von Verfahrensbeteiligten in: Herzig, Norbert (Hrsg.), Europäisierung des Bilanzrechts – Konsequenzen der Tomberger-Entscheidung des EuGH für die handelsrechtliche Rechnungslegung und die steuerliche Gewinnermittlung, Köln 1997, S. 25–40.

Ekkenga, Jens: Gibt es „wirtschaftliches Eigentum" im Handelsbilanzrecht? – Besprechung der Entscheidung BGH WM 1996, 113, ZGR 1997, S. 262–270.

Ekkenga, Jens: Anmerkung zu BGH, Urteil vom 16.12.1998 – I R 50/95, BB 1999, S. 1206–1214.

Felix, Günther: Generalanwalt beim EuGH: Verbot phasengleicher Gewinnaktivierung von Beteiligungsunternehmen („Tomberger"), ZIP 1996, S. 396–400.

Fett, Torsten/*Spiering*, Christoph: Handbuch Joint Venture, 2. Aufl., Heidelberg 2015.

Fischer, Michael: § 23 Bilanz- und Steuerrecht in: Wachter, Thomas (Hrsg.), Praxis des Handels- und Gesellschaftsrechts, 5. Aufl., Bonn 2021.

Flechtheim, Julius: Bilanzfähigkeit noch nicht festgestellter Gewinnanteile, Bankarchiv 1926, S. 8–13.

Fleischer, Holger: Buchführungsverantwortung des Vorstands und Haftung der Vorstandsmitglieder für fehlerhafte Buchführung, WM 2006, S. 2021–2064.

Fleischer, Holger/*Goette*, Wulf: Münchener Kommentar zum Gesetz betreffend die Gesellschaften mit beschränkter Haftung Bd. 1, 3. Aufl., München 2018.

Forster, Karl-Heinz: Anmerkung zu BGH, Urteil vom 3.11.1975 – II ZR 67/73, AG 1976, S. 40–43.

Forster, Karl-Heinz: Warum keine Equity-Bewertung im Jahresabschluss? in: Förschle, Gerhart/Kaiser, Klaus/Moxter, Adolf (Hrsg.), Rechenschaftslegung im Wandel – Festschrift für Dieter Budde, München 1995, S. 203–211.

Forster, Karl-Heinz: Anmerkung zu EuGH, Urteil vom 27.06.1996 – C-234/94, AG 1996, S. 417–419.

Freiberg, Jens: Aktuelle Gefährdung der Anerkennung der steuerlichen Organschaft – Ausschüttungs- aber keine Abführungssperre durch den neuen § 253 HGB, StuB 2016, S. 257–258.

Fuhrmann, Claas: Handelsrechtliche Neubewertung von Pensionsrückstellungen – Auswirkungen der Änderung von § 253 HGB auf Organschaften, NWB 2017, S. 1003–1006.

Gelhausen, Hans Friedrich/*Althoff*, Frank: Die Bilanzierung ausschüttungs- und abführungsgesperrter Beträge im handelsrechtlichen Jahresabschluss nach dem BilMoG (Teil 1), Wpg 2009, S. 584–592.

Gelhausen, Hans Friedrich/*Althoff*, Frank: Die Bilanzierung ausschüttungs- und abführungsgesperrter Beträge im handelsrechtlichen Jahresabschluss nach dem BilMoG (Teil 2), Wpg 2009, S. 629–635.

Gelhausen, Hans Friedrich/*Fey*, Gerd/*Kämpfer*, Georg: Rechnungslegung und Prüfung nach dem Bilanzrechtsmodernisierungsgesetz – Kommentar, Düsseldorf 2009.

Gelhausen, Hans Friedrich/*Gelhausen*, Wolf: Die „Zuweisung" des Gewinns – eine neue Bilanzrechtliche Kategorie? – Anmerkung zum Urteil des EuGH vom 27.6.1996 in der Rechtssache C-234/94 Tomberger ./. Gebrüder von Wettern GmbH, Wpg 1996, S. 573–580.

Gelhausen, Wolf/*Frey*, Gerd: Maßgeblichkeit der Staatsfinanzen für das Bilanzrecht?, BB 1994, S. 603–604.

Geßler, Ernst: Der Ausweis der Beteiligung an einer Personenhandelsgesellschaft in der aktienrechtlichen Bilanz, Wpg 1978, S. 93–100.

Goette, Wulf: Anmerkung zu BGH, Beschluss vom 21.07.1994 – II ZR 82/93, IStR 1994, S. 454–456.

Goette, Wulf: Anmerkung zu BGH, Urteil vom 12.01.1998 – II ZR 82–93, DStR 1998, S. 383–385.

Goette, Wulf/*Habersack*, Mathias: Münchener Kommentar zum Aktiengesetz Bd. 1, 5. Aufl., München 2019.

Groh, Manfred: Die wirtschaftliche Betätigung im rechtlichen Sinne, StuW 1989, S. 227–231.

Groh, Manfred: Bilanzrecht vor dem EuGH, DStR 1996, S. 1206–1211.

Groh, Manfred: Der Fall Tomberger – Nachlese und Ausblick, DStR 1998, S. 813–819.

Groh, Manuel: Kein Abschied von der phasengleichen Bilanzierung – Anmerkungen zum Beschluss des Großen Senats vom 07.08.2000, DB 2000, S. 2444.

Gross, Gerhard: Zur Berücksichtigung rückwirkender Vereinbarungen in Kaufverträgen im Jahresabschluß in: Moxter, Adolf/Müller, Hans-Peter u.a. (Hrsg.), Rechnungslegung – Entwicklung bei der Bilanzierung und Prüfung von Kapitalgesellschaften, Düsseldorf 1992, S. 253–268.

Großfeld, Bernhard: Bilanzrecht für Juristen – Das Bilanzrichtlinien-Gesetz vom 19.12.1985, NJW 1986, S. 955–962.

Großfeld, Bernhard: Generalnorm (ein den tatsächlichen Verhältnissen entsprechendes Bild der Vermögens-, Finanz- und Ertragslage) in: Leffson, Ulrich/Rückle, Dieter/Großfeld, Bernhard (Hrsg.), Handwörterbuch unbestimmter Rechtsbegriffe im Bilanzrecht des HGB, Köln 1986, S. 192–204.

Grottel, Bernd/*Schmidt*, Stefan/*Schubert*, Wolfgang J./*Störk*, Ulrich: Beck'scher Bilanz-Kommentar – Handels- und Steuerbilanz, §§ 238 bis 339, 342 bis 342e HGB, 12. Aufl., München 2020.

Haaker, Andreas: Beeinträchtigung von Bilanzanalyse und Unternehmenssteuerung durch das BilRUG, DB 2014, Heft Nr. 43, S. M5.

Haaker, Andreas: Ausschüttungssperre ohne Geltungsbereich, DB 2015, S. 879–880.

Haaker, Andreas: Neues aus der BilRUG-Anhörung?, KoR 2015, S. 277.

Haaker, Andreas: Überzogene Richtlinientreue vs. goldene Brücken für die GoB-konforme Auslegung in der BilRUG-Beschlussempfehlung, DB 2015, S. 1545–1547.

Haaker, Andreas: Warum die Ausschüttungssperre nach § 272 Abs. 5 HGB-E des BilRUG-RegE bei phasengleicher Dividendenrealisation ins Leere läuft, DB 2015, S. 510–512.

Haaker, Andreas: Wertaufholung im Anwendungsbereich von § 272 Abs. 5 HGB?, DB 2017, Heft Nr. 29, S. M24-M25.

Hachmeister, Dirk/*Kahle*, Holger/*Mock*, Sebastian/*Schüppen*, Matthias: Bilanzrecht – Handelsbilanz, Steuerbilanz, Prüfung, Offenlegung, Gesellschaftsrecht, Kommentar, 2. Aufl., Köln 2020.

Hageböke, Jens/*Hennrichs*, Joachim: Organschaft: Der Gesetzeszweck der Ausschüttungssperre in § 253 Abs. 6 Satz 2 HGB n. F. als Thesaurierungsgrund i. S. v. § 14 Abs. 1 Satz 1 Nr. 4 KStG – Zugleich Anm. zum BMF-Schreiben vom 23.12.2016, DB 2017, S. 18–26.

Hainz, Günter: Kommentar zu BMF: Änderung des § 253 HGB durch das Gesetz zur Umsetzung der Wohnimmobilienkreditrichtlinie und zur Änderung handelsrechtlicher Vorschriften – Auswirkung auf die Anerkennung steuerlicher Organschaften, BB 2017, S. 178.

Hartung, Werner: Unmittelbare Wirkung von Bestimmungen der EG-Bilanzrichtlinie, RIW 1988, S. 52–55.

Hartwig, Sven: Das bilanzielle Synallagma und Döllerers Grundsätze ordnungswidriger Bilanzierung, FR 1997, S. 843–850.

Haselmann, Detlev/*Schick*, Rainer: Phasengleiche Aktivierung von Dividendenansprüchen: Das Verwirrspiel im EuGH-Verfahren ist noch nicht beendet, DB 1996, S. 1529–1532.

Haselmann, Detlev/*Schick*, Rainer: Replik auf Kraneis, DB 1997, 57, DB 1997, S. 58–60.

Häublein, Martin/*Hoffmann-Theinert*, Roland: BeckOK HGB, 31. Aufl., München 2021.

Havermann, Hans: Zur Bilanzierung von Beteiligungen an Kapitalgesellschaften in Einzel- und Konzernabschlüssen – Einige Anmerkungen zum Equity-Accounting in: Fischer, Robert/Möhring, Phillip/Westermann, Harry (Hrsg.), Wirtschaftsfragen der Gegenwart – Festschrift für Carl Hans Barz zum 65. Geburtstag am 6. Dezember 1974, Berlin, New York 1974, S. 387–407.

Havermann, Hans: Zur Bilanzierung von Beteiligungen an Kapitalgesellschaften in Einzel- und Konzernabschlüssen, Wpg 1975, S. 233–242.

Havermann, Hans: Die Equity-Bewertung von Beteiligungen, ZfbF 1987, S. 302–309.

Havermann, Hans: Der Aussagewert des Jahresabschlusses, Wpg 1988, S. 612–617.

Heidel, Thomas/*Schall*, Alexander: Handelsgesetzbuch – Handkommentar, 2. Aufl., Baden-Baden 2015.

Henckel, Niels-Frithjof: Keine „Ausschüttungssperre 2. Grades" bei der Obergesellschaft – Konsequenzen der Ausschüttungssperre gem. § 253 Abs. 6 Satz 2 HGB bei Existenz eines Ergebnisabführungsvertrags, StuB 2017, S. 345–346.

Heni, Bernhard: Anmerkung zu EuGH, Urteil vom 27.06.1996 – C-234/94 (Vorlage des BGH), DStR 1996, S. 1093–1095.

Hennrichs, Joachim: Die Bedeutung der EG-Bilanzrichtlinie für das deutsche Handelsbilanzrecht, ZGR 1997, S. 66–88.

Hennrichs, Joachim: Wahlrechte im Bilanzrecht der Kapitalgesellschaften – unter besonderer Berücksichtigung der EG-Bilanz-Richtlinie, Köln 1999.

Hennrichs, Joachim: Ausbau der Konzernrechnungslegung im Lichte internationaler Entwicklung, ZGR 2000, S. 627–650.

Hennrichs, Joachim: IFRS – Eignung für Ausschüttungszwecke?, BFuP 2008, S. 415–432.

Hennrichs, Joachim: Immaterielle Vermögensgegenstände nach dem Entwurf des Bilanzrechtsmodernisierungsgesetzes (BilMoG) – Gemeinsamkeiten und verbleibende Unterschiede zwischen modernisiertem HGB-Bilanzrecht und IFRS (IAS 38, IFRS 3), DB 2008, S. 537–542.

Hennrichs, Joachim/*Kleindiek*, Detlef/*Watrin*, Christoph: Münchener Kommentar zum Bilanzrecht Bd. 2, München 2013.

Hennrichs, Joachim/*Riedel*, Lisa: Blick ins Bilanz(steuer)recht, NZG 2017, S. 375–378.

Henssler, Martin: Die phasengleiche Aktivierung von Gewinnansprüchen im GmbH-Konzern, JZ 1998, S. 701.

Henssler, Martin/*Strohn*, Lutz: Gesellschaftsrecht, 5. Aufl., München 2021.

Henze, Hartwig: Europäisches Gesellschaftsrecht in der Rechtsprechung des Bundesgerichtshofs, DB 2003, S. 2159–2166.

Herlinghaus, Andreas: „Tomberger" und die Folgen – ein Beitrag zur Frage der Entscheidungskompetenz des EuGH im Handels- und Steuerbilanzrecht, IStR 1997, S. 529–538.

Herlinghaus, Andreas: Steuerbilanz und Europäisches Gemeinschaftsrecht – Zugleich eine Besprechung des Werkes „Steuerliche Maßgeblichkeit in Deutschland und Europa" von Wolfgang Schön, FR 2005, S. 1189–1195.

Hermesmeier, Timo/*Heinz*, Stephan: Die neue Gewinnausschüttungssperre nach § 272 Abs. 5 HGB i.d.F. BilRUG, DB 2015, Beilage 5 zu Heft Nr. 36, S. 20–23.

Herrmann, Horst: Die Realisierung von Gewinnanteilen und die Berücksichtigung von Verlusten bei Kapitalgesellschaften aus Anteilen an Personenhandelsgesellschaften (Teil I), Wpg 1991, S. 461–469.

Herrmann, Horst: Die Realisierung von Gewinnanteilen und die Berücksichtigung von Verlusten bei Kapitalgesellschaften aus Anteilen an Personenhandelsgesellschaften (Teil II), Wpg 1991, S. 505–508.

Herzig, Norbert: Anmerkung zu EuGH, Urteil vom 27.06.1996 – C-234/94, DB 1996, S. 1400–1402.

Herzig, Norbert: Anmerkung zu BFH, Beschluss vom 7.8.2000 – GrS 2/99, BB 2000, S. 2247–2253.

Herzig, Norbert/*Rieck*, Ulrich: Europäisierung der handels- und steuerrechtlichen Gewinnermittlung im Gefolge der Tomberger-Entscheidung, IStR 1998, S. 309–320.

Heuermann, Bernd/*Brandis*, Peter: Einkommensteuergesetz, Körperschaftsteuergesetz, Gewerbesteuergesetz – Kommentar Bd. 1, 155. Ergänzungslieferung, München 2020.

Hofbauer, Max A.: Die Grundzüge der Bilanzierungsvorschriften des Bilanzrichtlinie-Gesetzes, DStR 1982, Sonderbeilage zu Heft Nr. 15, S. 1–16.

Hoffmann, Wolf-Dieter: Anmerkung zu BFH, Urteil vom 19.02.1991 – VIII R 106/87, BB 1991, S. 1301–1303.

Hoffmann, Wolf-Dieter: Anmerkung zu BFH, Urteil vom 19.02.1991 – VIII R 97/87, BB 1992, S. 29–30.

Hoffmann, Wolf-Dieter: Zum Zeitpunkt der Aktivierung von Dividendenansprüchen bei Betriebsaufspaltung – Eine Entgegnung zur konzertierten Aktion von Oberfinanzdirektionen, DStR 1993, S. 558–560.

Hoffmann, Wolf-Dieter: Zur phasenkongruenten Vereinnahmung von Dividenden – Zugleich eine Konfrontation oberster Gerichtshöfe mit der Praxis der Rechnungslegung, BB 1995, S. 1075–1078.

Hoffmann, Wolf-Dieter: Anmerkung zu EuGH vom 27.06.1996 – C-234/94, BB 1996, S. 1492–1495.

Hoffmann, Wolf-Dieter: Anmerkung zum Schlußantrag des Generalanwalts Guiseppe Tesauro vom 25.01.1996 – C-234/94, BB 1996, S. 579–582.

Hoffmann, Wolf-Dieter: Bilanzpolitische Strategien zur zeitlichen Steuerung von Dividendeneinnahmen beim Mutterunternehmen, GmbHR 1996, S. 841–843.

Hoffmann, Wolf-Dieter: Das deutsche Bilanzrechtsverständnis auf dem Prüfstand des EuGH – Zwei oberste deutsche ‚Bilanzgerichte' auf der ‚Anklagebank' des EuGH-Generalanwalts, BB 1996, S. 1051–1056.

Hoffmann, Wolf-Dieter: Phasengleiche Vereinnahmung von Dividenden – Anmerkung zum Berichtigungsbeschluß des EuGH vom 10.7.1997 in Sachen Waltraud Tomberger ./. Gebr. von der Wettern GmbH, BB 1997, 1577, BB 1997, S. 1679–1681.

Hoffmann, Wolf-Dieter: Phasengleiche Vereinnahmung von Dividenden – Bestandsaufnahme zur Rechtslage nach der Entscheidung des EuGH in: Herzig, Norbert (Hrsg.), Europäisierung des Bilanzrechts – Konsequenzen der Tomberger-Entscheidung des EuGH für die handelsrechtliche Rechnungslegung und die steuerliche Gewinnermittlung, Köln 1997, S. 1–24.

Hoffmann, Wolf-Dieter: Ein Zwischenbescheid des BFH zur phasengleichen Dividendenvereinnahmung – Anmerkung zum BFH-Urteil vom 26.11.1998 IV R 52/96, DB 1999 S. 508, DB 1999, S. 503–505.

Hoffmann, Wolf-Dieter: Tomberger rediviva – Die phasengleiche Aktivierung im Spannungsfeld von BGH, EuGH und BFH – Anmerkung zum BFH–Beschluß vom 16.12.1998, I R 50–95, DStRE 1999, 249 ff., DStR 1999, S. 788–792.

Hoffmann, Wolf-Dieter: Anmerkung zu BFH, Beschluss vom 07.08.2000 – GrS 2/99, GmbHR 2000, S. 1106–1115.

Hoffmann, Wolf-Dieter: Von der phasengleichen Dividendenaktivierung zu dem Grundsatz ordnungsmäßiger steuerlicher Bilanzierung – Anmerkungen zum BFH-Beschluss vom 07.08.2000, DStR 2000, S. 1809.

Hoffmann, Wolf-Dieter: Bilanzieller horror economici, StuB 2015, S. 121–122.

Hoffmann, Wolf-Dieter: „Tomberger" redivivus?, StuB 2015, S. 201–202.

Hoffmann, Wolf-Dieter/*Sauter*, Wolfgang: Vom Pyrrhussieg zur blinden Justitia? – Anmerkungen und Beratungshinweise zum BGH-Urteil vom 17.2.1997 – I ZR 41/94 („Tomberger II"), GmbHR 1997, S. 639–642.

Hoffmann, Wolf-Dieter/*Sauter*, Wolfgang: Vom Gipfel der Rechtsprechung zur Beerdigung dritter Klasse – Anmerkungen und Beratungshinweise zur abschließenden BGH-Entscheidung im Falle „Tomberger" wegen phasengleicher Dividendenvereinnahmung, GmbHR 1998, S. 318–322.

Hofmeister, Adelgund: Anmerkung zu EuGH vom 10.07.1997 – C-234/94, BB 1997, S. 1577– 1579.

Hofmeister, Adelgund: Anmerkung zu BGH, Urteil vom 12.01.1998 – II ZR 82/93, BB 1998, S. 635–637.

Hönle, Bernd Michael: Systemwidrigkeiten beim mitgekauften Gewinn und der ausschüttungsbedingten Teilwertabschreibung, BB 1993, S. 252–260.

Horn, Norbert/*Balzer*, Peter/*Borges*, Georg/*Herrmann*, Harald: Handelsgesetzbuch Bd. 3, 3. Aufl. 2019.

Hulle, Karel, van: „True and Fair View", im Sinne der 4. Richtlinie in: Förschle, Gerhart/Kaiser, Klaus/Moxter, Adolf (Hrsg.), Rechenschaftslegung im Wandel – Festschrift für Dieter Budde, München 1995, S. 313–326.

Hüttemann, Rainer: Stichtagsprinzip und Wertaufhellung in: Hommelhoff, Peter/Rawert, Peter/Schmidt, Karsten (Hrsg.), Festschrift für Hans-Joachim Priester zum 70. Geburtstag, Köln 2007, S. 301–335.

IDW/HFA: Zur Frage der Bedeutung aktienrechtlicher Bewertungsvorschriften für das Steuerrecht, Wpg 1967, S. 666–669.

IDW/HFA: Zur phasengleichen Vereinnahmung von Dividendenerträgen, Wpg 1996, S. 287– 289.

IDW/HFA: Zur phasengleichen Vereinnahmung von Erträgen aus Beteiligungen aus Kapitalgesellschaften nach dem Urteil des BGH vom 12. Januar 1998, Wpg 1998, S. 427–428.

Institut der Wirtschaftsprüfer in Deutschland e. V.: 89. Sitzung des Steuerfachausschusses, FN-IDW 1994, S. 97–98.

Institut der Wirtschaftsprüfer in Deutschland e. V.: Stellungnahme vom 10.10.2014, Umsetzung der EU-Bilanzrichtlinie in deutsches Recht – Referentenentwurf eines Bilanzrichtlinie-Umsetzungsgesetzes (BilRUG), https://www.idw.de/blob/42488/eac36b768640dfb0e18-d2728ee8a0ab5/down-bilrug-data.pdf (geprüft am 8.09.2019).

Institut der Wirtschaftsprüfer in Deutschland e. V.: Stellungnahme vom 06.03.2015, Umsetzung der EU-Bilanzrichtlinie in deutsches Recht – Regierungsentwurf eines Bilanzrichtlinie-Umsetzungsgesetzes (BilRUG), https://www.idw.de/blob/46126/a359f3a2a3e7377-b65ee5e8ff3272341/down-bilrug-rege-data.pdf (geprüft am 8.09.2019).

Institut der Wirtschaftsprüfer in Deutschland e. V.: Stellungnahme vom 04.03.2016, § 253 HGB n. F./Abführungssperre, https://www.idw.de/blob/88142/d089d11eee2f63da1de9e-d936a1d1aed/down-bmf-abfuehrungssperre-data.pdf (geprüft am 30.04.2021).

Jonas, Bernd: Konsequenzen der EuGH-Entscheidung für die Unternehmenspolitik in: Herzig, Norbert (Hrsg.), Europäisierung des Bilanzrechts – Konsequenzen der Tomberger-Entscheidung des EuGH für die handelsrechtliche Rechnungslegung und die steuerliche Gewinnermittlung, Köln 1997, S. 41–50.

Kaminski, Bert: Anmerkungen zum Berücksichtigungszeitpunkt von „Gewinnansprüchen" aus Tochtergesellschaften in Handels- und Steuerbilanz – Zur Notwendigkeit einer Neuorientierung der Diskussion um die phasengleiche Gewinnvereinnahmung in: Freidank, Carl-Christian (Hrsg.), Die deutsche Rechnungslegung und Wirtschaftsprüfung im Umbruch – Festschrift für Wilhelm Theodor Strobel zum 70. Geburtstag, München 2001, S. 91–121.

Kaufmann, Jürgen: Der Zeitpunkt der Aktivierung von Gewinnansprüchen aus der Beteiligung an Kapitalgesellschaften, DStR 1992, S. 1677.

Kellner, Mathias: „Phasengleiche" Aktivierung der Gewinne von Tochtergesellschaften im Jahresabschluß der Muttergesellschaft, WM 2000, S. 229–235.

Kempermann, Michael: Anmerkung zu EuGH, Urteil vom 27.6.1996 – C 234/94, DStZ 1996, S. 569–571.

Kempermann, Michael: Ausstrahlung der EuGH-Entscheidung zur phasengleichen Vereinnahmung von Dividenden auf die steuerliche Gewinnermittlung in: Herzig, Norbert (Hrsg.), Europäisierung des Bilanzrechts – Konsequenzen der Tomberger-Entscheidung des EuGH für die handelsrechtliche Rechnungslegung und die steuerliche Gewinnermittlung, Köln 1997, S. 105–116.

Kempermann, Michael: Anmerkung zu BFH, Beschluss vom 16.12.1998 – I R 50/95, FR 1999, S. 367–374.

Kempermann, Michael: Erste Entscheidung des BFH zur phasengleichen Aktivierung von Gewinnansprüchen nach der „Tomberger"-Entscheidung – Anmerkungen zum BFH-Urteil vom 26.11.1998, R 52–96, DStR 1999, 363, DStR 1999, S. 408–409.

Kempermann, Michael: Anmerkung zu BFH, Beschluss vom 07.08.2000 – GrS 2/99, FR 2000, S. 1126–1133.

Kerssenbrock, Otto-Ferdinand Graf/*Rodewald*, Jörg: Steuerliches Verbot der phasengleichen Aktivierung von Dividenden – Aufgabe für die Vertragsgestaltungspraxis?, DStR 2002, S. 653–657.

Kessler, Harald: Die Wahrheit über das Vorsichtsprinzip?! – Zugleich eine Stellungnahme zum Beitrag von Weber-Grellet, DB 1996, 2089, DB 1997, S. 1–7.

Kessler, Harald: Phasengleiche Gewinnvereinnahmung im Fokus von Realisations- und Stichtagsprinzip – Anmerkung zum BFH-Urteil vom 26.11.1998 – IV R 52/96, StuB 1999, S. 257–260.

Kessler, Harald: Der EuGH und das Gebot des true and fair view – Anmerkungen zum Vorlagebeschluß des FG Hamburg vom 22.4.1999 – II 23/97, StuB 1999, S. 1314–1320.

Kessler, Manfred/*Suchan*, Stefan Wilhelm: Kapitalschutz bei Erwerb eigener Anteile nach BilMoG in: Erle, Bernd/Goette, Wulf u.a. (Hrsg.), Festschrift für Peter Hommelhoff zum 70. Geburtstag, Köln 2012, S. 509–525.

Kessler, Wolfgang/*Egelhof*, Julian M.: Außerbilanzielle Ausschüttungssperren in der Organschaft – Zugleich Anmerkungen zum BMF-Schreiben v. 23.12.2016 – IV C 2 – S 2770/16/10002, DStR 2017, S. 998–1005.

Kirchhof, Gregor/*Kulosa*, Egmont/*Ratschow*, Eckart: BeckOK EStG, 9. Aufl., München 2021.

Kirchner, Christian: Bilanzrecht und neue Institutionenökonomik: Interdisziplinäre Überlegungen in: Budde, Wolfgang Dieter/Moxter, Adolf/Offerhaus, Klaus (Hrsg.), Handelsbilanzen und Steuerbilanzen – Festschrift zum 70. Geburtstag von Prof. Dr. h.c. Heinrich Beisse, Düsseldorf 1997, S. 267–283.

Kirsch, Hanno: Nutzen des steuerlichen Maßgeblichkeitsprinzips i.d.F. des Bilanzrechtsmodernisierungsgesetzes, DStZ 2008, S. 561–568.

Kirsch, Hanno: BilRUG – Weitere Annäherungen des deutschen Bilanzrechts an IFRS, IRZ 2015, S. 99–106.

Kirsch, Hanno: Ergebnisanteile von Beteiligungen im Jahresabschluss: Bilanzielle Darstellung beim Übersteigen der Dividenden (BilRUG), BC 2015, S. 126–133.

Kleindiek, Detlef: Geschäftstätigkeit und Geschäftsleitungskontrolle; Treuhänderische Vermögensverwaltung und Rechnungslegung, ZGR 1998, S. 466–489.

Klinke, Ulrich: Europäisches Unternehmensrecht und EuGH – Die Rechtsprechung in den Jahren 1996–1997, ZGR 1998, S. 212–252.

Knapp, Lotte: Was darf der Kaufmann als seine Vermögensgegenstände bilanzieren?, DB 1971, S. 1121–1129.

Knobbe, Carl-Christian: Grenzen der Wertaufhellung bei prognostischen Bilanzansätzen – Zugleich Anmerkung zu BFH, 21.09.2011 – I R 89/10 und I R 7/11, BB 2012, 248, BB 2012, S. 2169–2172.

Knobbe-Keuk, Brigitte: Gesellschaftsanteile in Handels- und Steuerbilanz, AG 1979, S. 293–306.

Knobbe-Keuk, Brigitte: Bilanz- und Unternehmenssteuerrecht, 9. Aufl., Köln 1993.

Koller, Ingo/*Kindler*, Peter/*Roth*, Wulf-Hennings/*Drüen*, Klaus-Dieter: Handelsgesetzbuch – Kommentar, 9. Aufl., München 2019.

Körner, Werner: Die wirtschaftliche Betrachtungsweise im Bilanzsteuerrecht, BB 1974, S. 797–802.

Köster, Beate-Katrin: Gestaltungsfragen beim Unternehmenskauf: Zeitkongruente Aktivierung von Dividendenansprüchen und ausschüttungsbedingte Teilwertabschreibung, DB 1993, S. 696–699.

Kraft, Gerhard: Anmerkung zu BFH, Beschluss vom 16.12.1998 – I R 50/95, DStRE 1999, S. 249–257.

Kraft, Gerhard: Schlussfolgerungen aus der Entscheidung des Großen Senats des Bundesfinanzhofs zur phasengleichen Dividendenaktivierung für die Rechnungslegungspraxis, Wpg 2001, S. 2–11.

Kraft, Gerhard: Steuer-, bilanz-, und gesellschaftsrechte Überlegungen zur phasengleichen Dividendenaktivierung nach der Entscheidung des Großen Senats des BFH 2/99 in: Hommelhoff, Peter/Zätzsch, Roger/Erle, Bernd (Hrsg.), Gesellschaftsrecht Rechnungslegung Steuerrecht – Festschrift für Welf Müller zum 65. Geburtstag, München 2001, S. 755–772.

Kraneis, Kristian: Phasengleiche Aktivierung von Dividendenansprüchen: Ein Verwirrspiel? – Erwiderung zu dem Beitrag von Haselmann/Schick, DB 1996, 1529, DB 1997, S. 57–58.

Krieger, Albrecht: Der Grundsatz der Maßgeblichkeit der Handelsbilanz für die steuerrechtliche Gewinnermittlung in: Knobbe-Keuk, Brigitte/Klein, Franz/Moxter, Adolf (Hrsg.), Handelsrecht und Steuerrecht – Festschrift für Dr. Dr. h.c. Georg Döllerer, Düsseldorf 1988, S. 327–347.

Kropff, Bruno: Sind neue Erkenntnisse (Wertaufhellungen) auch noch bei der Feststellung des Jahresabschlusses zu berücksichtigen? in: Baetge, Jörg/Börner, Dietrich u.a. (Hrsg.),

Rechnungslegung Prüfung und Beratung – Herausforderungen für den Wirtschaftsprüfer, Düsseldorf 1996, S. 521–547.

Kropff, Bruno: Phasengleiche Gewinnvereinnahmung aus der Sicht des Europäischen Gerichtshofs – zugleich Besprechung der Entscheidung EuGH ZIP 1996, 1168, ZGR 1997, S. 115–128.

Kropff, Bruno: Vorsichtsprinzip und Wahlrechte in: Fischer, Thomas/Hömberg, Reinhold (Hrsg.), Jahresabschluß und Jahresabschlussprüfung – Probleme, Perspektiven, internationale Einflüsse, Düsseldorf 1997, S. 65–95.

Kropff, Bruno: Wann endet der Wertaufhellungszeitraum? – Eine Erwiderung zu Küting/Kaiser, Wpg 2000, S. 577, Wpg 2000, S. 1137–1147.

Kropff, Bruno: Der „Jahresabschluß": Ist er ein Jahresabschluß? – Eine terminologische Betrachtung in: Lutter, Marcus/Scholz, Manfred/Sigle, Walter (Hrsg.), Festschrift für Martin Peltzer zum 70. Geburtstag, Köln 2001, S. 219–239.

Kuhn, Sandra/*Moser*, Torsten: Änderung der Vorschriften zur Abzinsung von Pensionsrückstellungen, Wpg 2016, S. 381–387.

Kupsch, Peter/*Scherrer*, Gerhard/*Grewe*, Wolfgang/*Kirsch*, Hanno: Rechnungslegung – Aufstellung, Prüfung und Offenlegung des Jahresabschlusses, 100. Aufl., Bonn 2019.

Küspert, Klaus: Phasenkongruente Vereinnahmung von Dividenden – Handelsrecht und Bilanzpolitik contra Steuerrecht?, BB 1997, S. 877–885.

Küting, Karlheinz: Die phasengleiche Dividendenvereinnahmung nach der EuGH-Entscheidung „Tomberger" – Zugleich ein Plädoyer für die Equity-Methode auch im Einzelabschluß, DStR 1996, S. 1947–1952.

Küting, Karlheinz: Ausstrahlung der EuGH-Entscheidung auf die handelsrechtliche Rechnungslegung – Gleichzeitig auch ein Plädoyer für die Equity-Methode im Einzelabschluß in: Herzig, Norbert (Hrsg.), Europäisierung des Bilanzrechts – Konsequenzen der Tomberger-Entscheidung des EuGH für die handelsrechtliche Rechnungslegung und die steuerliche Gewinnermittlung, Köln 1997, S. 51–62.

Küting, Karlheinz: Der Wahrheitsgehalt deutscher Bilanzen, DStR 1997, S. 84–91.

Küting, Karlheinz/*Kaiser*, Thomas: Aufstellung oder Feststellung: Wann endet der Wertaufhellungszeitraum? – Implikationen für die Anwendung des Wertaufhellungsprinzips bei Berichtigung, Änderung und Nichtigkeit des handelsrechtlichen Jahresabschlusses, Wpg 2000, S. 577–596.

Küting, Karlheinz/*Lorson*, Peter/*Eichenlaub*, Raphael/*Toebe*, Marc: Ausschüttungssperre im neuen deutschen Bilanzrecht nach § 268 Abs. 8 HGB, GmbHR 2011, S. 1–10.

Küting, Karlheinz/*Weber*, Claus-Peter: Handbuch der Rechnungslegung, 4. Aufl., Stuttgart 1995.

Lanfermann, Georg/*Röhricht*, Victoria: § 268 HGB als neue Generalnorm für außerbilanzielle Ausschüttungssperren, DStR 2009, S. 1216–1222.

Langholz, Hans-Georg: Zeitkongruente Aktivierung von Dividendenansprüchen, DStR 1994, S. 1244–1245.

Lempenau, Gerhard: Aktuelle bilanzrechtliche Fragen aus der Sicht des Stichtagsprinzips, StbJb 1978/79, S. 149–200.

Leuering, Dieter: Die phasengleiche Gewinnvereinnahmung, NJW-Spezial 2007, S. 543–544.

Link, Sebastian: Die Ausschüttungssperre des § 268 Abs. 8 HGB – Anwendung und Auswirkungen bei Kapital- und Personenhandelsgesellschaften, Berlin 2014.

List, Heinrich: Privatrecht und Steuerrecht in: Knobbe-Keuk, Brigitte/Klein, Franz/Moxter, Adolf (Hrsg.), Handelsrecht und Steuerrecht – Festschrift für Dr. Dr. h.c. Georg Döllerer, Düsseldorf 1988, S. 369–381.

Lüdenbach, Norbert: Wirtschaftliche Betrachtungsweise – 100 Jahre und kein bisschen weiter?, StuB 2019, S. 15–21.

Lüdenbach, Norbert/*Freiberg*, Jens: BilRuG-RefE: Nur „punktuelle Änderungen"?, BB 2014, S. 2219–2225.

Lüdenbach, Norbert/*Freiberg*, Jens: BilRUG: Letzte Änderungen auf der Zielgeraden, BB 2015, S. 1649–1650.

Lüdenbach, Norbert/*Freiberg*, Jens: BilRUG-RefE: Mehr als selektive Nachbesserungen?, BB 2015, S. 363–367.

Lüders, Jürgen: Der Zeitpunkt der Gewinnrealisierung im Handels- und Steuerbilanzrecht, Köln 1987.

Ludewig, Rainer: Die Einflüsse des „true and fair view" auf die zukünftige Rechnungslegung, AG 1987, S. 12–15.

Luttermann, Claus: Juristische Übersetzung als Rechtspolitik im Europa der Sprachen – Eine wirtschaftlich-linguistische Betrachtung, EuZW 1998, S. 151–157.

Luttermann, Claus: Anmerkung zu BFH, Beschluß vom 07.08.2000 – GrS 2/99, FR 2000, S. 1126–1133.

Luttermann, Claus: Das Bilanzstatut: Über Abkoppelungspraxis und Schadensersatz von Vorständen, Aufsichtsräten und Abschlussprüfern bei Bilanztatbeständen, AG 2010, S. 341–350.

Lutz, Günter: Der Vermögensgegenstand – ein Abbild der Gewinnerwartung? in: Institut der Wirtschaftsprüfer in Deutschland e.V. (Hrsg.), Bericht über die Fachtagung 1994 – Neuorientierung der Rechnungslegung – Eine Herausforderung für Unternehmer und Wirtschaftsprüfer, Düsseldorf 1995, S. 81–100.

Marks, Peter: Entwicklungstendenzen beim Bestätigungsvermerk – Zum neuen FG 3/1988 des IDW – (Teil 1), Wpg 1989, S. 121–128.

Marx, Franz Jürgen/*Dallmann*, Holger: Problembereiche und Anwendungsfragen der außerbilanziellen Ausschüttungssperre des § 268 Abs. 8 HGB, StBg 2010, S. 453–464.

Maute, Hanspeter: Überleitungsrechnung zur Steuerbilanz, BC 2002, S. 241–244.

Meilicke, Wienand: Zum Zeitpunkt der Aktivierung von Dividendenansprüchen, FR 1990, S. 9–11.

Merkt, Hanno: Der internationale Anwendungsbereich des deutschen Rechnungslegungsrechts – (zugleich zur Frage, ob das Rechnungslegungsrecht zum Privatrecht gehört), ZGR 2017, S. 460–473.

Merkt, Hanno/*Probst*, Arno/*Fink*, Christian: Rechnungslegung nach HGB und IFRS – Themensystematischer Kommentar mit synoptischen Darstellungen, Stuttgart 2017.

Meyer-Arndt, Lüder: Die Zuständigkeit des Europäischen Gerichtshofs für das Bilanzrecht, BB 1993, S. 1623–1627.

Mörstedt, Reiner: Wann ist der Anspruch auf den Gewinn aus einer Kapitalgesellschaft zu aktivieren?, DStR 1997, S. 1225–1230.

Moxter, Adolf: Der Einfluß der EG-Bilanzrichtlinie auf das Bilanzsteuerrecht, BB 1978, S. 1629–1632.

Moxter, Adolf: Die Jahresabschlußaufgaben nach der EG-Bilanzrichtlinie: Zur Auslegung von Art. 2 EG-Bilanzrichtlinie, AG 1979, S. 141–146.

Moxter, Adolf: Das Realisationsprinzip – 1884 und heute, BB 1984, S. 1780–1786.

Moxter, Adolf: Zum Sinn und Zweck des handelsrechtlichen Jahresabschlusses nach neuem Recht in: Havermann, Hans (Hrsg.), Bilanz- und Konzernrecht – Festschrift zum 65. Geburtstag von Dr. Dr. h.c. Reinhard Goerdeler, Düsseldorf 1987, S. 361–374.

Moxter, Adolf: Zur wirtschaftlichen Betrachtungsweise im Bilanzrecht, StuW 1989, S. 232–241.

Moxter, Adolf: Die Helmrich-Konzeption des Bilanzrichtlinen-Gesetzes – Bedeutung und Bedrohung in: Letzgus, Klaus/Hill, Hermann u. a. (Hrsg.), Für Recht und Staat – Festschrift für Herbert Helmrich zum 60. Geburtstag, München 1994, S. 709–719.

Moxter, Adolf: Zum Umfang der Entscheidungskompetenz des Europäischen Gerichtshofes im Bilanzrecht, BB 1995, S. 1463–1466.

Moxter, Adolf: Zum Verhältnis von handelsrechtlichen Grundsätzen ordnungsmäßiger Bilanzierung und True-and-fair-view-Gebot bei Kapitalgesellschaften in: Förschle, Gerhart/Kaiser, Klaus/Moxter, Adolf (Hrsg.), Rechenschaftslegung im Wandel – Festschrift für Dieter Budde, München 1995, S. 419–429.

Moxter, Adolf: Zur phasengleichen Aktivierung von Gewinnansprüchen einer Muttergesellschaft in: Schön, Wolfgang (Hrsg.), Gedächtnisschrift für Brigitte Knobbe-Keuk, Köln 1997, S. 487–498.

Moxter, Adolf: Phasengleiche Dividendenaktivierung: Der Große Senat des BFH im Widerstreit zu den handelsrechtlichen GoB, DB 2000, S. 2333–2336.

Moxter, Adolf: Grundsätze ordnungsgemäßer Rechnungslegung, Düsseldorf 2003.

Moxter, Adolf: Unterschiede im Wertaufhellungsverständnis zwischen den handelsrechtlichen GoB und den IAS/IFRS, BB 2003, S. 2559–2564.

Moxter, Adolf: Bilanzrechtsprechung, 6. Aufl., Berlin 2007.

Moxter, Adolf: Das Wertaufhellungsverständnis in der jüngeren höchstrichterlichen Rechtsprechung, DStR 2008, S. 469–473.

Müller, Stefan: Die Stellung der Generalnorm im HGB – Richtlinienkonformität sieht anders aus!, BC 2016, S. 527–528.

Müller, Stefan/*Kreipl*, Markus/*Lange*, Tobias: Schnelleinstieg BilRUG – Das Bilanzrichtlinie-Umsetzungsgesetz in der Praxis, Freiburg 2016.

Müller, Stefan/*Mühlbauer*, Martina: Ausschüttungssperre für phasengleiche Gewinnvereinnahmung nach dem BilRUG – Rücklagenbildung nach § 272 Abs. 5 HGB, StuB 2015, S. 691–697.

Müller, Welf: Der Europäische Gerichtshof und die Grundsätze ordnungsmäßiger Buchführung in: Herzig, Norbert (Hrsg.), Europäisierung des Bilanzrechts – Konsequenzen der Tomberger-Entscheidung des EuGH für die handelsrechtliche Rechnungslegung und die steuerliche Gewinnermittlung, Köln 1997, S. 87–93.

Mutze, Otto: Zur Bilanzierung und Bewertung von Beteiligungen an Kapitalgesellschaften, AG 1977, S. 7–14.

Mylich, Falk: Gegenstandbezogene Ausschüttungssperren und gesellschaftsrechtliche Kapitalschutzmechanismen, ZHR 2017, S. 87–119.

Mylich, Falk: Wertaufholungen im Anwendungsbereich von § 272 Abs. 5 HGB?, DB 2017, Heft Nr. 29, S. M26–M27.

Mylich, Falk: Die Gestaltung der Gesellschafterkonten und das Wiederaufleben der Haftung des Kommanditisten, ZHR 2018, S. 414–440.

Neu, Norbert: Die bilanzsteuerliche Behandlung des Finanzvermögens – Ein Gesamtüberblick auf betriebswirtschaftlicher Basis, Wiesbaden 1994.

Neu, Norbert: Die Aktivierung von Dividendenforderungen in Handels- und Steuerbilanz, BB 1995, S. 399–405.

Niehus, Rudolf J.: „True and Fair View" – in Zukunft auch ein Bestandteil der deutschen Rechnungslegung?, DB 1979, S. 221–225.

Ohmen, Philipp/*Seidler*, Holger: Wertaufhellung und Wertbegründung nach HGB und IFRS – ABC praxisrelevanter Fälle, BB 2015, S. 3051–3055.

Ordelheide, Dieter: Equity-Methode, DBW 1986, S. 87–88.

Oser, Peter: Plädoyer für die Anwendung der Equity-Methode im handelsrechtlichen Jahresabschluss, DB 2014, Heft Nr. 21, S. M1.

Oser, Peter/*Orth*, Christina/*Wirtz*, Holger: Neue Vorschriften zur Rechnungslegung und Prüfung durch das Bilanzrichtlinie-Umsetzungsgesetz – Anmerkungen zum Referentenentwurf –, DB 2014, S. 1877–1886.

Oser, Peter/*Orth*, Christina/*Wirtz*, Holger: Das Bilanzrichtlinie-Umsetzungsgesetz (BilRUG – Wesentliche Änderungen und Hinweise zur praktischen Umsetzung, DB 2015, S. 1729–1738.

Oser, Peter/*Orth*, Christina/*Wirtz*, Holger: Neue Vorschriften zur Rechnungslegung und Prüfung durch das Bilanzrichtlinie-Umsetzungsgesetz – Anmerkung zum RegE vom 07.01.2015, DB 2015, S. 197–206.

Oser, Peter/*Wirtz*, Holger: Änderung der Abzinsung von Pensionsrückstellungen – Anmerkungen zum RegE vom 27.01.2016, DB 2016, S. 247–248.

Oser, Peter/*Wirtz*, Holger: Keine Abführungssperre für Bewertungsgewinne aus der Anwendung des § 253 Abs. 2 HGB n.F., DB 2017, S. 261–262.

Pasdika, Helmut: Zur zeitkongruenten Gewinnvereinnahmung der Dividenden von Tochtergesellschaften – BGHZ 65, 230, AG 1977, S. 159–161.

Petersen, Karl/*Zwirner*, Christian: Bilanzrechtsmodernisierungsgesetz BilMoG – Gesetze – Materialien – Erläuterungen, München 2009.

Pezzer, Heinz-Jürgen: Bilanzierungsprinzipien als sachgerechte Maßstäbe der Besteuerung, DStJG 1991, S. 3–27.

Pohl, Carsten: Ausschüttungssperre im Kontext der Abzinsung von Pensionsrückstellungen, NWB 2017, S. 2290–2298.

Pöschke, Moritz: Wahlrechte und „Ermessensspielräume" im Bilanzrecht und die Business Judgement Rule, ZGR 2018, S. 647–687.

Prinz, Ulrich/*Kaeser*, Christian: § 10 Finanzströme in: Kessler, Wolfgang/Kröner, Michael/Köhler, Stefan (Hrsg.), Konzernsteuerrecht – National – International, 3. Aufl., München 2018.

Prinz, Ulrich/*Winkeljohann*, Norbert: Beck'sches Handbuch der GmbH, 6. Aufl., München 2021.

Reiß, Wolfram: Phasengleiche Gewinnrealisierung bei Beteiligung an Personengesellschaften in: Herzig, Norbert (Hrsg.), Europäisierung des Bilanzrechts – Konsequenzen der Tomberger-Entscheidung des EuGH für die handelsrechtliche Rechnungslegung und die steuerliche Gewinnermittlung, Köln 1997, S. 117–140.

Reitmeier, Barbara/*Rimmelspacher*, Dirk: Das Bilanzrichtlinie-Umsetzungsgesetz: Überblick über die wesentlichen Änderungen, DB 2015, Beilage zu Heft 36, S. 1–3.

Riepolt, Johannes: Das Bilanzrichtlinie-Umsetzungsgesetz (BilRUG) – Überblick über die wichtigsten Änderungen im Jahresabschluss, Nürnberg 2015.

Röhricht, Volker/*Graf von Westphalen*, Friedrich/*Haas*, Ulrich: HGB – Kommentar zu Handelsstand, Handelsgesellschaften, Handelsgeschäften, besonderen Handelsverträgen und internationalem Vertragsrecht (ohne Bilanz-, Transport- und Seerecht), 5. Aufl., Köln 2019.

Russ, Wolfgang/*Janßen*, Christian/*Götze*, Thomas: BilRUG – Auswirkungen auf das deutsche Bilanzrecht – Kommentar zum Bilanzrichtlinie-Umsetzungsgesetz, Düsseldorf 2015.

Sandleben, Hans-Martin in: Pelka, Jürgen/Petersen, Karl (Hrsg.), Beck'sches Steuerberater-Handbuch 2019/2020, 17. Aufl., Berlin, München 2019.

Saure, Hermann: Phasengleiche Erfassung von Dividendenerträgen in der Steuerbilanz – Sicherheit des Dividendenanspruchs und Abschluß der Prüfung bei der Muttergesellschaft, StBp 1998, S. 131–133.

Schildbach, Thomas: Die neue Generalklausel für den Jahresabschluß von Kapitalgesellschaften – Zur Interpretation des Paragraphen 264 Abs. 2 HGB, BFuP 1987, S. 1–15.

Schildbach, Thomas: Der Konzernabschluß als Ausschüttungsbemessungsgrundlage (Teil I), Wpg 1993, S. 53–63.

Schmidt, Karsten/*Ebke*, Werner F.: Münchener Kommentar zum Handelsgesetzbuch Bd. 3, 4. Aufl., München 2019.

Schmidt, Karsten/*Ebke*, Werner F.: Münchener Kommentar zum Handelsgesetzbuch Bd. 4, 4. Aufl., München 2020.

Schmidt, Ludwig: Anmerkung zu BFH, Urteil vom 08.03.1989 – X R 9/86, FR 1989, S. 396–399.

Schmidt, Marc/*Prinz*, Andrea: BilRUG in der Praxis – Erläuterungen und Materialien, Köln 2016.

Scholtissek, Wolfgang: True and fair view im Vereinigten Königreich und in der Bundesrepublik Deutschland, RIW 1986, S. 966–970.

Schön, Wolfgang: Steuerliche Einkünfteermittlung, Maßgeblichkeitsprinzip und Europäisches Bilanzrecht in: Klein, Franz/Stihl, Hans Peter u.a. (Hrsg.), Unternehmen Steuern – Festschrift für Hans Flick zum 70. Geburtstag, Köln 1997, S. 573–586.

Schön, Wolfgang: Gesellschafter-, Gläubiger- und Anlegerschutz im Europäischen Bilanzrecht, ZGR 2000, S. 706–742.

Schoor, Hans Walter: Aktivierung von Dividenden bei verbundenen Unternehmen, BB 1984, S. 828–830.

Schulze-Osterloh, Joachim: Die Bilanzierung künftiger Dividendenforderungen – Besprechung der Entscheidung BGHZ 65, 230, ZGR 1977, S. 104–117.

Schulze-Osterloh, Joachim: Jahresabschluß, Abschlussprüfung und Publizität der Kapitalgesellschaften nach dem Bilanzrichtlinien-Gesetz, ZHR 1986, S. 532–569.

Schulze-Osterloh, Joachim: Handelsbilanz und steuerrechtliche Gewinnermittlung, StuW 1991, S. 284–296.

Schulze-Osterloh, Joachim: Vorabentscheidungen des Europäischen Gerichtshofs zum Handelsbilanzrecht – zugleich Besprechung der Entscheidung BGH ZIP 1994, 1259, ZGR 1995, S. 171–189.

Schulze-Osterloh, Joachim: Der Europäische Gerichtshof zur phasengleichen Aktivierung von Dividendenansprüchen – Eine Besprechung des Tomberger-Urteils vom 27. Juni 1996, ZIP 1996, 1168, ZIP 1996, S. 1453–1457.

Schulze-Osterloh, Joachim: Anmerkung zu EuGH, Urteilsberichtigungsbeschluß vom 10.07.1997 – C-234/94, ZIP 1997, S. 1374–1375.

Schulze-Osterloh, Joachim: Deutsches Bilanzrecht und Ertragsteuerrecht vor dem Europäischen Gerichtshof, DStZ 1997, S. 281–286.

Schulze-Osterloh, Joachim: Phasengleiche Aktivierung von Dividendenansprüchen – Besprechung des Beschlusses des Großen Senats des BFH, ZGR 2001, S. 497.

Schulze-Osterloh, Joachim: Gewinn oder Verlust der Personenhandelsgesellschaft in: Bitter, Georg/Lutter, Marcus u.a. (Hrsg.), Festschrift für Karsten Schmidt zum 70. Geburtstag, Köln 2009, S. 1447–1454.

Schüppen, Matthias: Die „Zuweisung von Gewinnen im Jahresabschluß" – Delphisches Orakel oder Salomonische Lösung – Anmerkungen zum Urteil des Europäischen Gerichtshofs vom 27.6.1996 Rs. C-234/94, DB 1996, S. 1481–1484.

Schüppen, Matthias: Anmerkung zu BGH, Urteil vom 12.1.1998 – II ZR 82/93, NZG 1998, S. 314–318.

Schüppen, Matthias: Anmerkung zu OLG Köln, Urteil vom 20.07.1998 – 5 U 256/93, NZG 1999, S. 352–353.

Seibold, Felix: Der Tatbestand der Einnahmenerzielung unter besonderer Berücksichtigung der Einkünfte aus Kapitalvermögen, StuW 1990, S. 165–172.

Sekanina, Alexander: Das Bilanzrichtlinie-Umsetzungsgesetz (BilRUG) – Wichtige Neuerungen aus Sicht des Aufsichtsrates, MBF-Report 04.2017, Nr. 30, S. 1–17.

Selchert, Friedrich W.: Zur Generalnorm für offenlegungspflichtige Unternehmen – Eine Analyse von § 264 Abs. 2 Satz 1 HGB, BB 1993, S. 753–760.

Siekmann, Helmut: Öffentlich-rechtliche Grenzen zivilrechtlicher Publizitätspflichten in: Wendt, Rudolf/Höfling, Wolfram u. a. (Hrsg.), Staat Wirtschaft Steuern – Festschrift für Karl Heinrich Friauf zum 65. Geburtstag, Heidelberg 1996, S. 647–666.

Simon, Stefan: Ausschüttungs- und Abführungssperre als gläubigerschützendes Institut in der reformierten HGB-Bilanzierung – Zur Regelung des § 268 VIII HGB n. F., NZG 2009, S. 1081–1087.

Söffing, Günter: Zum Wirtschaftsgut, JbFSt 1978/79, S. 199–227.

Spetzler, Eugen: Wirkung und Einfluß des Rechts der Europäischen Gemeinschaft auf das nationale Steuerrecht, DB 1993, S. 553–558.

Spindler, Gerald/*Stilz*, Eberhard: Kommentar zum Aktiengesetz Bd. 1, 4. Aufl., München 2019.

Streim, Hannes: Die Generalnorm des § 264 Abs. 2 HGB – Eine kritische Analyse in: Ballwieser, Wolfgang/Böcking, Hans-Joachim u. a. (Hrsg.), Bilanzrecht und Kapitalmarkt – Festschrift zum 65. Geburtstag von Professor Dr. Dr. h. c. Dr. h. c. Adolf Moxter, Düsseldorf 1994, S. 391–406.

Thaut, Michael: Offene Fragen zur Anwendung des HGB – Abzinsungssatzes auf Pensionsrückstellungen und dessen Auswirkungen auf Unternehmensgewinne und -ausschüttungen, DB 2016, S. 2185–2191.

Theile, Carsten: Zeitkongruente Aktivierung von Dividendenansprüchen und Realisationsprinzip – Konsequenzen aus der EuGH-Entscheidung im Verfahren Tomberger, IStR 1996, S. 395–400.

Theile, Carsten: Der Jahres- und Konzernabschluss der GmbH und GmbH & Co. nach dem Regierungsentwurf eines Bilanzrichtlinie-Umsetzungsgesetzes (BilRUG), GmbHR 2015, S. 281–287.

Thömmes, Otmar: Anmerkung zu EuGH-Urteil vom 27.06.1996 – C-234/94, IWB 1996, S. 627–632.

Thömmes, Otmar: EG-rechtlicher Rahmen – Auswirkungen von Auslegungsentscheidungen des EuGH nach Art. 177 EG-Vertrag auf das nationale Recht in: Herzig, Norbert (Hrsg.), Europäisierung des Bilanzrechts – Konsequenzen der Tomberger-Entscheidung des EuGH für die handelsrechtliche Rechnungslegung und die steuerliche Gewinnermittlung, Köln 1997, S. 75–85.

Tubbesing, Günter: „A True and Fair View" im englischen Verständnis und 4. EG-Richtlinie, AG 1979, S. 91–95.

Volkeri, Friedrich/*Schneider*, Lieselotte: Bilanzielle Behandlung von Beteiligungserträgen im aktienrechtlichen Jahresabschluß, BB 1979, S. 964–969.

Voss, Jörg-Peter: Die Veräußerung von Anteilen an einer Kapitalgesellschaft und deren Auswirkung auf die steuerliche Behandlung des Gewinnanspruchs der Gesellschafter: unter besonderer Berücksichtigung des Rechts der Gesellschaften mit beschränkter Haftung, Frankfurt am Main u. a. 1989.

Wassermeyer, Franz: Der Zu- und Abfluß von Gewinnausschüttungen – Bilanzrechtlich und steuerrechtlich gesehen in: Knobbe-Keuk, Brigitte/Klein, Franz/Moxter, Adolf (Hrsg.), Handelsrecht und Steuerrecht – Festschrift für Dr. Dr. h. c. Georg Döllerer, Düsseldorf 1988, S. 705–719.

Wassermeyer, Franz: Anmerkung zu BFH, Beschluss vom 07.08.2000 – GrS 2/99, GmbHR 2000, S. 1106–1115.

Wassermeyer, Franz: Auswirkungen der neuen Entscheidung des Großen Senats zum Bilanzsteuerrecht, DB 2001, S. 1053.

Watermeyer, Heinrich J.: Pflicht zur phasengleichen Bilanzierung über „Tomberger" hinaus?, GmbHR 1998, S. 1061–1067.

Weber, Claus-Peter/*Willich*, Martin: Aktivierung von Dividendenansprüchen, Wpg 1976, S. 329–330.

Weber, Eberhard: Grundsätze ordnungsmäßiger Bilanzierung für Beteiligungen – Beiträge zu den Grundsätzen ordnungsmäßiger Bilanzierung, Düsseldorf 1980.

Weber, Hans-Jürgen: Die Konkretisierung von Gewinnbezugsrechten im Handels- und Steuerrecht bei Kapitalgesellschaften, StBp 1988, S. 179–188.

Weber-Grellet, Heinrich: Tendenzen der BFH-Rechtsprechung, StuW 1993, S. 195–212.

Weber-Grellet, Heinrich: Maßgeblichkeitsschutz und eigenständige Zielsetzung der Steuerbilanz, DB 1994, S. 288–291.

Weber-Grellet, Heinrich: Europäisiertes Steuerrecht? – Stand und Entwicklung, StuW 1995, S. 336–351.

Weber-Grellet, Heinrich: Anmerkung zu EuGH, Urteil vom 27.06.1996 – C-234/94 (Vorlage des BGH), DStR 1996, S. 1093–1095.

Weber-Grellet, Heinrich: Bilanzrecht im Lichte, Bilanzsteuerrecht im Schatten des EuGH, DB 1996, S. 2089–2092.

Weber-Grellet, Heinrich: Steuerbilanzrecht, München 1996.

Weber-Grellet, Heinrich: Anmerkung zu EuGH, Beschluss vom 10.07.1997 – C-234/94, DStR 1997, S. 1416–1417.

Weber-Grellet, Heinrich: Europäisierung des deutschen Bilanzrechts – Perspektiven und Entwicklungen in: Herzig, Norbert (Hrsg.), Europäisierung des Bilanzrechts – Konsequenzen der Tomberger-Entscheidung des EuGH für die handelsrechtliche Rechnungslegung und die steuerliche Gewinnermittlung, Köln 1997, S. 95–104.

Weber-Grellet, Heinrich: Bestand und Reform des Bilanzsteuerrechts, DStR 1998, S. 1343–1349.

Weber-Grellet, Heinrich: Anmerkung zu EuGH, Urteil vom 14.09.1999 – C-275–97, DStR 1999, S. 1645–1648.

Weber-Grellet, Heinrich: Anmerkung zu EuGH, Urteil vom 7.1.2003 – C 306/99, DStR 2003, S. 67–69.

Weber-Grellet, Heinrich: BB-BFH-Bilanzrechtsprechungsreport 2007, BB 2008, S. 38–43.

Weber-Grellet, Heinrich: 100 Jahre Bilanzrechtsprechung durch RFH und BFH, BB 2018, S. 2347–2351.

de Weerth, Jan: Bilanzrecht und Europarecht – Zugleich eine Anmerkung zur EuGH-Entscheidung „Tomberger", RIW 1996, S. 763–765.

de Weerth, Jan: Anmerkung zu EuGH, Urteile vom 17.07.1997 – C-28/95 und C-130/95, IStR 1997, S. 539–544.

de Weerth, Jan: Bilanzsteuerrecht und Europarecht: Anmerkungen zum BIAO-Urteil des EuGH, RIW 2003, S. 460–463.

Wehrheim, Michael/*Rupp*, Dominik: Zum Geltungsbereich der Ausschüttungssperre des § 268 Abs. 8 HGB im Regierungsentwurf des BilMoG, DB 2009, S. 356–358.

Wichmann, Gerd: Der Vermögensgegenstand als Bilanzierungsobjekt nach dem HGB – Begriffliche Grundlagen und besondere Probleme bei bebauten Grundstücken, DB 1988, S. 192–194.

Winnefeld, Robert: Bilanz-Handbuch – Handels- und Steuerbilanz; Rechtsformspezifisches Bilanzrecht; Bilanzielle Sonderfragen; Sonderbilanzen; IAS/IFRS-Rechnungslegung, 5. Aufl., München 2015.

Witt, Carl-Heinz: Vorabausschüttungen in der GmbH in: Erle, Bernd/Goette, Wulf u. a. (Hrsg.), Festschrift für Peter Hommelhoff zum 70. Geburtstag, Köln 2012, S. 1363–1374.

Woerner, Lothar: Korreferat zum Referat Dr. Söffing – Zum Wirtschaftsgut, JbFSt 1978/79, S. 228–241.

Woerner, Lothar: Grundsatzfragen zur Bilanzierung schwebender Geschäfte, FR 1984, S. 489–496.

Woerner, Lothar: Die Gewinnrealisierung bei schwebenden Geschäften – Vollständigkeitsgebot, Vorsichts- und Realisationsprinzip, BB 1988, S. 769–777.

Woerner, Lothar: Zeitliche Zuordnung von Forderungen und Verbindlichkeiten in der Bilanz – Wirtschaftliche Entstehung statt wirtschaftlicher Verursachung, StVj 1993, S. 193–207.

Wöhe, Günter: Möglichkeiten und Grenzen der Bilanzpolitik im geltenden und im neuen Bilanzrecht – I –, DStR 1985, S. 715–721.

Zwirner, Christian: Das BilRUG ist da – Überblick über die wesentlichen Unterschiede zwischen Regierungsentwurf und verabschiedeter Gesetzesfassung, DStR 2015, S. 1640–1645.

Zwirner, Christian: Reform des HGB durch das BilRUG – mehr als nur eine Rechnungslegungsreform – Ein Überblick über die wesentlichen Unterschiede zwischen Referentenentwurf und Regierungsentwurf, DStR 2015, S. 375–381.

Zwirner, Christian: Reformierung des HGB: Änderungen durch das BilRUG auf Basis des Regierungsentwurfs, StuB 2015, S. 123–131.

Zwirner, Christian: Bilanzrichtlinie-Umsetzungsgesetz BilRUG – Gesetze – Materialien – Kommentierung, München 2016.

Zwirner, Christian: Die wichtigsten Fragen: reguläre Erstanwendung des BilRUG und allgemeine Fragen, BC 2016, S. 264–269.

Zwirner, Christian: Neubewertung von Pensionsrückstellungen: Keine Abführungssperre für die Entlastungseffekte, BC 2016, S. 372–374.

Zwirner, Christian: Neuregelung zur handelsrechtlichen Bewertung von Pensionsrückstellungen – Offene Fragen zur Änderung des § 253 HGB und Handlungsempfehlungen, StuB 2016, S. 207–213.

Zwirner, Christian/*Busch*, Julia/*Boecker*, Corinna: Aktueller Fokus von Aufsichtsräten bei der Rechnungslegung – Worauf ist zu achten?, Der Konzern 2016, S. 287–293.

Zwirner, Christian/*Froschhammer*, Matthias: Zum Anwendungsbereich der Ausschüttungssperre – Strittige Anwendung des § 268 Abs. 8 HGB auf Personenhandelsgesellschaften, StuB 2012, S. 139–142.

Zwirner, Christian/*Künkele*, Kai Peter: Gewinnvereinnahmung bei Anteilen an Personengesellschaften, BC 2012, S. 418–422.

Sachverzeichnis

Abführungssperre 125, 127, 131, 165
Absicht zur Gewinnausschüttung 60, 62
Aktivierung einer Forderung 26
Aktivierungswahlrecht 28 f., 44, 48, 90, 98
Ansatzstetigkeitsgebot 36, 84
Anspruch 146
– Maßgeblicher Zeitpunkt 151
Ausschüttungsabsicht 63, 68, 83, 86, 97
Ausschüttungssperre des § 272 Abs. 5 HGB 116, 131
– Persönlicher Anwendungsbereich 132
– Tatbestandsvoraussetzungen 138
Ausschüttungssperren 121
– Ausschüttungssperre des § 253 Abs. 6 HGB 126
– Ausschüttungssperre des § 268 Abs. 8 HGB 122
– Ausschüttungssperre des § 272 Abs. 4 HGB 129

Beherrschender Einfluss 55
Beteiligung 138
Beteiligung über das gesamte Geschäftsjahr 56, 59, 61
Beteiligungshöhe 97
– Mehrheitsbeteiligung 97
– Minderheitsbeteiligung 98
Betriebsaufspaltung 56, 59, 66, 69
Bilanzierungshilfe 27, 64, 70, 159
BilRUG 116

Deckungsgleiche Geschäftsjahre 108

Entstehung Gewinnanspruch 74
Equity-Methode 169
Ergebnisabführungsvertrag 171

Faktisches Wahlrecht 36, 60, 62, 64, 81, 84

Gewinnverwendungsbeschluss 104, 113
– Aufstellung unter Berücksichtigung der Ergebnisverwendung 104
– Erfordernis 104
– Feststellung Jahresabschluss 105
– Gewinnverwendungsvorschlag 104
– Zeitpunkt des Vorliegens 107
Grundsatz der Bilanzwahrheit 37, 41, 51
Grundsatz der wirtschaftlichen Betrachtungsweise 30, 74
Grundsatz des Willkürverbots Siehe Objektivierungsprinzip
Grundsätze ordnungsmäßiger Buchführung 27

Kapitalistische Personenhandelsgesellschaften 125, 127, 130, 132
Kommanditistenhaftung 125, 127, 131, 134
Konzernabschluss 21
Konzernzugehörigkeit 100
– Abhängigkeit 100
– Ganzjährige Beteiligung 101
– Stimmrechtsmehrheit 100

Langjährige Übung 55, 65, 79

Maßgeblichkeitsgrundsatz 27, 44, 63, 89, 91, 94

Objektivierungsprinzip 36, 85

Passive latente Steuern 165
Passivierungswahlrecht 44
Periodenabgrenzungsprinzip 33, 81
Phasenkongruente Dividendenaktivierung 19, 160

Realisationsprinzip 30, 74
– Konkretisierung 74
– Realisationstatbestand 75, 83
– Wahrscheinlichkeit 76

Rechtsform 111
- Kapitalgesellschaften 111
- Muttergesellschaft 112
- Personengesellschaft 113
- Personenhandeslgesellschaft 112
- Stiller Gesellschafter 57
- Tochtergesellschaft 113

Sonderposten 135
Spiegelbildmethode 114, 169
Stichtagsprinzip 33, 81

Tatsächliches Bild der Vermögens- und Ertragslage 111
Tomberger-Entscheidungen 23, 48, 90 f.
True and fair view-Grundsatz 38, 86
- Abkopllungsthese 42
- Auslegungshilfe 43

- Ertragslage 39
- Overriding principle 40, 88
- Vermögenslage 39

Unterjähriger Gesellschafterwechsel 101

Vermögensgegenstand 25, 70
Vollausschüttungsgebot 58, 60, 66, 99
Vollständigkeitsgebot 26, 28, 71
Vorabgewinnausschüttung 63, 171
Vorsichtsprinzip 28, 73

Wahlrecht 71
Wertaufhellungsprinzip 34, 82
- Wertaufhellende Tatsachen 34
- Wertaufhellungszeitraum 35
- Wertbegründende Tatsachen 34
Wirtschaftsgut, *siehe* Vermögensgegenstand